智能供应链
数据科学理论与实战

庄晓天 等著

电子工业出版社
Publishing House of Electronics Industry
北京·BEIJING

内 容 简 介

本书主要讲解智能供应链领域的数据科学知识与行业实践案例，涵盖了数据科学的理论基础，并通过实际案例具体介绍如何运用数据科学方法解决企业遇到的问题。其中，理论篇讲解了供应链领域的数据科学知识，包括数据预处理、特征工程、数据挖掘及效果验证等内容；实战篇从收入、效率、成本和体验四个维度，深入探讨了供应链领域的实际业务应用，如智能定价、单量增长、销量预测、智能存储、库存优化和客服保障等。书中的每个实践案例均涵盖从业务背景介绍、数据收集、数据预处理、模型构建到模型结果的全过程，并附带具体的实现代码，帮助读者在实操中加深对理论的理解，提升读者运用数据科学解决供应链实际问题的能力。

本书适合以下读者阅读：

- 供应链数字化领域的数据分析师、算法工程师和数据科学家，想要深入了解数据科学的读者。
- 供应链运营管理人员，有志于从事该职业或已在岗且希望提升相关能力的读者。
- 高校物流管理、管理科学等专业的学生。

未经许可，不得以任何方式复制或抄袭本书之部分或全部内容。
版权所有，侵权必究。

图书在版编目（CIP）数据

智能供应链 ： 数据科学理论与实战 / 庄晓天等著. 北京 ： 电子工业出版社, 2025. 8. -- ISBN 978-7-121-50870-7

Ⅰ. F252.1-39

中国国家版本馆 CIP 数据核字第 2025XK3754 号

责任编辑：陈晓猛
印　　刷：天津千鹤文化传播有限公司
装　　订：天津千鹤文化传播有限公司
出版发行：电子工业出版社
　　　　　北京市海淀区万寿路 173 信箱　　　邮编：100036
开　　本：720×1000　1/16　　印张：19　　字数：425.6 千字
版　　次：2025 年 8 月第 1 版
印　　次：2025 年 8 月第 1 次印刷
定　　价：128.00 元

凡所购买电子工业出版社图书有缺损问题，请向购买书店调换。若书店售缺，请与本社发行部联系，联系及邮购电话：（010）88254888，88258888。
质量投诉请发邮件至 zlts@phei.com.cn，盗版侵权举报请发邮件至 dbqq@phei.com.cn。
本书咨询联系方式：faq@phei.com.cn。

序一

当庄晓天博士邀请我为他的新书《智能供应链：数据科学理论与实战》撰写序言时，我深感荣幸，同时难免有一丝忐忑。荣幸之处在于，能够在这本融合了前瞻性思考、深刻洞察与实践智慧的著作中，分享我个人的一些看法和见解；忐忑之处则在于面对这样一个重要且复杂的主题，我深怕自己的笔触不够精准，难以完全捕捉并传达书里的精髓和深意。

与庄博士的相识虽出于机缘，却似命运的安排，这预示着志趣相投的人终将并肩同行。初次"相逢"是在庄博士"智能供应链系列"首作的"前言"里，那份对于算法模型落地实践的深切期待，与现实中路径探寻的艰难曲折，瞬间触动了我的心弦。作为同样在模型与算法领域探索多年的研究者，我深知那份理想与现实交织的复杂情感，每一个同行或许都曾在这片迷雾中徘徊与探索。庄博士，以理想主义者的炽热情怀，结合实干家的坚韧不拔，凭借其深厚的学术底蕴与十余载在工业界的摸爬滚打，精心锤炼出一套独到的"武学秘籍"，并将其智慧结晶凝聚成书，为初入此行的新人铺设了一条明晰的入门之路，为研究者与在校学生提供了宝贵的企业实践案例，更为实践者搭建了系统化的思维框架。从这三重视角审视，我更加坚定地认为，庄博士及其团队创作"智能供应链系列"图书，是一项极具价值和深远意义的工作。

作为庄博士"智能供应链系列"的第三本，这本《智能供应链：数据科学理论与实战》不局限于技术层面的探讨，它更像一扇通往未来的窗户。庄博士凭借其深厚的专业知识、丰富的实践经验和敏锐的洞察力，为我们揭示了智能供应链与数据科学如何携手并进，共同塑造商业世界的新格局。在结构安排上，本书实现了理论与实践的完美融合，为读者提供了全面而深入的视角。在理论篇，本书严格遵循数据分析问题的解决流程，从数据预处理到效果验证，为读者构建了一个条理清晰、逻辑严密的数据分析框架；在实战篇，通过诸如利用机器学习模型分析历史数据以制定智能运输定价策略、引入历史销量数据建立促销销量预估模型等生动具体的实际案例，从收入、效率、成本、体验四个维度深入展示了智能供应链与数据科学在提升企业收入、提高效率、降低成本及改善客户体验方面的显著成效和深远影响。通过阅读本书，无论你是正在求学的在校学生、相关领域的研究者，还是经验丰富的从业者，抑或是对技术充满好奇与热情的普通读者，都能受益匪浅。

  在这个挑战与机遇并存的时代，智能供应链与数据科学为我们创造了前所未有的可能性。然而，技术的进步不仅意味着效率的提升，更意味着责任的加重。我们需要深思熟虑，以确保这些先进的技术能够真正惠及每一个人。希望本书不仅能为你带来知识的增长与技能的提升，更能激发你对未来世界的深刻思考与强烈责任感。

  最后，我衷心希望本书能成为你踏上探索智能供应链与数据科学之旅的起点。在阅读过程中，你定能收获诸多有用的知识和技能，更能找到指引你前行的方向与激发你不断前进的动力。让我们携手并肩，在这个充满希望与挑战的领域中，共同追寻那份属于未来的温暖与光明。

陈萍

南开大学商学院副教授

2025 年 4 月 27 日于南开园

序二

多年前,当我从计算机科学领域跨入管理学领域时,便在思考一个问题:如何让冰冷的数据与技术真正服务于人的管理与决策?这不仅是技术上的挑战,更是组织智慧上的考验。数据科学的价值不单在于模型的复杂程度,还在于能否将技术扎根于真实的业务场景,成为连接理论与实践的桥梁,提升企业决策的效率和质量。庄晓天博士的《智能供应链:数据科学理论与实战》一书,正是对这一命题的思考和回应,书中的内容让我深有同感。书中以智能供应链为脉络,既系统地梳理了数据科学的核心技术,又结合"收入、效率、成本和体验"四个维度的案例进行讲解,将抽象的理论转化为可落地的解决方案。"技术+场景"的双重聚焦,体现了数据驱动决策须始于问题、终于价值的理念。

通过多年的研究与行业观察,我认为企业数智化的核心困境在于:一是数据资源与业务价值的割裂,许多企业将数据资产入表视为终点,却忽视了数据产品化的核心环节,导致"数字负债"堆积;二是技术与场景的适配难题,传统的 IT 架构僵化且封闭,难以支撑敏捷业务需求,无法真正发挥大数据与人工智能的作用;三是人机协同的信任危机,"算法黑箱"效应与过度技术依赖,削弱了人类决策的灵活性与责任感。庄博士的著作恰好为解决这些问题提供了思路,即通过"数据科学六阶段决策理论",从经验驱动迈向人机协同决策,为从业者提供了从经验驱动到智能协同的完整路径,与学术界近来关注的"人机协同重塑组织架构"的理念前后呼应。

在 AI 技术快速迭代的当下,数据科学的应用需要兼顾工具效能与场景适配，这将推动企业从"效率革命"转向"决策升维"。庄博士的著作通过理论与实践案例结合的方式，揭示了数据科学如何赋能商业。这种"技术+场景"的双重聚焦，正是数智化时代人才培育的关键。技术的终点不是替代人，而是让人成为更明智的决策者。愿本书照亮更多前行者的征途，为学术界与产业界提供有益的参考，助力更多的企业探索智能供应链的实践路径。

张瑾

中国人民大学商学院教授、副院长

前言
PREFACE

我为什么要写这本书

2016年,互联网知识分享的浪潮席卷而来。仿佛一夜之间,线上线下骤然涌现出无数"导师",人人皆能执灯引路。在太太的鼓励下,我心怀忐忑地注册了"在行"平台,开始以一对一的形式分享供应链与数据科学方面的工作经验。彼时的我未曾想到,这看似寻常的尝试,竟成了我人生中一段重要旅程的起点。

我清晰地记得那个黄昏,约我在朝阳路麦当劳见面的,是一位言辞拘谨却眼神炽热的年轻人。他怀揣着成为数据科学家的理想,却不知该从何学起,更担忧毕业后的生计——毕竟,靠着助学贷款和勤工俭学完成学业的他,早已不愿让家人再增添分毫负担。那一刻,我仿佛看见多年前那个局促迷茫的自己,像一粒尘埃,在命运的风口无措飘荡。临别时,他起身向我深鞠一躬,说这是第一次有人愿花几小时为他规划职业路径,勾勒未来的轮廓。转身离去时,夕阳将他的影子拉得很长,恍惚间与记忆里那个孤寂的背影重叠。

此后数年,我开始陆续在自媒体上分享职场经验,在大学课堂上讲述实践案例,在各地举办的沙龙中与年轻人围炉夜话。我遇见过自考本科逆袭大厂的追梦者,遇见过因中年危机彻夜难眠的职场人,也遇见过突破自我重构命运的创业者。尽管见证过许多励志故事,但我仍时常唏嘘:那些没有家庭荫庇、缺乏经济支撑、鲜有前辈指引的年轻人,只能在城市的缝隙中倔强生长,用一次次试错参透社会的规则,即便遭遇再大的挫折委屈,也只能在深夜里给自己一个无声的拥抱。然而,每个平凡的青春都不该被蹉跎,每个朴素的梦想都值得被托举。从那时起,我便暗下决心:要倾尽所能,让这些年轻人看见更辽阔的世界,让他们的职业道路少一些踉跄和徘徊,多一些温暖的微光。

本书的雏形始于 2017 年，未曾想竟跨越了八年光阴。期间我辗转了三座城市，历经两次职业转型，书稿中不仅凝结着数据科学在供应链领域的实战智慧，更镌刻着我从算法工程师到团队负责人、从职场打工人到行业分享者的蜕变轨迹。我常对身边人说，若有一天离开现职，定要投身教育——既是为暗夜独行的年轻人燃一盏灯，亦是为当年那个淋雨奔跑的少年撑一把伞。

这本书能带给你什么

作为"智能供应链系列"的第三本书，本书聚焦于数据科学在供应链领域的落地实践。如果说预测算法是"望远镜"，运筹优化是"指南针"，那么数据科学就是贯穿全程的"显微镜"——它让模糊的业务痛点显影为清晰的数学语言，让经验主义的决策升华为数据驱动的智慧。本书以收入、效率、成本和体验四个维度为脉络，通过 12 个行业案例诠释理论与实战的交融。在构思时，我曾纠结是否要保留那些充满主观色彩的思考痕迹，最终我决定：与其追求滴水不漏的标准答案，不如还原真实的探索路径。毕竟，解决问题的魅力不仅在于答案本身，更在于寻找答案时迸发的灵感火花。

对初入职场者：迷雾中的星图

本书不是包罗万象的"百科全书"，而是为你量身定制的"生存罗盘"。书中没有晦涩的公式堆砌，只有"老司机"的避坑指南：当数据杂乱无章时，如何用 Python 快速清洗？当客户质疑算法效果时，如何用 A/B 实验证明技术价值？当领导提出"既要、又要、还要"时，如何用帕累托前沿平衡多方诉求？这些看似琐碎的细节，既是专业成长的铺路石，更是职场生存的必修课。正如海明威所言："这世界是美好的，值得为之奋斗。"那些令你辗转反侧的难题，终将成为铠甲上的勋章。

对资深从业者：破界的利刃

对于所有在深水区潜行的探索者，当你在长期投入与短期压力间进退维谷，在算法创新与商业价值间反复权衡时，本书愿作你案头的思维棱镜。我们无意提供标准答案，而是呈现思维碰撞的火花：如何让冰冷的公式拥抱人性的温暖？如何在混沌交织的约束下寻找曙光？恰如爱因斯坦的箴言："想象力比知识更重要。"知识的疆域终有边界，而想象力的双翼可抵星海。与此同时，我希望通过本书传递一个信念：数据科学不是随波逐流的浮萍，而是扎根业务的稻穗——越是俯身贴近泥土去思考，越能收获丰硕沉甸的秋实。

对高校师生：理想的摆渡人

若将学术比作精雕细琢的象牙塔，商业便是泥沙俱下的江河。本书尝试搭建连接两者的桥梁——不粉饰理论的完美，不回避现实的粗粝。这里有推翻重来的迭代记录，有未经打磨的"半成品"案例，更有对"学术价值与商业落地"的永恒诘问。这些不完美的过程，恰是真实商业世界的缩影。当你在实验室中推理出完美的模型时，请记得现实数据往往沾着仓库的灰尘、带着车轮的印记——而这些"不完美"的细节，恰是学术研究的金矿。正如达·芬奇所言："简单是终极的复杂。"或许唯有放下对"完美解"的执念，方能窥见真实世界的斑斓。

致谢

初启"智能供应链系列"时，尚是春樱烂漫的时节。此刻，我仍坐在朝阳路麦当劳的老位置，窗外冬意萧瑟，却掩不住心中暖意。作为互联网浪潮的见证者，我始终笃信：微小的努力能传递燎原的希望，美好的事物永远在奔赴的路上。正如《肖申克的救赎》中所言："希望是件好事，也许是人间至善。"而这份希望的薪火，从来不会独自燃烧。回望来路，是无数双手为我添柴，是万千目光为我引路。

致读者：同行万里的星辰

感谢始终与我相伴的读者。是你们在线上和线下的提问交流，让我不断努力更新知识体系；是你们在深夜发来的学习笔记，让我确信分享的价值远超想象；是你们在公众号的长篇心声，让我在不惑之年重燃少年赤忱。那些跨越屏幕的共鸣，让知识的传递有了温度。

致团队：共赴山海的伙伴

感谢并肩跋涉的伙伴，陪着我一起做着长期而又艰苦的事情。书中字句不仅是对挫败与成长的沉淀，更是对理想主义的生动诠释。愿这段用汗水与热忱写就的旅程，成为更多年轻人心中的灯塔——提醒他们：真正的热爱，从不诞生于掌声雷动的台前，而是萌发于无人问津的暗夜。

致家人：长夜守望的灯火

感谢父母，你们是岁月长河中的灯塔，让漂泊的小船始终记得归途。纵使目送彼此的背影渐行渐远，你们依然站在原地，等我靠岸。感谢太太，你问我为何不爱追逐新鲜，只因我的世界早已被你填满——是十年的深情久伴，是默契的无须多言。感谢儿子，你教会我在蜗牛旁看世界，在落叶里找秋天，在积木中建宇宙。你毫无保留的拥抱，让我触摸到生命最本真的温度。所谓养育，从来不是单向的付出，而是两颗心在成长路上相互照亮。

致自己：不惑归来的少年

小时候忙着系红领巾，想让奶奶高兴；长大后埋头苦读，想让父母骄傲；工作后奋力打拼，想为家人筑港。四十年后，终于学会对自己说：谢谢，你已经很努力了。感谢自己穿越荆棘仍心怀善意，见过幽暗仍相信光明。人生一世，草木一秋，此刻，我愿心满意足地对过往温柔作别。下一程，要去追寻属于自己的海阔天空。

人生海海，山山而川。谨以本书献给所有在命运齿轮下倔强生长的普通人，愿它能化作一粒火种，在某个至暗时刻，照亮你前行的方寸之地。或许我们步履缓慢，但每一步都在缩短与梦想的距离。此去经年，愿我们永远保有出发的勇气——既能丈量数据的经纬，亦能守护心灵的沃野，做永远向光而行的少年。我们也终将在山海交汇处，遇见理想照进现实的自己。

庄晓天
2025 年立春于北京

目录

开 篇

第1章 智能供应链中的数据科学 2
  1.1 智能供应链的兴起与发展 2
    1.1.1 什么是智能供应链 2
    1.1.2 智能供应链的发展历程 5
  1.2 数据科学的概念与发展 6
    1.2.1 什么是数据科学 6
    1.2.2 数据科学与智能供应链决策的六个阶段 7
    1.2.3 数据科学家的角色与职责 9
  1.3 智能供应链中的数据科学 10
    1.3.1 前期：预测与规划 10
    1.3.2 中期：分析与优化 10
    1.3.3 后期：评估与学习 11
  1.4 本书学习路线 12
    1.4.1 本书的目标 12
    1.4.2 本书的结构 13
    1.4.3 如何阅读本书 16

理论篇

第2章 数据预处理 20
  2.1 数据探查 20
    2.1.1 单变量探查 21
    2.1.2 多变量探查 22
    2.1.3 因果性探查 23

2.2 数据清洗 ... 24
2.2.1 缺失值 ... 24
2.2.2 异常值 ... 25
2.2.3 重复值 ... 26
2.3 数据变换 ... 26
2.3.1 数据标准化 ... 27
2.3.2 数据编码 ... 27
2.3.3 数据变换 ... 29
2.3.4 数据抽样 ... 30
2.3.5 数据生成 ... 30
2.4 数据可视化 ... 31
2.4.1 直方图 ... 32
2.4.2 箱线图 ... 32
2.4.3 散点图 ... 33
2.4.4 热力图 ... 34
2.4.5 提琴图 ... 34
2.4.6 饼图 ... 35

第3章 特征工程 ... 36
3.1 特征转换 ... 36
3.1.1 时序差分 ... 36
3.1.2 时序平滑 ... 37
3.1.3 时序分解 ... 37
3.1.4 滞后特征 ... 38
3.1.5 滚动特征 ... 38
3.2 特征交互 ... 38
3.2.1 线性组合 ... 38
3.2.2 多项式组合 ... 39
3.2.3 分组聚合 ... 39
3.3 特征映射 ... 40
3.3.1 主成分分析 ... 40
3.3.2 分箱 ... 40

第4章 数据挖掘 ... 42
4.1 回归模型 ... 42

		4.1.1 简单线性回归	42
		4.1.2 多元线性回归	43
	4.2	分类模型	44
		4.2.1 Logistic 回归	44
		4.2.2 K 近邻法	46
		4.2.3 决策树	47
		4.2.4 朴素贝叶斯分类器	49
	4.3	聚类	50
		4.3.1 K-means 算法	50
		4.3.2 层次聚类	50
	4.4	关联规则分析	52
		4.4.1 Apriori 算法	52
		4.4.2 FP-growth 算法	53
第 5 章	效果验证		55
	5.1	假设检验	56
		5.1.1 显著性检验	56
		5.1.2 等效性检验	57
		5.1.3 方差分析	58
		5.1.4 序贯检验	59
	5.2	事前分流方法	60
		5.2.1 哈希分流	60
		5.2.2 时间片轮转算法	61
		5.2.3 网络分流算法	62
		5.2.4 智能流量调优算法	62
	5.3	事后分析方法	64
		5.3.1 倾向得分匹配法	64
		5.3.2 双重差分法	64
		5.3.3 合成控制法	66

实战篇

第 6 章	价格：物流运输定价		70
	6.1	背景介绍	71
		6.1.1 物流运输定价的商业背景	71

     6.1.2 物流运输定价面临的主要挑战 72
  6.2 问题描述 72
  6.3 解决方案 74
     6.3.1 整体框架 74
     6.3.2 实现方法 75
  6.4 案例分析 76
     6.4.1 特征工程 76
     6.4.2 建模与评估 81
     6.4.3 结论 82
  6.5 本章小结 83

第 7 章 渠道：订单裂变营销 84
  7.1 背景介绍 85
  7.2 问题描述 85
  7.3 解决方案 85
     7.3.1 整体框架 85
     7.3.2 实现方法 86
  7.4 案例分析 88
     7.4.1 数据准备 89
     7.4.2 数据分析 89
     7.4.3 建模 94
     7.4.4 结论 95
  7.5 本章小结 96

第 8 章 促销：电商促销策略 97
  8.1 背景介绍 98
     8.1.1 促销活动的商业价值 98
     8.1.2 促销策略的设计框架 98
  8.2 问题描述 99
  8.3 解决方案 100
     8.3.1 整体框架 100
     8.3.2 实现方法 102
  8.4 案例分析 104
     8.4.1 数据预处理 104
     8.4.2 数据分析 105

	8.4.3	销量预估	111
	8.4.4	结论	112
8.5	本章小结		113

第9章 仓储：商品存储策略 … 114

- 9.1 背景介绍 … 115
  - 9.1.1 传统存储策略 … 115
  - 9.1.2 多级库存存储策略 … 115
- 9.2 问题描述 … 117
- 9.3 解决方案 … 117
  - 9.3.1 关联品挖掘模型 … 119
  - 9.3.2 销量预测模型 … 119
  - 9.3.3 模型求解 … 120
- 9.4 案例分析 … 121
  - 9.4.1 关联品挖掘 … 122
  - 9.4.2 销量预测 … 125
  - 9.4.3 模型求解 … 128
  - 9.4.4 结论 … 131
- 9.5 本章小结 … 132

第10章 网络：分拣直派模式 … 133

- 10.1 背景介绍 … 134
  - 10.1.1 物流网络 … 134
  - 10.1.2 "最后一公里"网络 … 136
- 10.2 问题描述 … 137
- 10.3 解决方案 … 138
  - 10.3.1 问题建模 … 140
  - 10.3.2 数据来源与分析 … 141
  - 10.3.3 模型求解 … 142
- 10.4 案例分析 … 143
  - 10.4.1 问题建模 … 143
  - 10.4.2 数据分析与处理 … 147
  - 10.4.3 模型求解 … 152
  - 10.4.4 结论 … 154
- 10.5 本章小结 … 154

第11章　配送："最后一公里"提效 ... 155
- 11.1　背景介绍 ... 156
- 11.2　问题描述 ... 157
- 11.3　解决方案 ... 157
  - 11.3.1　数据来源与分析 ... 158
  - 11.3.2　模型选择 ... 161
  - 11.3.3　效果分析 ... 162
- 11.4　案例分析 ... 164
  - 11.4.1　数据准备 ... 164
  - 11.4.2　特征工程 ... 168
  - 11.4.3　模型构建 ... 169
  - 11.4.4　结果分析 ... 171
  - 11.4.5　结论 ... 173
- 11.5　本章小结 ... 173

第12章　人：仓内人员排班 ... 174
- 12.1　背景介绍 ... 175
- 12.2　问题描述 ... 176
- 12.3　解决方案 ... 177
- 12.4　案例分析 ... 180
  - 12.4.1　数据组成 ... 180
  - 12.4.2　数据处理及清洗 ... 181
  - 12.4.3　数据转换 ... 184
  - 12.4.4　数据分析 ... 186
  - 12.4.5　排班模型建模 ... 189
  - 12.4.6　结论 ... 194
- 12.5　本章小结 ... 195

第13章　货：库存补货策略 ... 196
- 13.1　背景介绍 ... 197
- 13.2　问题描述 ... 197
- 13.3　解决方案 ... 198
  - 13.3.1　数据挖掘 ... 200
  - 13.3.2　策略选择 ... 200

  13.3.3 参数推荐 202
 13.4 案例分析 202
  13.4.1 数据集 202
  13.4.2 数据分析 202
  13.4.3 商品分类 206
  13.4.4 补货策略分析 207
  13.4.5 补货参数优化 208
  13.4.6 结论 212
 13.5 本章小结 213

第 14 章 场：前置仓布局优化 214
 14.1 背景介绍 215
 14.2 问题描述 216
 14.3 解决方案 217
  14.3.1 整体框架 217
  14.3.2 数据准备 218
  14.3.3 前置仓布局建模 219
 14.4 案例分析 222
  14.4.1 销售数据分析和准备 222
  14.4.2 备选仓节点分析和准备 227
  14.4.3 线路数据分析和准备 229
  14.4.4 模型求解和结果分析 230
  14.4.5 结论 231
 14.5 本章小结 232

第 15 章 物流：时效能力提升 233
 15.1 背景介绍 234
  15.1.1 物流的客户体验 234
  15.1.2 物流时效 234
 15.2 问题描述 235
 15.3 解决方案 236
  15.3.1 数据组成 237
  15.3.2 数据分析 237
  15.3.3 模型选择 238
 15.4 案例分析 239

- 15.4.1 时效竞争力模型 239
- 15.4.2 数据预处理 240
- 15.4.3 相关性分析 241
- 15.4.4 模型选择 242
- 15.4.5 效果验证 243
- 15.4.6 结论 245
- 15.5 本章小结 245

第16章 信息流：客服进线量分析 246
- 16.1 背景介绍 247
- 16.2 问题描述 247
- 16.3 解决方案 248
  - 16.3.1 数据分析 249
  - 16.3.2 特征构造 250
  - 16.3.3 模型搭建 251
- 16.4 案例分析 251
  - 16.4.1 数据收集 251
  - 16.4.2 数据分析 253
  - 16.4.3 特征构造 258
  - 16.4.4 模型搭建 259
  - 16.4.5 结论 259
- 16.5 本章小结 259

第17章 资金流：理赔服务升级 260
- 17.1 背景介绍 261
  - 17.1.1 物流行业差异化保价和理赔服务 261
  - 17.1.2 保险行业精细化理赔运营 261
  - 17.1.3 物流理赔服务升级思路 262
- 17.2 问题描述 263
- 17.3 解决方案 264
  - 17.3.1 分布可视化 265
  - 17.3.2 分层标注 266
  - 17.3.3 建模与模型选型 267
  - 17.3.4 数据预处理 269
  - 17.3.5 损失函数选择 270

  17.3.6 超参数选择 270
 17.4 案例分析 271
  17.4.1 样本收集 271
  17.4.2 分层标注及观测 272
  17.4.3 模型训练 274
  17.4.4 结论 277
 17.5 本章小结 277

第18章 总结 279
 18.1 本书回顾 279
 18.2 数据科学面经 280
  18.2.1 技术面 280
  18.2.2 业务面 280
 18.3 成长路线 282
  18.3.1 初入职场：夯实基础 282
  18.3.2 职场进阶：提升技能 283
  18.3.3 高级发展：引领创新 284

开篇

第1章 智能供应链中的数据科学

第 1 章
CHAPTER 1

智能供应链中的数据科学

1.1 智能供应链的兴起与发展

1.1.1 什么是智能供应链

1. 智能供应链的概念

伴随着云计算、人工智能等信息技术的广泛应用,供应链与互联网、物联网深度交织,供应链管理开启了智能供应链的新时代。目前,各界对智能供应链的理解存在一定差异,但广泛共识是,智能供应链是依托传统供应链,融合现代信息技术和管理方法,在企业内部及企业间构建的集成化系统,以实现供应链的数字化、智能化、网络化和自动化转型。这一演进包含以下几个关键要素:

(1)数据采集与分析:数据是智能供应链的核心,其重要性不仅在于数据量的庞大,更在于数据的实时性和分析的深度。通过传感器、RFID 标签和其他数据采集工具,企业能够实时获取供应链各环节的数据。使用数据分析方法,如数据挖掘、统计分析、机器学习等,从复杂的数据中提取有价值的信息,可以为决策提供有力支持,帮助企业识别潜在问题和机会。

(2)物联网技术:物联网技术通过实现物品与物品、物品与系统之间的信息交互和协同工作，实时共享信息，极大地增强了供应链的透明度、可控性和效率。例如，顺丰科技通过建设"智慧物流与供应链标准化物联网平台"，将物联网技术全面应用于收派、中转、运输等环节，实现了设备、人员、车辆、货物、场地等对象的全面互联。

（3）人工智能：人工智能（Artificial Intelligence，AI）赋予计算机模拟人类认知功能的能力，使机器能够学习、推理和自我修正，从而在无须人类直接干预的情况下处理复杂任务。人工智能的应用正在彻底改变传统操作模式。通过分析历史交易、消费者行为和市场趋势等数据，人工智能能够预测需求变化，优化库存管理，并提高物流效率。例如，人工智能算法可以预测产品需求的高峰和低谷，帮助企业及时调整生产计划，减少库存积压或降低缺货风险。

（4）区块链技术：区块链技术以去中心化架构和不可篡改特性为供应链管理创建了开创性信任机制。从原材料采购到将产品交付消费者，区块链技术可保障供应链各环节的信息真实、透明，让参与者实时掌握产品的全生命周期动态。企业借助它能追踪产品来源与流通环节，降低欺诈风险，增强消费者的信任度。同时，区块链技术简化了交易流程，减少了文书工作和中间环节，提升了交易效率。例如，在食品安全监管、奢侈品鉴定、国际贸易等场景中，它一方面使供应链信息更透明，各方能及时获取关键信息；另一方面确保信息真实且不可篡改，大幅提升了供应链运行的可靠性。

（5）自动化与机器人技术：自动化技术基于控制理论搭建底层逻辑，借助仪器仪表、计算机及信息技术，让系统或设备按预设任务自动运行，以减少人力，提升效率与精准度。机器人技术涉及机器人设计、制造与应用。在供应链管理中，二者的应用大幅提升了效率与准确性。例如，将工业机器人应用于焊接、组装等制造业环节，显著提高了生产效率与产品质量。随着技术的进步，机器人会更智能，应用会更广泛，在人工智能的推动下，机器人的应用优化了生产和物流过程。

综合这些技术，智能供应链的概念已经超越了传统的物流和库存管理范畴。它现在代表着一种全新的数字化、自动化和智能化范式，覆盖了整个供应链体系。从原材料的采购开始，贯穿生产制造、仓储管理，直至最终产品的交付，每一个环节都通过先进技术实现了智能化的协同工作。在这一过程中，信息和数据扮演着核心动力的角色。企业通过实时的数据交互和分析，能够更准确地感知市场需求的变化，并迅速做出响应，从而在竞争激烈的市场中保持敏捷和竞争力。

2. 智能供应链与传统供应链的对比

相较于传统供应链，智能供应链有着鲜明的特性。它围绕需求展开运作，技术融合更为深入，在与客户和供应商的合作过程中，尤为重视信息的共享交流和协同互动。在微观层面，智能供应链借助信息技术，对业务流程进行优化，大大提升了市场的响应速度，降低了企业的运营成本。这使得供应链的各环节更加透明，面对变化时更具柔性，响应更为敏捷，各职能部门之间的协同配合也更加顺畅，扩大了企业的竞争优势。从产业发展的角度来看，智能供应链是推动供给侧结构性改革的关键力量。通过它，能够有效降低成本、提高生产与运营效率，在生产与消费之间搭建起更为紧密的桥梁，促进供需精准匹配，助力消费升级稳步推进。上升到国家层面，当今世界经济格局已从企业间的单打独斗，转变为供应链之间的全面竞争。全球各个国家早已将供应链战略视为国家战略的重要组成部分。在这样的大背景下，供应链的发展水平，特别是智能供应链的发展水平，已然成为衡量一个国家综合实力的关键标志之一。

在供应链管理的演变过程中，智能供应链相较于传统供应链展现出显著的优越性。这种优越性在数字化程度、协同程度和运作模式上表现得尤为突出。

（1）数字化程度的提升：传统供应链的数字化程度普遍偏低，在数据采集、传输、存储、处理、分析及应用等环节的能力不足，致使供应链各环节间形成了显著的数据隔阂。相反，智能供应链依托于物联网、人工智能、5G、区块链和机器人等数字科技，有效解决了数据开放和共享的问题。智能供应链能够对客户需求进行全过程的精准分析和有效管理，并快速、主动地响应市场变化。

（2）协同程度的增强：在协同程度上，传统供应链的数据开放和共享困难，各环节相对独立，跨层级、跨企业、跨部门、跨系统的资源整合能力较弱。而智能供应链实现了数据的开放和共享，商流、物流、信息流和资金流实现了高效融合，形成了"四流合一"的格局。智能供应链注重各环节之间的顺畅对接、密切协作和主动配合，从而实现多方互惠互利。

（3）运作模式的创新：在运作模式上，传统供应链以推式为主，被动接受市场需求，对市场信息反应不够及时，容易导致库存积压和滞销。智能供应链则以拉式为主，主动响应用户需求，及时应对市场变化。智能供应链实行先有订单后生产的方式，大幅缩短了库存周转期，有效降低了库存风险。

智能供应链的数字化、自动化和智能化特性，使其在透明度、响应速度和效率上远超传统供应链。它通过先进技术的集成，实现了对市场变化的快速响应，降低了运营成本，同时增强了风险管理能力。智能供应链的这些优势，使其成为企业在全球化竞争中不可或缺的关键因素，为企业的长期发展和市场竞争力提供了坚实的基础。

1.1.2 智能供应链的发展历程

智能供应链是供应链管理领域的一种新兴发展趋势，其发展历程大致可分为以下几个阶段：

（1）传统供应链管理：在智能供应链概念尚未出现之前，供应链管理的运作主要依赖于人工操作和经验传承。企业通过人力和物理资源的配置，构建了涵盖供应、生产、物流等环节的供应链体系，并通过人工决策和协调来维持其运作。这种模式效率较低，在应对市场复杂性和变化时存在明显不足。

（2）数字化供应链：信息技术的引入标志着供应链管理的数字化起步。企业开始使用企业资源规划（ERP）和仓库管理系统（WMS）等工具来管理供应链各环节的数据，这些工具提高了信息流通效率，从而优化了供应链流程。尽管这一阶段的数字化应用还处于初级阶段，但它为供应链的进一步优化奠定了基础。

（3）智能供应链初期：随着大数据和人工智能技术的兴起，供应链管理开始融入这些技术。企业利用这些技术进行更精确的需求预测和库存控制，提升了供应链的智能化水平。这一阶段的技术主要应用于供应链的局部环节，如需求预测、库存优化等，整体供应链的智能化程度仍然较低。

（4）智能供应链成熟期：展望未来，智能供应链预计将实现全面成熟，得益于 5G、物联网和边缘计算等技术的融合，企业将建立基于云计算技术的智能供应链平台，实现各环节的无缝对接和智能协作。供应链将通过实时数据分析进行自我调整和优化，显著提高其对市场变化的适应性和灵活性。

纵观智能供应链的发展历程，不难发现数据是其核心要素，数据平台则堪称整个智能供应链的"大脑"，是最关键的部分。数据对智能供应链的驱动作用主要体现在以下几方面：

（1）提高预测的准确性：智能供应链通过先进的数据分析技术，对消费者的行为和市场趋势进行深入研究，以提高需求预测的准确性。这有助于避免库存过剩或短缺，确保订单准时交付，减少客户投诉，并维持生产计划的稳定性。

（2）提高采购效率：智能供应链借助数字化平台，同供应商展开高效沟通，对供应商的产品质量、交付能力等进行综合评估，进而为新产品研发或追求更高成本效益的产品挑选出最合适的供应商。如此一来，采购流程得以优化，效率大幅提升，与供应商的合作关系也更为稳固，有力保障了生产既能持续推进，又能灵活应对各种变化。

（3）降低库存成本：利用区块链和云计算技术，智能供应链能够实时监控库存状态并进行动态分析，确保库存水平与市场需求相匹配。这有助于减少因库存不当而造成的经济损失，提高库存管理的精确度。

（4）提高物流效率：智能供应链基于智能化物流管理体系，如智能派车系统、配送系统和电子铅管理系统等，对物流的各环节加以优化。这些系统具备智能配货、规划最优路线、实时监控车辆和统计签收情况等功能，在极大程度上提升了物流效率。

（5）风险预防与管理：智能供应链运用数据分析进行预测性风险管理，如在生产线上使用传感器监测设备状态和产品质量。通过实时数据分析，企业可以预测并预防潜在的生产风险，确保生产过程的安全性和稳定性。

实现智能供应链的应用，数据科学技术不可或缺。接下来的章节将详细阐述数据科学在供应链管理中的应用，包括其定义和提升供应链智能化的具体方法。

1.2 数据科学的概念与发展

1.2.1 什么是数据科学

在信息时代，数据量的指数级增长为基于数据的智能决策提供了无限可能性，从而促进了数据科学领域的飞速发展。以供应链为例，随着数据采集设备和大数据技术的飞速发展，企业积累了庞大的数据资源，这不仅为企业带来了深入挖掘新机会的挑战，也带来了如何整合上下游数据以提供更具个性化的体验和服务、提升客户满意度及增加收入等新问题。

数据科学融合了数据、统计学、计算机科学、信息科学及特定领域的专业知识，致力于从结构化和非结构化数据中提取知识和生成洞见，提高组织决策的效率和质量。它通常通过描述性、诊断性、预测性和规范性分析等方法，解答企业面临的"发生了什么""为什么发生""将发生什么"及"如何应对"等问题。

数据科学基本遵循以下流程：

（1）定义问题：数据科学的核心在于通过数据辅助企业做出基于证据的决策。因此，在进行数据驱动的决策之前，必须明确需要解决或回答的问题，以及预期达成的目标。

（2）获取数据：数据的来源可能包括企业内部数据库、外部数据抓取、购买第三方数据服务等。以供应链企业为例，其内部数据源可以概括为"四维五环"，即人、车、货、场四个维度，以及仓、拣、运、配、体验五大环节。

（3）清洗数据：通常该步骤最为耗时。在计算机科学和数据领域有这么一句话：Garbage in，Garbage out[1]，数据质量直接决定了模型效果的上限。因此，在进行分析和建模之前，必须确保数据的质量。这包括按照预定义的格式对数据进行标准化处理，转换数据类型、处理缺失值、修正数据错误及删除异常值。

（4）探索数据：数据探索是数据分析的初步阶段，用于规划进一步的数据建模策略。通常可以利用描述性统计工具和数据可视化工具，初步理解数据，并结合问题定义选择合适的分析方法。

（5）建立模型：根据业务场景和数据分布，选择合适的方法构建并训练模型，之后对模型进行测试和评估，基于回测效果优化模型，确保模型能够有效地回答问题或解决业务问题。

（6）解释结果：鉴于数据科学的目标是提供科学合理的决策建议，通常需要跨部门合作，将数据见解转化为行动。可以通过图表展示趋势和预测结果，通过数据摘要和结果表格帮助利益相关方有效理解和执行结果。

数据科学的发展不仅推动了数据处理技术的进步，也为现代企业提供了一种全新的决策支持工具，使其能够在激烈的市场竞争中占据优势。随着技术的不断进步，数据科学将继续在商业智能、机器学习等领域发挥重要作用。

1.2.2 数据科学与智能供应链决策的六个阶段

过去，供应链严重依赖基于经验的人工预测和库存计划，往往难以跟上快速变化的市场动态。物流协调依靠电话和人的直觉来管理复杂的物流网络，难免存在大量偏差。随着先进的数据科学技术的出现，供应链行业正经历范式转变，从"拍脑袋"决策逐步走向数据驱动决策，助力企业在动态的全球市场中提高效率和竞争力。

这里依托多年的供应链管理及实践经验，总结了数据科学与智能供应链决策的六个阶段，如图1-1所示。

---

1 Garbage in，Garbage out（简称GIGO）是计算机科学和数据领域的一句经典格言，直译为"垃圾进，垃圾出"。其核心含义：如果输入的数据质量低劣（垃圾），那么输出的结果也必然不可靠（垃圾）。

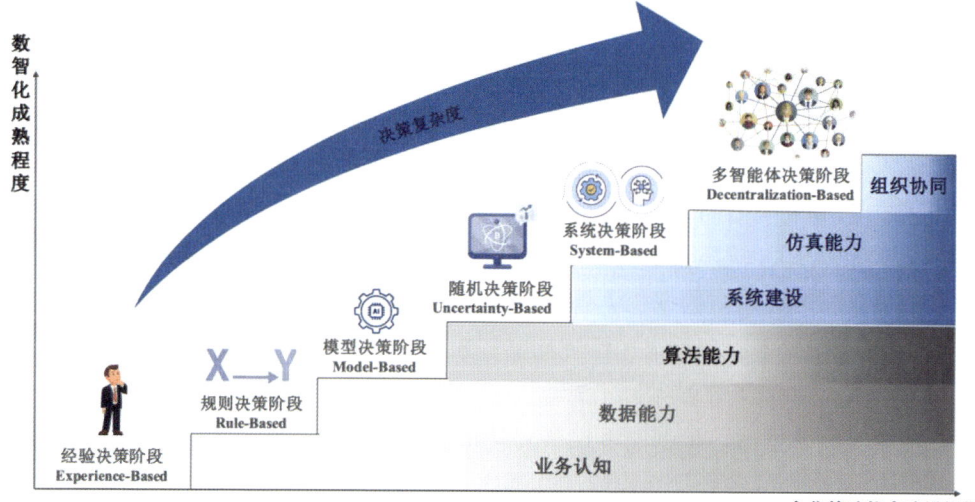

图 1-1　数据科学与智能供应链决策六阶段理论

（1）经验决策阶段：该阶段主要基于业务经验和简单数据，通过"拍脑袋"决策。因此强依赖于决策者的经验，决策受主观因素的影响较大。

（2）规则决策阶段：该阶段开始具备初步的数据科学能力，依靠业务逻辑、数据分析、启发式方法，从数据中挖掘规则进行决策，具备一定的决策客观性。

（3）模型决策阶段：该阶段逐步具备基础的数据科学能力，包括大数据挖掘、运筹学、机器学习等，能够从海量数据中进行更深入的探索和挖掘。

（4）随机决策阶段：该阶段通过随机模型进行决策，以应对外部环境和系统内生的不确定性，增强决策方案的灵活性和可靠性。

（5）系统决策阶段：该阶段进一步引入更为高阶的数据科学能力，依靠系统内部多主体之间的关系和系统整体运作流程，通过复杂模型输出决策。

（6）多智能体决策阶段：通过强化学习、联邦学习、元学习、数字孪生等先进技术，实现自适应、自驱动、自修正的决策方案。

总体而言，每个阶段都相互关联，每个阶段对整个供应链的智能决策的成功都至关重要。数智化不仅意味着数据的简单收集和存储，更涉及利用先进的数据科学技术来优化决策过程、提高运营效率和响应市场变化的能力。

数据科学作为这一转型的关键动力，正逐步推动供应链从传统的经验驱动向数据驱动转变，实现数智化供应链的构建。通过更精准的需求预测、库存管理和物流调度，数据科学帮助企业降低了运营成本和风险，提高了供应链的响应速度和效率。此外，数据科学技术还增强了供应链的透明度和可见性，使企业能够及时发现并解决瓶颈问题，优化决策。数据科学不仅提升了供应链的效率和响应能力，还为企业带来了新的商业机会和竞争优势。随着技术的不断发展，数据科学将继续在供应链管理中发挥越来越重要的作用。

1.2.3 数据科学家的角色与职责

在《哈佛商业评论》的赞誉中，数据科学家扮演着类似医生的角色，不仅能够精准诊断问题的根本原因，还能提出有效的解决方案。数据科学作为他们的行医技能和工具，使得各组织日益依赖于数据科学家的专业能力，以解读复杂数据并提供切实可行的建议，从而优化业务成果。数据科学家能够从庞大的数据集中提炼可落地的洞见，显著提升企业实现目标的能力。

数据科学家的角色和日常工作随着企业规模和需求的不同而有所差异。尽管他们普遍遵循数据科学的流程，但具体的实施细节可能因情况而异。在大型数据科学团队中，数据科学家可能与分析师、工程师、机器学习专家及统计学家等跨学科团队成员紧密合作，确保从端到端的数据科学流程得到有效执行，以实现业务目标。相对而言，在小型团队中，数据科学家可能需要承担多重角色，根据他们的经验和技能，可能需要兼任工程师、分析师、机器学习专家及核心数据科学家的职责。

数据科学家运用一系列多样化的技巧、工具和技术来执行数据科学流程，根据面临的具体问题选择最合适的工具组合，以期快速获得精准的结果。数据科学家的职责涉及收集、分析和解释大数据，发现模式和见解、预测并制定可行的策略。他们的工作内容包括但不限于：制定数据分析策略、准备分析数据、进行数据探索与分析、实施数据可视化、使用 Python 和 R 等编程语言构建数据模型，以及将模型部署到实际应用中。

在数据科学的领域内，数据科学家不仅是技术的执行者，更是业务决策的推动者。他们通过深入分析和模型构建，为企业提供基于数据的深刻见解，从而驱动业务增长和创新。随着数据量的爆炸性增长和分析工具的不断进步，数据科学家在企业中的作用愈发重要，他们的能力已成为企业竞争力的关键。

1.3 智能供应链中的数据科学

供应链在全球化和市场动态变化中面临复杂多变的需求预测、库存优化、物流效率提升、风险管理和跨部门协同等挑战。数据科学通过其强大的数据处理和分析能力，能够帮助企业更准确地预测市场趋势，优化库存管理，提高物流效率，识别和缓解潜在风险，并促进供应链各环节之间的信息共享和协同工作，从而提高整个供应链的透明度和响应速度。智能供应链中的数据科学应用是一个复杂而多维的过程，它涉及从供应链的前期规划、中期执行到后期评估的全过程。

1.3.1 前期：预测与规划

在智能供应链的前期，数据科学的预测与规划能力是至关重要的。这涉及对市场需求的深入理解，以及如何根据这些需求来优化库存和资源分配。通过整合历史销售数据、市场趋势、季节性因素和外部数据源，如天气、经济指标和社交媒体情绪，数据科学能够帮助企业构建复杂的预测模型。这些模型不仅能够预测总体市场需求，还能够预测特定产品在特定时间和地点的需求。这种精细化的需求预测使得企业能够更精确地调整生产计划，优化库存水平，降低产品过剩或缺货的风险。

同时，数据科学在库存优化方面发挥着重要作用。它可以帮助企业确定在不同地点保持多少库存，以及如何根据需求变化动态调整库存。这种优化可以降低存储成本，提高库存周转率，并确保产品在需要时可用。此外，数据科学能够辅助企业在供应链网络规划中做出更明智的决策，比如确定最佳的制造和分销设施位置，以及如何配置运输路线以最小化成本和提高效率。在补货计划分析方面，数据科学通过分析销售数据和库存流动，帮助企业确定何时何地需要补充库存，以及补充多少。这有助于提高产品的可用性，减少缺货情况，同时避免过度库存。在采购分析中，数据科学通过分析供应商的表现、成本和风险，帮助企业做出更合理的采购决策，确保供应链的稳定性和成本效益。

另外，数据科学在新产品推广和市场接受度预测中也扮演着关键角色。通过分析消费者的行为和市场反馈，企业可以预测新产品的市场表现，并据此调整市场进入策略。这种分析有助于企业在竞争激烈的市场中快速响应，抓住市场机会。

1.3.2 中期：分析与优化

在智能供应链的中期，数据科学的分析与优化功能显得尤为重要。这一阶段的核心在于实时监控供应链的各环节，以及基于监控结果进行动态优化，确保供应链的高效运转和响应能力。

数据科学在智能供应链的中期的应用，首先体现在对供应链各环节的特征提取上。它涉及从海量的供应链数据中识别和提取关键信息，以便更好地分析和优化供应链流程。通过特征提取，企业能够深入分析和理解供应链中的各环节，包括生产、库存、运输、需求预测等。这些关键特征的识别使得企业能够更准确地预测市场需求，及时调整生产计划，优化库存水平，降低成本，并提高响应速度。数据科学还可以帮助企业识别供应链中的潜在风险和机会，比如通过分析供应商的交货时间、质量控制等特征，企业可以提前发现潜在的供应链中断，并采取措施以减少其影响。数据科学还可以通过机器学习模型对特征进行学习，自动调整供应链策略，提高整体效率和效果。

此外，数据科学在优化供应链流程中也发挥着关键作用。通过对历史和实时数据的分析，可以识别供应链中的瓶颈和低效环节。例如，通过分析生产数据，可以发现某些工序的效率低下，导致整个生产线停滞；或者通过分析库存数据，可以发现哪些产品是爆品，哪些产品是滞销品。这些分析结果可以帮助企业优化生产计划，调整库存策略，甚至重新设计供应链流程，以提高整体效率。在物流优化方面，数据科学通过分析运输路线、货物重量和体积、运输成本等数据，可以帮助企业选择最佳的运输方式和路线。这种优化不仅能够降低运输成本，还可以缩短交货时间，提高客户满意度。同时，通过对天气、交通状况等外部因素的实时分析，可以动态调整运输计划，以应对突发事件。

数据科学还可以在供应链的协同工作中发挥作用。在多供应商、多渠道的复杂供应链中，数据科学可以帮助企业实现更好的信息共享和协同决策。例如，通过分析不同供应商的交货表现，可以优化企业对供应商的选择和管理；通过分析不同销售渠道的需求变化，可以协调不同渠道之间的库存分配。在质量控制方面，数据科学通过对生产过程中的数据进行实时分析，可以帮助企业及时发现质量问题，并采取预防措施。这种实时的质量监控不仅可以减少不合格产品的数量，还可以提高生产效率和产品质量。

综上所述，数据科学在智能供应链的事中阶段，通过实时监控和动态优化，帮助企业实现了供应链的高效运转和灵活响应。这种基于数据的决策方式，不仅提高了供应链的透明度和响应速度，还增强了企业的竞争力。

1.3.3 后期：评估与学习

在智能供应链的后期，数据科学的评估与学习能力显得尤为重要。这一阶段的核心在于对供应链运营的全面评估和从过往经验中学习，以优化未来的决策和操作。

事后评估是供应链管理中的关键环节，它涉及对供应链绩效的量化分析和定性评价。数据科学在此阶段的应用，首先体现在对供应链各环节绩效的评估上。通过收集和分析供应链中的关键绩效指标（KPI），如订单履行时间、库存周转率、客户满意度等，企业可以量化供应链的效率和效果。这些数据不仅可以用来评估当前供应链的表现，还可以与历史数据对比，识别改进的空间和趋势。

数据科学在供应链事后评估中的应用还体现在对供应链中断和异常事件的分析上。通过对这些事件的深入分析，企业可以识别导致问题的根本原因，并制定相应的预防措施。例如，通过分析供应链中断的历史数据，可以发现潜在的风险点，并提前制定应对策略，以减少未来中断的影响。此外，数据科学在供应链的学习和创新中也扮演着重要角色。通过对历史数据的挖掘和分析，企业可以发现新的模式和趋势，从而创新供应链管理方法。例如，通过分析消费者购买行为的数据，企业可以发现新的市场需求，进而开发新的产品和服务。

数据科学还可以帮助企业在供应链管理中实现持续改进。通过对供应链运营数据的深入分析，企业可以识别流程中的瓶颈和低效环节，并据此优化流程。这种基于数据的持续改进有助于提高供应链的灵活性和响应速度，使企业能够更快地适应市场变化。在供应链的事后评估中，数据科学的应用不仅限于历史数据分析，还包括未来趋势预测。通过建立预测模型，企业可以预测市场需求、供应风险等，从而做出更准确的计划和决策。这种预测能力对于提高供应链的敏捷性和竞争力至关重要。

综上所述，数据科学在智能供应链的事后评估与学习中发挥着重要作用。它不仅帮助企业评估和优化当前的供应链表现，还为未来的供应链管理提供了宝贵的洞察和知识。随着数据科学技术的不断进步，其在供应链管理中的应用将更加广泛和深入，推动供应链管理向更高的智能化水平发展。

1.4 本书学习路线

1.4.1 本书的目标

本书希望为读者提供一个全面而深入的数据科学领域指南，探索数据科学的核心概念、关键技术和实际应用，培养读者的数据思维和分析能力。通过丰富的案例研究和实践练习，帮助读者掌握从数据收集、处理、分析到可视化的整个流程，以及如何将数据科学应用于解决现实世界中的问题。本书的目标是让读者不仅理解数据科学的理论基础，而且将这些知识应用于实际工作中，成为数据驱动决策专家。

无论是希望从事供应链或数据科学的学生，想提升自己数据科学能力的行业从业者，还是希望在数智时代引领企业走向智能决策的企业管理者，本书都为其提供了独特的视角：

（1）对于学生，本书是他们进入数据科学世界的敲门砖。本书不仅涵盖了数据科学的基础知识，如统计学、机器学习算法和数据挖掘技术，还提供了实际案例分析，帮助学生理解理论知识如何转化为解决实际问题的工具。本书中的实践练习和项目工作将增强学生的动手能力，使他们能够在未来的学习和职业生涯中，运用数据科学进行创新和研究。

（2）对于行业从业者，可以通过阅读本书来提升专业技能和知识水平。对于那些希望在现有工作中引入数据驱动决策的专业人士，本书提供了必要的工具和框架，帮助他们识别数据中的模式和趋势，优化业务流程。此外，对于那些寻求职业转型或提升的在职人员，本书中的内容能够帮助他们构建坚实的数据科学基础，为未来的职业发展打开新的大门。

（3）对于企业管理者，本书提供了如何构建和维护一个数据驱动组织的战略指导。企业管理者可以从中学到如何有效地利用数据科学来指导业务决策，优化资源分配，并提高组织的竞争力。本书中讨论的智能数据处理技术和特征工程技术可以帮助企业管理者在复杂多变的市场环境中做出更加明智和快速的决策，从而推动组织的成长。

1.4.2 本书的结构

在结构安排上，本书理论与实践并重，希望为读者提供全面且深入的视角。

在理论篇，严格遵守数据分析问题的解决流程，第2章从数据预处理开始，介绍数据探查、清洗、变换和可视化等关键步骤，确保数据质量满足分析需求；第3章深入介绍特征工程，从结构化和非结构化两方面探讨如何从原始数据中提取有用信息，创建能够有效支持模型的特征；第4章进入数据挖掘阶段，详细介绍各类算法，包括机器学习、神经网络等；第5章讨论效果验证，包括假设检验、事前分流方法和事后分析方法，确保分析结果的准确性和可操作性。这一结构旨在为读者提供一个清晰的数据分析框架，使其能够系统地应用数据科学方法解决供应链中的复杂问题。

实战篇从收入、效率、成本、体验四个维度深入探讨了 12 个实战案例，如图 1-2 所示。

图 1-2　实战篇结构

在收入这个大领域中，我们根据 4P 营销理论进行简化，将收入分为 3 个子部分，即营销（Place）、价格（Price）和促销（Promotion）。第 6 章利用机器学习模型分析历史数据并提供了一套物流智能运输定价策略，综合考虑季节波动性、需求预测、价格弹性等因素，帮助物流企业更准确地制定费率，提高利润率。作为提升销量的重要手段之一，"促销"可以吸引更多客户来提升销量，从而提高企业的盈利能力。在进行促销活动前，需要明确具体的促销方式，不同促销方式的成本和收益有较大差异，如何设计和执行促销策略是许多商家面临的挑战。第 7 章为了突破现有的"营销"瓶颈，开拓了基于推荐官模式的主动营销路径，发展能够带动别人下单的人作为推荐官，从运营驱动转化为经营驱动。如何识别潜在用户并发展其成为推荐官，则成为营销策略要解决的关键问题。关于收入的另一个重要因素就是"定价"，传统定价方式依赖于经验、市场调研，以及对竞争对手价格的监控，这种方式效率低下，不够灵活，不能及时响应市场变化。为了解决这一问题。第 8 章通过引入历史销量数据，建立了促销销量预估模型，准确预估未来的产品销量，保证在促销活动成功组织的前提下达成商家预期目标。

在效率方面，围绕供应链仓、运、配三个环节展开，旨在提升供应链全流程的效率。供应链的高效运作离不开仓储管理的支持，而仓储管理的核心在于库内管理的优化。第 9 章从"仓储"的角度出发，运用帕累托原则识别出高销量的商品。一旦畅销品的数量得以明确，仓库管理人员便可以根据这些数据，结合畅销品的实际销量，合理规划并调整畅销品区域的大小，以确保存储空间的最优配置和存取效率的最大化。然而，仅有完善的仓储系统并不足以实现供应链的整体优化。物流网络的设计同样至关重要，它直接影响产品的流通效率和客户的满意度。第 10 章从"运输"网络中的分拣环节，构建运筹优化模型进行分拣直派与路区重规划，达成成本和效率的整体最优。作为供应链抵达客户的最后一个触点，"最后一公里"的"配送"直接影响了客户的体验和满意度，物流企业采用多种策略来提高配送员的工作效率，这些策略包括传统管理方法、智能管理系统和激励机制等。然而，在实际应用中，尤其是对仍在发展中的企业来说，面对众多管理方法和激励机制，如何有效评估这些方法和机制的实际效果成为一大挑战。第 11 章通过 A/B 实验的方式，分析游戏化等级机制对于配送员工作效率的影响，通过合理的管理方案，进一步提升配送员的工作效率。

在供应链管理中，除了关注收入和效率，成本控制也是一个至关重要的核心指标。本书从人、货、场三个关键维度出发，探讨了如何利用数据科学的方法实现成本的优化。通过深入分析这三个维度，书中提供了一系列的策略和工具，旨在帮助管理者更有效地降低成本，同时保持供应链的竞争力。其中，"人力"成本是企业运营中的一项重大支出。第 12 章通过需求预测来准确预测业务需求，确保在需求高峰期有充足的人员配置，同时在低谷期避免资源浪费。采用订单人力精确匹配、工作量均衡和考虑支援机制三种策略，提升员工的工作满意度，减少人员流动率，从而保持供应链的稳定性和持续性。除了人力成本，"货物"成本也尤为关键，直接影响了企业的利润水平。补货与货物成本密切相关。有效的补货管理可以优化库存水平，减少不必要的持有成本和过时库存，降低整体成本。第 13 章通过对历史销售数据、市场趋势和季节性因素的合理分析，准确预测未来需求，从而制定合理的补货策略，确保供应链的稳定性和响应速度。除了人力和运输成本，根据调研，优化仓网布局可以降低物流和仓储成本约 10%～20%，并且能够提高服务水平，从而更好地支撑销量的增长。但是仓网数据来源广、类别差异大，尤其是对成本数据较敏感。为了更好地评估仓网的场地成本，第 14 章一方面通过数据清洗、可视化等方法，找到和修改数据中的错误，另一方面采用选址模型还原现状仓网，以实际网络的成本结构验证所收集成本数据的准确性。

在客户体验方面，从物流、资金流、信息流三个维度深入探讨如何提高客户体验。随着消费者需求的不断升级，消费者不再仅仅关注产品本身的质量，而是更注重整个购物过程中的体验感。时效又是提升客户体验最重要的因素之一，如何优化物流网络时效是第 15 章要解决的重要问题。在这个过程中，通过大数据分析，从亿级运单数据中挖掘揽收能力、城市之间的时效达成能力等，将数据分析结果加入模型决策，更准确地评估物流的时效能力。在现代化物流场景中，客服是整个物流运营中重要的一环，关系到客户体验。那么如何对客服人员进行招聘和排班，就成为首要的问题，如果客服招聘过多，就会造成成本的浪费，反之则会造成客服无法及时应答客户进线，降低客户体验。第 16 章通过对客服"信息流"的合理分析，准确预测客户进线量，优化客服人员排班，提高客服响应速度，进一步优化客户体验。如果物流服务达不到客户满意度，就会涉及理赔的问题。在理赔过程中如果理赔服务做得好，那么企业支付的成本能够提升客户的黏性和企业的品牌形象，进而促进增收，形成正向现金流的良性循环。第 17 章从"资金流"出发聚焦于差异化理赔服务场景，利用数据科学的方法实现了根据客户索赔诉求进行单维度的精细化分层，方便企业在理赔服务中定向应用差异化的服务策略。

这些案例共同展示了智能供应链与数据科学在提升企业收入和效率、降低成本，以及改善客户体验方面的实际价值和深远影响。

1.4.3 如何阅读本书

要想高效使用本书，并将其知识应用到实际工作中，可采用以下学习方法和应用策略。

1. 掌握基础理论

掌握基础理论包括对供应链管理的基本原则、流程和最佳实践有全面的了解，以及对数据科学中的关键概念和技术有基本的认识。通过细致阅读书中的理论章节，读者可以构建一个坚实的知识框架，为后续的深入学习打下基础。

2. 分析实际案例

书中的案例是理解理论与实践如何结合的宝贵资源。通过分析这些案例，读者可以学习到如何在供应链的不同环节中应用数据科学技术，以及如何解决实际问题。每个案例都提供了一个独特的视角,让读者能够看到数据科学在供应链管理中应用的实际效果和潜在价值。

3. 学习技术工具

数据科学的实践离不开各种技术工具的支持。本书介绍了一些常用的数据分析工具。通过学习这些工具,读者不仅能够提高自己的技术能力,还能够更有效地处理和分析数据,从而在供应链管理中做出更明智的决策。

4. 掌握分析方法

数据分析方法是智能供应链的重要实现手段之一。本书详细介绍了各种数据分析方法,包括描述性分析、预测性分析、诊断性分析和规范性分析。掌握这些方法能够帮助读者从数据中提取有价值的信息,预测未来趋势,并优化供应链流程。通过实践这些方法,读者可以提高自己的数据分析能力,为供应链管理提供科学的决策支持。

5. 实践与反思

对理论知识和工具技能的学习最终需要通过实践来验证和深化。读者可将书中的知识和技能应用到工作或项目中,解决实际问题。实践之后,进行反思,分析哪些方法有效,哪些方法需要改进。这种实践与反思的循环过程将帮助读者不断进步,提高在智能供应链领域的专业能力,也能够让读者更好地理解数据科学在供应链管理中的作用和价值。

理论篇

第2章　数据预处理
第3章　特征工程
第4章　数据挖掘
第5章　效果验证

第 2 章

CHAPTER 2

数据预处理

在数据科学的应用中,有一个约定俗成的说法:"模型决定了下限,数据决定了上限"。这句话的意思是,选择适合的模型,可以保证项目任务中有一个保底的准确率,而高质量的数据集将会让这个准确率进一步提升。

本章将针对数据科学的第一步——数据预处理进行展开,提供完整的数据分析和处理流程。同时,请注意,本书中的数据分析和处理方法都基于 Python 环境,包含了相应的库,例如 Pandas、Numpy 和 Scikit-learn 等,后续将按照上述背景进行介绍,对环境、语言等不再赘述。

2.1 数据探查

在数据分析的过程中,数据预处理是一个至关重要的步骤。数据探查是数据预处理的核心组成部分,它涉及对数据集进行初步的检查和分析,以便理解数据结构特征、识别潜在的数据分布规律、检测异常值,并为后续建模提供重要参考依据。通过数据探查,我们能够获得对数据的直观理解,这有助于确定适当的数据清洗方法和选择后续分析模型。

事实上,没有任何一个模型可以适配并解决所有问题,模型一定是受数据、算力等多种因素制约的,而常见的机器学习模型、深度学习模型在应用过程中,也一定对于算力有不同的"要求",对于数据有不同的"偏好",通俗理解为,某些机器学习模型适用于某些"类型"的数据。因此，需要通过数据探查找到数据的特性，以此作为模型选择的"约束"来进行训练。

数据探查可分为单变量探查、多变量探查和因果性探查，单变量探查只考虑单一变量本身的特性，多变量探查需要考虑多个特征之间的特性组合和影响，而因果性探查从数据的内部因果关系的角度来进行数据的分析。

2.1.1 单变量探查

在单变量探查中，主要关注单个变量的属性和分布情况，一般会关注以下几个关键指标：极值、分位数、峰度和偏度。

1. 极值

极值一般包含极大值和极小值两个指标。这两个指标可以帮助我们了解数据的范围，也可以用于识别数据中可能存在的一些异常值或错误。在 Python 中，可以通过 Pandas 库封装的 max() 和 min() 实现极大值和极小值，如 dataframe[column].max()，即分析某列的最大值。

2. 分位数

分位数是把顺序排列的数据分割成若干相等部分的分割点的数值，常见的分位数有四分位数，如 25%（第一四分位数）、50%（中位数）、75%（第三四分位数）。不同的分位数可以帮助我们识别数据的分布情况，特别是数据中心位置和离散程度，可以揭示数据的偏态和尾部厚度。例如，某销量特征的第一四分位数和中位数都是 2000 左右，但是第三四分位数为 10000，那么可以判断该特征的分布是一个偏态的长尾分布。在 Python 中，可以使用 Pandas 库封装的 quantile() 方法实现分位数的计算，如 dataframe[column].quantile(0.25)。

3. 峰度和偏度

峰度（Kurtosis）作为分布形态量化分析的核心指标，主要衡量概率密度曲线尾部的厚薄程度与峰态特征。具体而言，正峰度（Leptokurtic）表示相较于正态分布，数据具有更陡峭的峰顶和更厚重的尾部，这种现象在金融收益率数据分析中常见，暗示极端值出现的概率更高；而负峰度（Platykurtic）对应更平缓的峰形与更轻薄的尾部，体现数据分布的离散特性。

偏度（Skewness）作为评估分布对称性的特征参数，其数值方向揭示数据偏移形态：正偏态（右偏分布）中的均值大于众数，数据长尾向右延伸，典型示例如国民收入分布；负偏态（左偏分布）呈现左向拖尾特征，在产品质量控制领域常作为过程异常的重要预警指标。

偏度和峰度有助于我们了解数据分布的形态，在 Python 中，可以使用 Pandas 库封装的 skew() 和 kurtosis() 方法实现偏度和峰度，如 dataframe[column].kurtosis()。

通过以上的单变量探查，可以得到每个变量的详细分布描述，这对于后续的数据清洗和变换至关重要。这些探查工具不仅能够帮助我们识别数据中的异常情况，还能够提供关于数据分布特性的重要信息，从而指导我们选择合适的统计方法和机器学习模型。

2.1.2 多变量探查

多变量探查也被称为相关性分析，旨在寻找多个特征之间的相关关系，判断特征之间是否会有影响等。对于多变量探查，本节将分为两个部分：有监督分析和无监督分析。

1. 有监督分析

有监督分析是指在有目标变量的情况下进行分析，其目的是分析哪些自变量对目标变量有影响。同样，根据不同类型（即连续型和离散型）的自变量和因变量，会选取不同的方法，其选取规则如表 2-1 所示。

表 2-1 方法选取规则

因变量类型	自变量类型	选择方法
离散型	离散型	Logit 回归
离散型	连续型	Logistic 回归、判别分析
连续型	离散型	联合分析
连续型	连续型	方差分析

2. 无监督分析

无监督分析用于因变量未知的情况，只分析自变量之间的关系，其目的在于对特征进行分类、分析特征之间的测量关系。常见的无监督分析方法有聚类分析（Cluster Analysis）和因子分析（Factor Analysis）。

（1）K-Means：K-Means 是最广泛使用的聚类算法之一。其核心思想是首先选择 K 个初始中心点，将每个样本点与其最近的中心点归为一类，形成 K 个簇。接着重新计算每个簇的中心点（即簇内样本的均值），并基于新的中心点再次进行样本分配。这个过程不断迭代，直到中心点的位置稳定下来或达到最大迭代次数。在 Python 中，可以通过 Scikit-learn 库封装的接口使用 K-Means，如 sklearn.cluster.KMeans()。

（2）DBSCAN（Density-Based Spatial Clustering of Applications with Noise）作为一种基于数据分布密度的无监督聚类算法，其核心机制是通过定义样本邻域密度阈值来实现空间聚类。该算法通过参数 ε（邻域半径）和 MinPts（最小样本数）构建密度可达性准则，将数据对象划分为三类：

- 核心对象：满足邻域内样本数大于或等于 MinPts。
- 边界对象：位于核心对象邻域但自身不满足密度条件。
- 噪声点：无法归入任何簇的孤立样本。

DBSCAN 不需要事先指定簇的数量，且能够识别任意形状的簇和噪声点。在 Python 中，可以通过 Scikit-learn 库封装的接口使用 DBSCAN，如 sklearn.cluster.DBSCAN()。

（3）谱聚类（Spectral Cluster）：谱聚类是基于图论的一种聚类方法，它使用数据的相似性矩阵构建一个图，计算邻接矩阵 A 和状态矩阵 D，然后根据图的拉普拉斯矩阵 L（$L=D-A$）再计算 L 的特征值和特征向量等并进行聚类。谱聚类能够识别任何形状的簇，并且对数据的缩放不敏感。在 Python 中，可以通过 Scikit-learn 库封装的接口使用谱聚类，如 sklearn.cluster.SpectralClustering()。

（4）因子分析（Factor Analysis）作为一种经典的多元统计技术，主要解决多变量高维数据的降维需求。因子分析试图找出潜在变量，并用它们来表示数据，从而简化数据结构。在 Python 中，可以使用 Scikit-learn 库封装的接口使用因子分析，如 sklearn.decomposition.FactorAnalysis()。

数据探查可以帮助我们理解整体的数据结构和分布，对于后续对数据进行处理有着重要的意义，根据数据探查的结果，可以对数据进行处理和转化，例如发现异常数据清理或分布的变化。

2.1.3 因果性探查

相较于前面提及的数据分析方法，本节着重于因果性（Causality）的分析。因果性是指一个因素的变化导致另一个因素变化的现象，当某个变量 X 改变的时候，在保持其他变量都不变的前提下，X 是如何导致另一个变量 Y 改变的。在数据分析中，可能并不能找到全部变量之间的因果关系，同时由于隐变量（Cofounder，即无法观测到的变量）的存在，只能确定部分特征之间的关系。

但是，找到了因果相关的特征，就可以更好地分析数据，例如，找到与目标值相关的特征，能更好地优化模型并进行目标的预测等。

在统计学上，经常要把相关性和因果性放在一起讨论。因果关系是指一个变量的变化导致另一个变量的变化；而在相关关系中，一个变量 X 和另一个变量 Y 同时发生了变化，但是无法确定 X 是 Y 发生变化的原因，只能说明二者之间有强相关性，因此无法构成因果关系。

这里举一个例子，20 世纪 50 年代，人们对于人口肥胖数量增加进行了观测，发现在大气层二氧化碳含量升高的情况下，人口肥胖数量也会增加，在这种情况下，认为二者之间是存在相关关系的。因为从直觉的角度来说，二氧化碳含量变化并不可能导致肥胖。而实际的原因是，当时的汽车行业蓬勃发展，汽车数量明显增加，在这种情况下，人们喜欢选择乘坐汽车出行，导致运动减少，从而增加了肥胖人口；而内燃机会排放大量的二氧化碳，导致大气层中的二氧化碳含量的增加。在这种情况下，可以推论出，"汽车数量增加"是"二氧化碳含量增加"和"肥胖人口数量增加"的原因，因此后面两者之间有了很强的相关性。

回到本书的数据分析场景中，同样有很多类似的数据之间的变化关系。因此，确定数据之间是有因果性还是有相关性就显得尤为重要，其能帮助我们更好地分析和理解数据。同时，请注意，本章仅介绍基本的因果发现方法，不会过度深入解读因果关系和算法推导，旨在将因果发现方法应用于数据分析，探索数据之间的因果关系，如果想对因果关系进行更深入的了解，则可以参阅因果性相关的书籍或论文。

2.2 数据清洗

数据在数据科学中占据主导地位，但数据往往并非完美无瑕，它们可能包含错误、缺失值、重复记录等问题。如果对这些问题不加以处理，则将直接影响分析的准确性和可靠性。因此，数据清理（Data Cleaning）成为数据分析过程中不可或缺的一步。它是指使用各种技术对数据集进行清洗，以提高数据的质量，使其更适合进行后续的分析工作，通常会把数据清理作为数据预处理的第一步来进行。

本节将对数据清理进行分析，针对三种不同的数据异常：缺失值、异常值和重复值进行处理并提供解决方案。

2.2.1 缺失值

缺失值是指在数据集中某些字段没有数据值，缺失值会在数据分析中造成负面影响，例如影响整体的数据分布。缺失值存在多种情况，例如数据为 Nan（Not a number）、Null、None 等。针对缺失值，一般会按照如下流程进行处理。

（1）观察缺失情况。在 Python 中，数据一般会以结构化数据（数据表）和非结构化数据（图片、文字等）来区分。对于结构化数据，通常以"列"的维度去观察缺失值。首先通过调用 Pandas 的 isnull()方法找到缺失值的位置，然后通过 sum()方法得出缺失值的数量，再通过计算"缺失值数量/列总样本数量"得到一个缺失率，用来描述缺失情况。对于非结构化数据，可以直观地描述缺失情况，例如，在图片上有多少个缺失的像素点，语句是否连贯等。

（2）确定处理方案。针对同类型数据的缺失值，处理方案主要关注如何处理结构化数据的缺失问题。处理方案分为两种类型：删除和填充。其选择方法基于缺失率的大小，一般来说，对于80%以上缺失的数据列，会选择删除操作；对于超过 50%但是不足 80%的缺失情况，要根据具体的数据进行分析，例如，在商品销量数据集中，如果缺失 60%的数据列是商品价格，而价格对于目标预测有重要作用，则需要保留。

（3）填充方法。如果不对数据列进行删除，就要选择相应的填充方法来填补缺失值。填充的方法也可以分为固定值填充和模型填充。使用固定值填充的方法，主要包含使用均值、0 值、中位数、前一个值和后一个值的方法，以均值举例，可以使用 Dataframe.col.fillna(Dataframe.mean())方法进行填充。使用模型填充的方法，对于时间序列，可以使用移动平均（ETS）方法进行填充；对于非时间序列，可以使用 K 近邻法（KNN）等机器学习方法进行填充。

2.2.2 异常值

异常值也被称为离群点（Outlier），是指数据集中的某些观测值与其他观测值有显著不同的数据点。它们可能由错误、异常事件或自然易变产生。异常值会对数据的整体分布或整体量级造成影响，因此要对其进行修正。

对异常值的处理分为两个步骤：检测和处理，即首先需要对异常值进行检测，再根据不同的需求进行处理。检测分为两种类型：

（1）基于统计方法的检测：使用统计学方法检测异常值，例如，利用标准差或四分位数范围（IQR）来检测异常值。如果样本点的数值不在均值加减三倍标准差的范围内，或者低于第一四分位数减去 1.5 倍 IQR，或者高于第三四分位数加上 1.5 倍 IQR，那么它可能就是一个异常值。

（2）基于模型方法的检测：基于聚类或聚合方法检测异常值，例如，使用聚类算法（如 K-Means）或 DBSCAN 来检测异常值。这些方法将数据点分组，那些不属于任何群组的点可能就是异常值。

在找到异常值后，需要对其进行处理，处理的方法也分为两类：

（1）修正或者删除：这类异常值通常是由错误引起的，例如，对于运单系统异常导致的数据异常，可以进行删除操作，或者使用正常值的均值等方案进行替换和修正。

（2）转换：对于量级异常的异常值，可能会进行转换操作，例如，在产品的销量数据中，既包含个体户的销量，又包含承包商的销量，后者的量级要比前者的量级大很多，但是不能作为异常值直接删除。这时可以使用转换的方法进行处理，例如，将数据进行 Log 变换，进而消除量级差异造成的数据异常。

2.2.3 重复值

重复值是指数据集中完全相同或关键字段相同的记录。它们可能由于数据收集过程中的错误或者数据合并时的疏忽而产生。请注意，对于重复值的定义需要根据不同的场景自行判断，例如，两个运单有相同的收件地址、相同的重量等信息，但是隶属于不同的运单，则不能当作重复值来处理。

针对重复值，一般会进行两类处理：

（1）删除处理：简单地删除重复的记录，保留一个即可，可以通过简单的命令或函数实现，例如在 Pandas 中通过使用 Dataframe.drop_duplicates([columns])方法可以指定根据哪些列来删除重复的样本行。

（2）聚合处理：如果重复的记录代表了重复的测量或观察结果，则可以通过取平均值或使用其他统计聚合方法来合并这些记录。例如，在 Pandas 中使用 Dataframe.groupby([group columns])[column].mean()方法，首先根据需要聚合的列进行聚合操作，再对目标列进行均值计算来代替重复值。

数据清理是一项既艰巨又细致的工作，但它对于保证数据分析的质量和有效性至关重要。通过正确的方法和技术，可以最大限度地减少数据缺陷对分析结果的影响，从而得到更加准确和可信的结论。

2.3 数据变换

数据变换是指在数据预处理中对不同类型的数据进行转换。针对不同类型的数据，有不同类型的处理方案。例如，对于连续的有量纲数据，会进行数据的标准化处理；对于分类的数值或文本数据，会进行编码处理等。其目的既是更好地分析数据，也是让模型更好地学习和理解数据。

2.3.1 数据标准化

在数据分析和机器学习中，数据标准化是一种常用的预处理方法，用于将数据调整到统一的尺度。这样做的目的是避免因为特征的尺度差异过大而导致的模型训练效率低下或者模型无法正确评估特征的重要性。例如，在神经网络中，过大的数据量级会导致在进行梯度计算时出现梯度爆炸的情况。以下是两种常见的数据标准化技术：归一化、标准化。

1. 归一化

归一化的目的通常是将数据缩放到[0,1]的范围内，一般用最大—最小归一化，其计算方法为

$$X_{\text{norm}} = \frac{X - X_{\min}}{X_{\max} - X_{\min}} \quad (2.1)$$

这种方法对于需要明确数据边界的模型特别有用，例如神经网络，它们通常需要输入数据在激活函数的敏感区域内。对于归一化方法，在 Python 中，可使用 sklearn.preprocessing.MinMaxScaler()来实现。

2. 标准化

标准化涉及数据的重新缩放，使数据的平均值转化为 0、标准差转化为 1。这种方法适用于原始特征分布近似为高斯分布的数据，且不受异常值影响。其计算方法为

$$X_{\text{norm}} = \frac{X - \mu}{\sigma} \quad (2.2)$$

其中，μ为样本均值，σ为样本标准差。涉及协方差计算时，可以选择标准化方法，将有量纲数据无量纲化，使得所有数据可以在同一数量级上进行比较和计算。在 Python 中可使用 sklearn.preprocessing.StandardScaler()来实现。

2.3.2 数据编码

在数据分析和机器学习中，将原始数据转换成模型能够理解的格式是至关重要的一步，特别是对于分类数据。在分类数据中可能包含数值型数据，例如商品的品类编号；或者文本型数据，例如商品的名称等。而使用不同的编码方法可以

极大地影响模型的性能。以下是几种常用的数据编码方法。

1. 顺序编码

顺序编码是将分类数据按照每个类别一个整数值来进行编码的方法，这种方法假设类别之间存在自然的顺序，由此编码是有意义的。具体可以简述为首先选择一个排列顺序，通常起始数是整数值并以 0 开始，然后根据这个规则将每个类别都映射到一个整数值上，并且每个类别只有唯一的整数值。例如，存在类别特征"产地"，其取值为[北京，上海，杭州]，使用顺序编码后，得到的特征为 [0,1,2]，其中 0 对应北京，以此类推。在 Python 中，可使用 sklearn.preprocessing.OrdinalEncoder()来实现。

2. 独热编码

独热编码是一种分类变量的编码方法。在这种编码中，每个类别都被转换为一个包含 0 和 1 的二进制列，其中 1 表示该类别的存在，0 表示不存在。如果有 N 个类别，则会产生 N 个二进制特征，每个特征都对应一个类别。例如，存在类别特征"产地"，其取值为[北京，上海，杭州]，在进行独热编码转化后，如表 2-2 所示。

表 2-2 独热编码示意

北京	上海	杭州
1	0	0
0	1	0
0	0	1

其中特征向量[1，0，0]对应北京，以此类推。在 Python 中，可使用 sklearn.preprocessing.OneHotEncoder()来实现。

3. 频率编码

频率编码是一种将类别特征转化为其在数据集中出现的频率或比例的方法。这种方法有助于模型捕捉不同的类别出现的信息。其计算方法为，计算每个类别在数据集中出现的次数，然后将这个次数或计算出的频率（次数/总数）赋值给原始类别。在 Python 中，可使用 category_encoders.CountEncoder()来实现。

4. 目标编码

目标编码是一种考虑到目标变量的类别特征的编码方法。对于给定的类别特征,它将每个类别都替换为该类别内目标变量的平均值。这种方法尤其适用于高基数的分类特征。其计算方法为:对于类别特征的每个类别,计算该类别对应的目标变量(Target)的平均值,并将该平均值赋给该类别的所有样本作为类别特征。在 Python 中,可使用 category_encoders.TargetEncoder() 来实现。

2.3.3 数据变换

针对数据的变换,除了前面提及的标准化方法,还包含了对于数据本身分布进行变换的操作。在实际的数据分析场景中,常常遇到数据不符合标准正态分布的情况。这可能会对某些统计测试或模型产生不良影响,因为许多统计方法都假设数据服从正态分布。为了解决这个问题,可以使用数据分布变换方法来改善或纠正数据的分布形态。具体的数据分布变换方法包含 Log 变换(对数变换)和 Box-Cox 变换。

1. Log 变换

Log 变换是一种简单的数学变换,它通过取自然对数来减小数据的偏度。对于右偏(正偏)分布的数据,Log 变换可以压缩较大的值,使得数据分布更趋近于正态分布。其计算方法为

$$Y = \text{Log}(X) \tag{2.5}$$

其中 X 为原始数据,Y 为变化后的数据。在 Python 中,Numpy 库提供了自然对数函数,具体可通过调用 numpy.log() 函数来实现。需要注意的是,如果原始数据中包含 0 值,那么将无法使用对数函数进行操作,相应地,需要使用 log1p() 方法来进行变换:

$$Y = \text{Log}(X + 1) \tag{2.6}$$

在 Numpy 中有其对应的封装,即 numpy.log1p()。

2. Box-Cox 变换

Box-Cox 变换是一种参数化的变换方法,它包括一系列的幂次变换。它的目的是找到一个参数 λ,使得变换后的数据尽可能接近正态分布。其计算方法可以表示为

$$Y(\lambda) = \begin{cases} \dfrac{X^\lambda - 1}{\lambda}, & \text{if } \lambda \neq 0 \\ \text{Log}(X), & \text{if } \lambda = 0 \end{cases} \tag{2.7}$$

在 Python 中,可使用 scipy.stats.boxcox() 来实现。

2.3.4 数据抽样

数据抽样是数据分析中的一项基本技术，它涉及从较大的数据集中选择样本的过程。这一过程对于减少分析时所需的计算资源、时间和成本至关重要，尤其是在处理大数据时。下面介绍四种主要的数据抽样方法。

（1）简单随机抽样：简单随机抽样是基本的抽样方法。它假设每个样本被抽到的概率相同，不放回或有放回地进行样本抽样，这种方法不考虑总体的结构或特性。在 Python 中，可使用 Pandas 的 sample()方法来实现。

（2）分层抽样：分层抽样是一种概率抽样的方法。它将总体分解成不同的"层"，每层都是相对同质化的子集。每层内部的成员都相似，但是与其他层的成员差异较大。从每层独立进行抽样，确保从每层都抽取到样本，且符合上述条件。其方法为，首先确定每个层的大小，然后利用简单随机抽样，抽取每层的样本即可。在 Python 中，可使用 sklearn.model_selection.StratifiedShuffleSplit()来实现。

（3）整体抽样：整体抽样的本质是进行聚类。它将总体划分为多个更小的、不互相重合的"簇"，然后随机对簇中的样本进行简单抽样，保证每个簇中的样本尽可能代表整体。

（4）系统抽样：系统抽样是一种有序地在总体中按照固定的间隔去选择样本的方法。其方法为，首先随机选择一个起点，再设定一个间隔（也叫步长），然后从起点开始按照间隔进行抽样。

在应用上述抽样方法时，应当考虑总体的特性和研究目标，以选择最适合的抽样方法。每种方法都有其优点和局限性，合理的抽样策略可以提高样本的代表性并减少偏差，降低噪声样本所带来的影响。

2.3.5 数据生成

在数据分析中，数据质量和数据量是两个影响较大的因素，前面讲解的内容更侧重于在已经获取到丰富的数据后，对数据进行处理和分析。但是在实际生产中，由于很多原因，数据量可能不足，例如，物流单录入不及时或者运输途中错计、漏计。在这种场景下，如果重新收集数据非常困难，就需要使用数据生成的手段来增加数据量，保证数据分析的结果不会因数据量过小而出现偏差。下面介绍两种数据生成方法。

1. 蒙特卡罗法

蒙特卡罗法是一种基于随机模拟的数值计算方法，其核心思想是通过大量随机采样将复杂的数学问题转化为概率统计问题。该方法得名于以博彩闻名的蒙特卡罗赌场，因其随机性与赌博中的掷骰子过程相似。它最初被用于求解高维积分、复杂概率分布等难以直接计算的问题。例如经典案例"蒙特卡罗求圆周率"：通过在单位正方形内均匀生成随机点，统计落入内接 1/4 圆区域的比例，用频率逼近几何概率，从而推算圆周率数值，直观体现了通过随机实验逼近确定性结果的特性。

针对概率分布的采样是实现蒙特卡罗方法的基础环节。直接采样是基础策略，适用于已知概率密度函数及累积分布函数（CDF）的场景。以高斯分布为例，其 CDF 呈现典型的 S 型曲线，值域严格限定在(0,1)区间。采样时首先从均匀分布 U(0,1)中抽取随机数作为 CDF 值，再通过 CDF 反函数映射得到符合目标分布的样本。这种方法虽简洁高效，但受限于需要显式表达 CDF 的条件，对于无法解析表达的复杂分布需要依赖更高级的采样技术。

2. SMOTE 算法

SMOTE 算法是一种过采样技术，过采样是通过"过度"采样来增加数据的方法。SMOTE 算法是一种用于处理分类数据不平衡的技术，它利用样本插值来生成合成样本，在少数类中增加样本数量。这种算法有助于改善分类器的性能，因为它提供了一个更平衡的数据集。其算法步骤可以分为三步：

步骤一：如图 2-1（a）所示，对于少数类别中的每个样本，找到其 K 个近邻。

步骤二：如图 2-1（b）所示，找到初始的少类样本，之后找到它的 K 个近邻。

步骤三：如图 2-1（c）所示，随机选择一个邻居，并在该样本与选定邻居之间的连线上随机生成新的样本点。

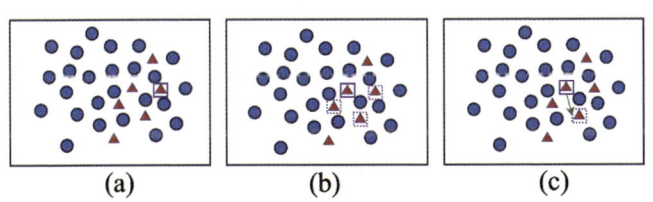

图 2-1　SMOTE 算法

2.4　数据可视化

数据可视化作为数据预处理的一个环节，不仅有助于直观地理解数据的分布和结构，还有助于发现数据中的异常值、趋势和模式。通过图形的方式展示数据，可以更容易地传达信息，并支持数据驱动的决策过程。在数据可视化的过程中，可以通过不同类型的图像，分别关注不同的关键点，例如，使用箱线图来查看分位情况，并理解数据分布情况。本节将介绍几种常见的图像：直方图、箱线图、散点图、热力图、提琴图和饼图，并介绍需要在每种图像中关注的数据特征，以及如何使用图像来分析结果。

2.4.1 直方图

直方图用于表示变量的分布情况，它显示了数据分布的形态和离散程度。直方图通过将数据分组到连续的区间或"桶"中，来计算每个桶中的数据点数量，如图 2-2 所示。

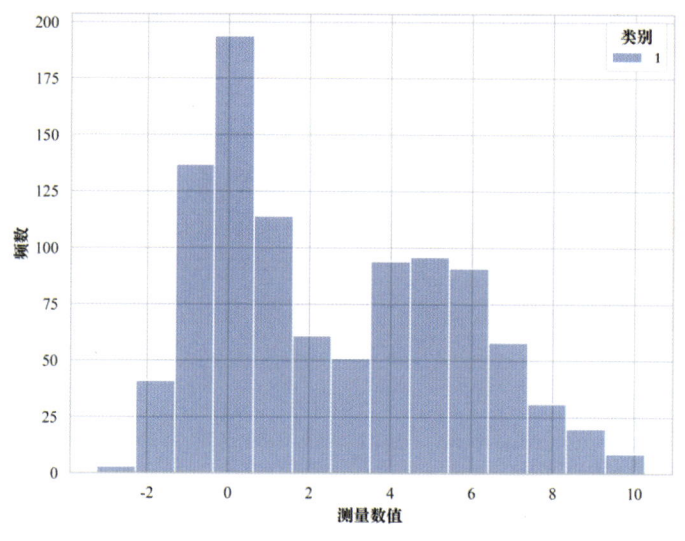

图 2-2 直方图示例

可以使用直方图来发现数据的集中趋势、分散程度、偏态和峰态等，比较直观地看出数据的特性分布形态，方便地判断整体数据的分布情况。在 Python 中，可使用 matplotlib.pyplot.hist() 来实现。

2.4.2 箱线图

箱线图是一种用于展示数据分布的统计图，从下到上依次展示了最小值、第一分位数（Q1）、中位数、第三分位数（Q3）和最大值。箱线图中的"箱子"表示了中间 50% 的数据分布范围，而从箱子外伸出的"须"表示数据的其他范围，异常值通常以点的形式表示，如图 2-3 所示。

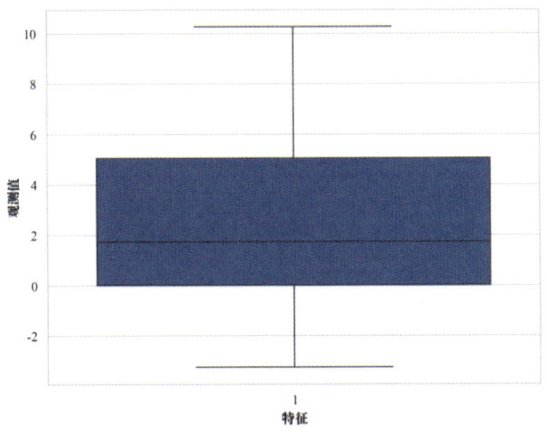

图 2-3　箱线图示例

可以看到，在图 2-3 中提供了一个包含异常值的例子，从中可以得到数据是否有异常值的信息。在 Python 中，可使用 matplotlib.pyplot.boxplot()来实现。

2.4.3　散点图

散点图显示了两个变量之间的关系，每个点都代表一个数据项的两个数值变量。通过散点图，可以观察两个变量之间是否存在某种相关模式，如图 2-4 所示。

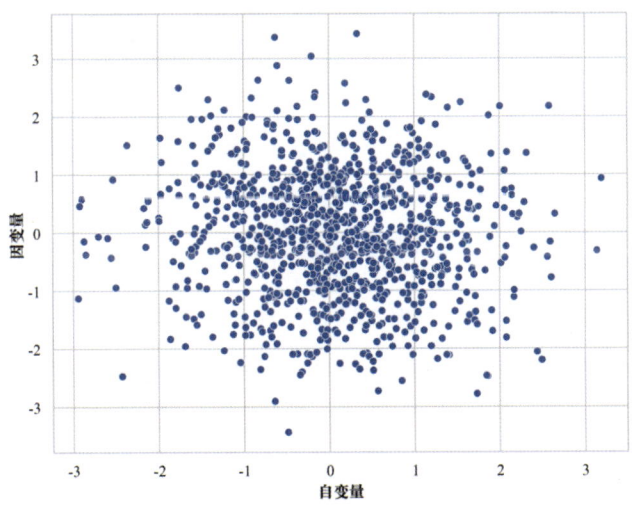

图 2-4　散点图示例

通过观察散点图中两个变量的分布形态，可以初步判断它们之间的关系类型。例如，若呈现线性趋势，则连续型因变量可采用线性回归建模。在 Python 中，可使用 matplotlib.pyplot.scatter()来实现。

2.4.4 热力图

热力图是通过颜色深浅表示数据矩阵数值大小的可视化工具。在数据分析中，它主要应用于两种典型场景：

（1）以相关系数矩阵形式揭示变量间的关联强度。

（2）通过色块分布展示聚类分析结果。

这种可视化方法能够高效识别数据分布模式、异常值聚集区域及变量之间的潜在关系，并根据色阶变化快速定位关键数据特征，如图 2-5 所示。

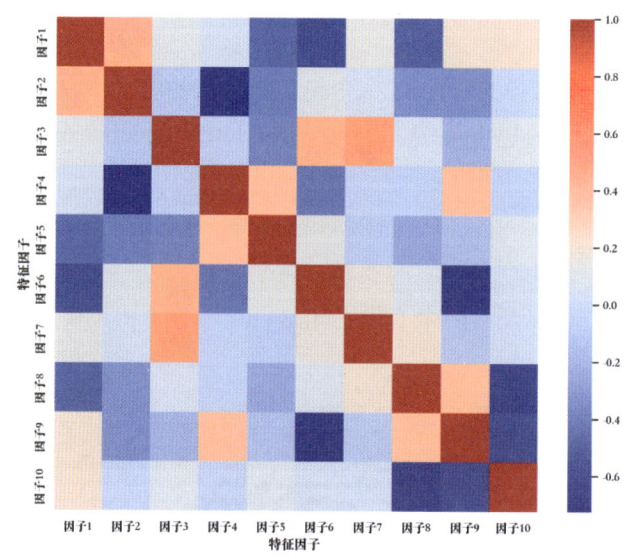

图 2-5 热力图示例

从热力图的标尺上，可以看到不同颜色代表的关联程度大小，逐步分析图中的每一个色块，可以找到有高关联性的部分，对于后续进行特征工程有一定的指导意义。在 Python 中，可使用 matplotlib.pyplot.imshow()来实现。

2.4.5 提琴图

提琴图不仅展示了数据的统计分布，还展示了数据分布的密度。它的宽度表示数据分布的密度,越宽的地方表示数据点越集中,如图 2-6 所示。在 Python 中,可使用 matplotlib.pyplot.violinplot()来实现。

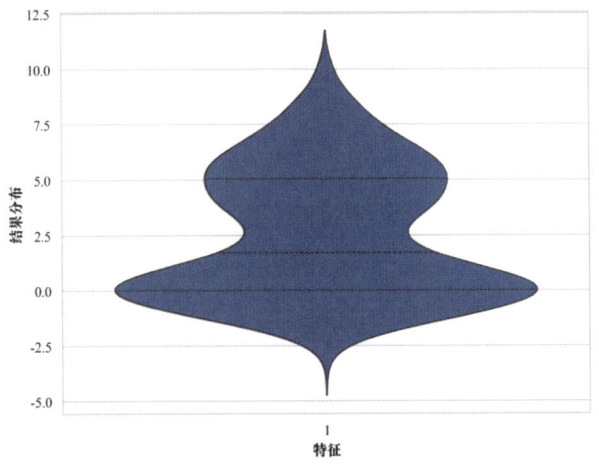

图 2-6　提琴图示例

2.4.6　饼图

饼图是一个圆形统计图,通过扇形的角度和面积来表示数据的组成比例,适合用来展示各部分占整体的比例,如图 2-7 所示。在 Python 中,可使用 matplotlib.pyplot.pie()来实现。

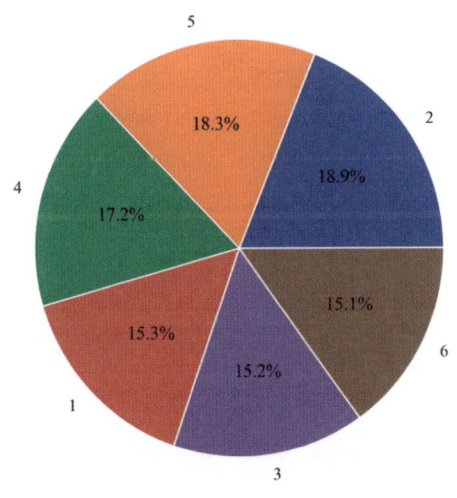

图 2-7　饼图示例

第 3 章
CHAPTER 3

特征工程

在将数据处理完毕后,为了防止某些信息没有被发掘,帮助模型更好地理解数据,需要对原始数据进行"扩充",即对数据进行进一步的加工,增加其中的信息,这就是特征工程。它是机器学习领域不可或缺的一环,即使是最先进的机器学习算法,也离不开特征工程。

特征工程的作用可以从几个方面来看。首先,它可以创建更具代表性或信息性的特征来提高模型的准确性。其次,它可以减少数据的维度,这意味着移除不相关或冗余的信息,从而让模型更快地训练,并提高其泛化能力。本章将讲解一些特征工程相关的方法,包括特征转换、特征交互、特征映射。

3.1 特征转换

3.1.1 时序差分

时序差分是处理时间序列的一种常用技术,旨在通过计算序列中连续的观测值之间的差异来减少数据中的趋势和季节性成分。在数学上,差分可以表示当前时刻观测值与前一时刻观测值之间的差值。例如,一阶差分的计算方式见公式(3.1):

$$D_t = X_t - X_{t-1} \tag{3.1}$$

其中，X_t是时间点t的观测值。

差分的效果是使非平稳时间序列转变为平稳序列，因为它有助于消除数据中的线性趋势和周期性变化。平稳性是许多时间序列分析方法和预测模型的前提条件，因为它意味着序列的统计特性（如均值和方差）不随时间变化。通过差分，我们可以更准确地建模和预测数据，因为模型不再需要处理可能随时间变化的趋势和季节性的问题。

此外，差分可以帮助我们识别数据中的隐含模式和结构，例如周期性和季节性效应。在实践中，可能需要多次差分来达到平稳性水平，例如使用二阶差分（即对一阶差分序列再次进行差分）来处理更复杂的趋势。在 Python 中，可以使用 Pandas 库的 diff(N)方法来进行差分计算，其中 N 代表差分的天数（阶数）。

3.1.2 时序平滑

时序平滑指的是使用各种技术减少时间序列中数据随机波动的过程，以揭示潜在的趋势和模式。时序平滑包括移动平均、指数平滑、时序平滑等方法，这些方法通过计算时间窗口内的平均值或加权平均值来平滑数据。

移动平均通过计算固定时间窗口内的平均值来生成平滑序列。以 7 日移动平均为例，每个数据点对应的是前 7 个连续观测值的算术平均值。这种方法可以很好地消除短期波动，使趋势更加明显。

指数平滑通过赋予最近的观测值更高的权重来计算加权平均。这种方法对于反映时间序列的最新变化特别有效，因为它可以快速适应数据中的变化。

时序平滑的作用是提供一个更清洁、更易于分析的数据版本，从而使得趋势和季节性成分更加突出。这对于数据可视化、趋势分析，以及作为复杂模型输入前的预处理步骤非常重要。

3.1.3 时序分解

时序分解指的是将时间序列分解为几个组成部分的过程，这几个组成部分通常包括趋势、季节性和残差。这种分析方法可以帮助我们更好地理解数据背后的动态，并为进一步的分析和预测提供洞见。

时序分解可以分为加法模型和乘法模型两类。加法模型假设时间序列是趋势、季节性和残差相加的结果，而乘法模型假设这些成分是相乘的关系。选择哪种模型取决于数据的特性，例如，如果季节性幅度随着时间的推移而增加，则乘法模型可能更合适。

时序分解的作用是使我们能够单独分析和建模时间序列的各个组成部分。例如，通过识别和去除季节性与趋势，我们可以更清晰地观察随机成分，从而发现异常值或进行噪声过滤。

3.1.4 滞后特征

滞后特征是时间序列中的一种重要特征，其本质是通过时间位移建立历史观测值与当前状态的时间依赖关系。滞后特征的创建涉及将时间序列向后移动一个或多个时间步长，以便当前观测点可以访问先前的值。例如，在当前时间点制作特征："十天前的该商品销量"，则需要把十天前对应的销量存储在当前时间点的特征对应的位置。在实践中，选择合适的滞后期是一个关键问题，因为过多的滞后特征可能导致模型复杂度增加和过拟合，而过少的滞后特征可能忽略重要的信息。在 Python 中，可以使用 Pandas 的 shift(N) 来实现，其中 N 为滞后的时间颗粒度。

3.1.5 滚动特征

滚动特征（也被称为窗口特征）是基于时间窗口计算的统计量，用于捕捉时间序列中的局部模式和结构。这些特征包括滚动平均、滚动标准差、滚动最大值和最小值等。

滚动特征的计算涉及在时间序列上移动一个固定大小的窗口，对每个窗口计算所需的统计量。例如，一个滚动平均特征可能涉及计算过去 30 天内的平均销售量。这样的特征可以揭示短期趋势和周期性波动，同时可以平滑处理随机噪声。在 Python 中，可以使用 Pandas 库的 rolling(N) 方法来实现，其中 N 表示时间窗口的大小，可以指定颗粒度，如天、月等。

3.2 特征交互

特征交互即创造新特征的过程，旨在通过特征之间的交互、转化、组合来生成新的特征。在这个过程中，新生成的特征不仅包含原有的信息，也包含一些无法用肉眼捕捉到的信息，给模型提供更多的信息来进行后续的学习。本节介绍三种常见的特征交互方法。

3.2.1 线性组合

线性组合是特征工程中的基本方法，它涉及将现有特征通过加减乘除等操作组合成新的特征，从而揭示不同时间点的数据之间的关系。

对于一个包含每天销售额的时间序列数据集，可以通过将前一天的销售额与当天的销售额相加来创建一个新特征。这种线性组合可以帮助模型捕捉销售趋势，如果连续两天的销售额都很高，那么可能表明销售有上升趋势。除了相加，还可以通过相乘来创建特征，比如将销售额与某个时间相关的权重相乘，以反映不同时间段销售额的重要性。

3.2.2 多项式组合

多项式变换通过对现有特征进行幂次方和交互项的操作来增强模型的复杂度和非线性能力。例如，如果有一个特征X，那么可以创建X^2和X^3，以及特征X与其他特征Y的交互项（$X \times Y$）。在时间序列中，这可以帮助模型捕捉到更为复杂的周期性和趋势。比如，温度随时间的变化可能不仅仅是线性的，而是有一定的周期性波动，通过引入温度的高阶项，模型可以更好地适应这种周期性变化。

3.2.3 分组聚合

对于结构化数据来说，分组聚合（GroupBy）是一种强大的特征工程手段。它涉及将数据分成多个组，之后对每个组独立应用聚合函数，以提取统计信息或派生新特征。以下是常见的分组聚合的方法：

（1）统计量的聚合：数据分组后，可以对每个组应用统计函数来得到统计量。这些统计量可以帮助模型理解数据的分布特征。例如，对于一个电商平台的用户购买数据，通过对用户 ID 进行分组并计算每个用户的平均购买金额（mean）、最大购买金额（max）、购买次数（count）等，可以帮助模型更好地理解用户的消费习惯和购买力。

（2）分类变量的聚合：对于分类变量，分组聚合可以帮助模型理解不同类别之间的关系。通过先对某个分类变量进行分组，再对其他数值变量进行聚合，可以提取与类别相关的统计信息。它可以揭示不同类别的内在差异。例如，在信用卡欺诈检测中，对交易类型进行分组并计算每种类型的平均交易金额，可以帮助模型识别哪些类型的交易更可能存在欺诈行为。

（3）多级分组聚合：多级分组聚合是在不同层次上进行分组，然后对每个子组进行聚合。这可以通过在 GroupBy 操作中指定多个列来实现。它可以提供更细颗粒度的特征。例如，在零售数据分析中，可以首先按照地区分组，然后在每个地区内按照产品类别分组，最后计算每个子组的销售总额。这样可以帮助模型理解地区和产品类别对销售的复合影响。

（4）时序特征的聚合：对于时间序列，分组聚合可以按照时间窗口（如每天、每周、每月）来计算统计量。例如，对于销量数据，通过计算过去 30 天的滚动平均商品价格，可以得到平滑的价格趋势特征，有助于预测未来的价格变动。

3.3 特征映射

特征映射指的是将原始的数据映射到新的数据维度和空间中，通过维度和形式的变化来捕捉到更多的信息，同时可以进一步筛选原始特征。无论是升维还是降维，都是一个预先的信息筛选的过程，排除一些"负面"的特征，更进一步提升模型泛化能力，提高计算效率。下面介绍两种常见的特征映射方法。

3.3.1 主成分分析

主成分分析（Principal Component Analysis，PCA）作为一种降维方法，将高维特征空间中的样本点尽可能映射到低维特征空间中，在尽量不损失数据所含信息量的情况下降低维度以方便计算。

PCA 算法的执行过程可以分为六步：

步骤一：将原始数据按照列组成 $n \times m$ 的矩阵 $\boldsymbol{X}$。

步骤二：将 $\boldsymbol{X}$ 的每一行都进行零均值化，即每一行都减去这一行的均值。

步骤三：求出协方差矩阵 $\boldsymbol{C} = \frac{1}{m}\boldsymbol{X}\boldsymbol{X}^{\mathrm{T}}$。

步骤四：求出协方差矩阵的特征值和特征向量。

步骤五：将特征值进行排序，得到排序后特征值对应的特征向量的顺序，并取其中的 Top N 个特征向量作为新的矩阵 $\boldsymbol{P}$，这个 N 的数量可以自行决定，就是降维后的特征维度。

步骤六：计算 $\boldsymbol{Y} = \boldsymbol{P}\boldsymbol{X}$，得到降到 N 维后的数据。

在 Python 中，可使用 sklearn.decomposition.PCA() 来实现。

3.3.2 分箱

分箱是结构化数据中常用的一种特征工程方法，其本质是将连续的数据离散化，有助于提升模型对异常值的稳定性。例如，月销售额基本在 100 到 1000 之间，但是有一个月因为大促，销售额达到了 10000 以上，那么通过分箱，将这个异常值转化为"大于 1000"的特征，就可以减少甚至消除量级变化的影响；分箱可以将异常值保留，例如"缺失数量"作为一个特征，在实际业务中会有重要的意义。分箱本质上也是一种标准化的处理方式，对于一些模型尤其是线性模型或树模型，分箱能提升模型的使用效果。

常见的分箱算法有无监督和有监督两大类别：。

（1）无监督分箱算法，以等频分箱为例。顾名思义，频是指样本出现的频率，等频是指每个划分区间内的样本数都大致相同，例如分成五个箱，每箱有20%左右的样本。

（2）有监督分箱算法，以卡方分箱为例。卡方分箱基于卡方检测来观察两个分类变量之间的独立性，在这个过程中，一个特征的每一个分箱都被看作一个变量，这样分箱中的样本就可被看作某一个分布，如果两个分箱之间的分布没有显著差异，则将其合并成一个。这个检测差异是否显著的过程就是卡方检测，其步骤可以简述如下。

步骤一：初始化分箱，将每个值都当作一个分箱，然后按照从小到大的顺序将特征取值排序。

步骤二：计算两两相邻分箱之间的卡方值。计算方式见公式（3.2）：

$$x^2 = \sum_i \frac{(O_i - E_i)^2}{E_i} \tag{3.2}$$

其中，O是实际观测频数，E是期望观测频数。

步骤三：选择步骤二中的最小卡方值所对应的箱进行合并。

步骤四：重复执行步骤二和步骤三，直到满足计算的收敛条件之一，即卡方值均大于某个阈值或分箱数量达到某个阈值。

第4章
CHAPTER 4

数据挖掘

为了从海量信息中提取有价值的知识，帮助人们更好地理解数据背后的规律，我们需要对原始数据进行"挖掘"，即通过一系列技术手段从数据中发现隐藏的模式、趋势和关联，这就是数据挖掘。它是数据科学领域中不可或缺的一环，即使是最先进的分析工具和算法，也离不开数据挖掘的支持。数据挖掘通过回归、分类、聚类、关联规则等方法，将杂乱无章的数据转化为可用的知识，为决策提供科学依据，推动业务创新和效率提升。

4.1 回归模型

4.1.1 简单线性回归

线性回归是一种在统计学和机器学习中广泛应用的回归分析方法，用于建立一个或多个自变量（解释变量）与因变量（被解释变量）之间的线性关系模型。其假设自变量和因变量之间的关系是线性的，当只有一个自变量时，被称为简单线性回归，因此简单线性回归模型可以表示为公式（4.1）：

$$y = w_0 + wx + \varepsilon \tag{4.1}$$

其中，x 表示自变量，y 表示因变量，因变量的取值依赖于自变量的取值；

w_0表示常数项，w表示回归系数；ε表示误差项，一般假设误差项服从正态分布。

通常是基于均方误差最小化来对简单线性回归模型进行求解，主要思想是求出未知参数w_0、w，使得理论值与观测值之差的平方和达到最小。

4.1.2 多元线性回归

1. 模型

在线性回归模型中，若自变量有多个，则称其为多元线性回归模型。多元线性回归模型可表示为公式（4.2）：

$$y = w_0 + w_1 x_1 + \cdots + w_p x_p + \varepsilon \tag{4.2}$$

其中，$x_1,\cdots,x_p$表示多个自变量，y表示因变量，因变量的取值依赖于自变量的取值；w_0表示常数项，$w_1,\cdots,w_p$表示回归系数；ε表示误差项，一般假设误差项服从正态分布。

通常使用最小二乘法求解多元线性回归模型，在 Python 中，可使用sklearn.linear_model.LinearRegression()来实现。

2. 拟合优度

前面介绍了线性回归模型，那么如何评估线性回归模型对数据的拟合效果呢？从式（4.1）中可以看到，被解释变量y的观测值间的差异是由两方面造成的：一是解释变量，二是随机干扰因素。

将解释变量x的取值不同对被解释变量y的影响引起的y的变差平方和称为回归平方和（Regression Sum of Squares，SSR），可表示为公式（4.3）。

$$\text{SSR} = \sum_{i=1}^{n}(\hat{y}_i - \bar{y})^2 \tag{4.3}$$

将随机干扰因素引起的被解释变量y的变差平方和称为残差平方和（Error Sum of Squares，SSE），可表示为公式（4.4）。

$$\text{SSE} = \sum_{i=1}^{n}(y_i - \hat{y}_i)^2 \tag{4.4}$$

被解释变量y的总变差平方和（Total Sum of Squares，SST）为其回归平方和与残差平方和相加之和，可表示为公式（4.5）。

$$\text{SST} = \text{SSR} + \text{SSE} = \sum_{i=1}^{n}(y_i - \bar{y})^2 \qquad (4.5)$$

对于拟合的目标来说，回归平方和占总误差平方和的占比越大越好，SSR越大，代表回归预测越准确，即SSR/SST的值越大，模型拟合越好。因此，一个用于评估模型拟合好坏的指标就有了，称之为R^2（R-squared），又叫作决定系数，被定义为公式（4.6）。

$$R^2 = \frac{\text{SSR}}{\text{SST}} = \frac{\sum_{i=1}^{n}(\hat{y}_i - \bar{y})^2}{\sum_{i=1}^{n}(y_i - \bar{y})^2} = 1 - \frac{\sum_{i=1}^{n}(y_i - \hat{y}_i)^2}{\sum_{i=1}^{n}(y_i - \bar{y})^2} \qquad (4.6)$$

从式（4.5）可以看出，R^2是介于 0 到 1 之间的一个值，反映的是模型对因变量变异性的解释程度，它可以用来评估模型对数据的解释力。R^2越接近 1，说明模型的拟合优度越高，表示模型对因变量的解释程度越好；相反，R^2越接近 0，说明拟合优度越低，表示模型对因变量的解释程度越差。

那么一定是R^2越高就代表模型越可靠吗？答案是否定的。从R^2的计算公式可知，解释变量的数量p越大，R^2越高，但并不是盲目增加自变量的数量就能使拟合的模型更好。此时需要另一个指标来刻画模型拟合的可靠性，称之为调整后的R^2（Adjusted R-squared），记为R^2_{adj}，它是对R^2的一种修正，即考虑了自变量的数量，它主要用于避免出现过拟合问题。调整后的R^2计算方式见公式（4.7）：

$$R^2_{\text{adj}} = 1 - \frac{(1 - R^2)(n - 1)}{n - p - 1} \qquad (4.7)$$

其中，n为样本数量，p为自变量的数量，调整后的R^2通常小于未经调整的R^2，因为它考虑了自变量数量的惩罚。当模型中的自变量不增加解释力时，调整后的R^2较低。更高的调整后的R^2表示模型更可靠，尤其在自变量较多时，对模型的评估更有帮助。

4.2 分类模型

4.2.1 Logistic 回归

Logistic 回归是一种机器学习方法，一般用于解决二分类问题，是一种广义线性回归模型。线性回归模型因变量$z = \boldsymbol{w}^T\boldsymbol{x} + w_0$的取值范围是$(-\infty, +\infty)$，可是对于实数$z$的无穷多组取值，该怎样进行分类呢？只需要将实数$z$转换成 0/1 值即可，最理想的选择是使用单位阶跃函数，具体见公式（4.8）：

$$h(z) = \begin{cases} 0, & z < 0 \\ 0.5, & z = 0 \\ 1, & z > 0 \end{cases} \quad (4.8)$$

即若因变量$z > 0$被看作正样本，$z < 0$被看作负样本，则$z = 0$可被任意判别。但由于阶跃函数并不连续，且在$z = 0$处不可微分，因此需要找到一个函数能在一定程度上近似阶跃函数，且具有单调可微的性质。非线性的 Sigmoid 函数正好满足这些要求，其函数表达式为公式（4.9）：

$$y = \frac{1}{1 + e^{-z}} \quad (4.9)$$

Sigmoid 函数的图像如图 4-1 所示。它是一个 S 形的曲线，将取值范围在$(-\infty, +\infty)$之间的实数映射到$(0,1)$之间，但 Sigmoid 函数不像阶跃函数在 0 和 1 之间是突变的，而是有一个平滑的过渡过程。

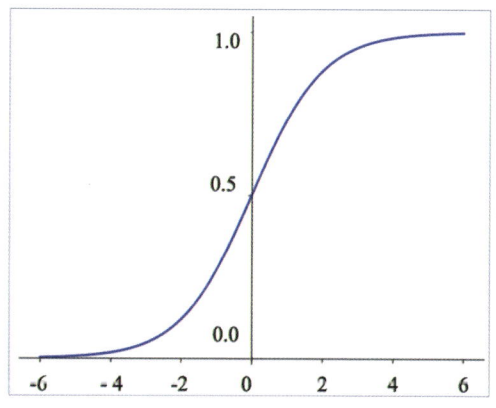

图 4-1　Sigmoid 函数的图像

将线性模型$z = \boldsymbol{w}^\mathrm{T}\boldsymbol{x} + w_0$代入 Sigmoid 函数，于是有$y = \frac{1}{1 + e^{-(\boldsymbol{w}^\mathrm{T}\boldsymbol{x} + w_0)}}$，其中$y$是一个 0 到 1 之间的数值，可以将$y$看作样本$\boldsymbol{x}$属于正样本的近似概率，将$1 - y$看作$\boldsymbol{x}$属于反样本的近似概率，那么这两者的比值$\frac{y}{1-y}$反映了样本$\boldsymbol{x}$属于正样本的相对可能性，也被称为$\boldsymbol{x}$属于正样本这个事件的"概率"。另一方面，将$y = \frac{1}{1 + e^{-(\boldsymbol{w}^\mathrm{T}\boldsymbol{x} + w_0)}}$进行简单变换，即有公式（4.10）：

$$\ln\frac{y}{1-y} = \boldsymbol{w}^{\mathrm{T}}\boldsymbol{x} + w_0 \tag{4.10}$$

可以看到，等式左边即事件$\boldsymbol{x}$属于正样本概率的对数，被称为对数概率，等式右边则是线性回归的预测值。上述式子的含义即用线性回归的预测值来逼近样本$\boldsymbol{x}$真实标签的对数概率，因此 Logistic 回归也被称为对数概率回归。

4.2.2　K 近邻法

K 近邻法与三个基本要素（距离度量、K 值选择和分类决策）相关。当这三个关键参数确定后，任何新输入模型的实例都会经历以下过程：首先在特征空间中找到与该实例距离最近的 K 个样本点，然后根据这些样本点的类别分布，采用"少数服从多数"的机制，最终确定该新实例的预测类别。

1. 距离度量

在 K 近邻法中，可以选择多种距离度量方法度量两个样本点之间的距离，如欧氏距离，或者更一般的L_p距离、闵可夫斯基距离（Minkowski Distance）。

设x、$y \in R^n$是特征空间R^n中的两个样本点，则将x、y的L_p距离定义为公式（4.11）：

$$d(x,y) = \left(\sum_{i=1}^{n}|x_i - y_i|^p\right)^{\frac{1}{p}} \tag{4.11}$$

当$p = 2$时，L_p距离被称为欧式距离（Euclidean Distance），适用于连续低维且维度间尺度相近的特征。当$p = 1$时，L_p距离被称为曼哈顿距离（Manhattan Distance），适用于高维稀疏的特征，对异常值敏感度较低。当$p = \infty$时，L_p距离被称为闵可夫斯基距离（Minkowski Distance），距离取决于差距最大的维度，对异常值敏感度最高。

在实践中，通常利用网格搜索选择确认L_p距离的p值，选择验证集效果最佳的参数。

2. K 值的选择

K 值的大小决定了模型的拟合能力。当 K 值太小时，模型容易过拟合，会捕捉太多噪声，导致高方差。例如当 K=1 时，每个样本点都只依赖最近的临近点，对异常值非常敏感。但当 K 值太大时，模型可能会欠拟合，变得过于平滑，导致高偏差。当 K 值接近样本数时，所有的预测都会趋向于多数类的整体分布，忽略局部特征。

在实践中，也通常利用网格搜索选择验证集效果最佳的参数。此外，K 值一般选取奇数，避免出现平票。

3. 分类决策

K 近邻法中常用的分类决策有多数投票法、距离加权投票法等。

多数投票法是选择最多样本点的类作为预测结果，该方法赋予每个样本点相同的权重，易于实现，适用于特征空间均匀分布的场景。分类器表达式为

$$y_{\text{pred}} = \text{argmax}_c \sum_{i=1}^{K} I(y_i = c) \quad (4.12)$$

距离加权投票法考虑距离因素，距离越近的样本点权重越高，为了防止分母为 0，加入了一个足够小的数 ϵ。该方法可以削弱离群点的影响，提升边界样本分类精度。分类器表达式为

$$y_{\text{pred}} = \text{argmax}_c \sum_{i=1}^{K} \frac{1}{d(x, x_i) + \epsilon} I(y_i = c) \quad (4.13)$$

4.2.3 决策树

决策树通过树状结构实现分类决策，其算法流程始于根节点对最优特征的选择，每个内部节点都基于特定特征的阈值判断将数据集逐步细分，最终通过叶子节点输出分类结论。

1. 特征选择

决策树的特征选择是通过评估指标（如信息增益、增益比、基尼指数）来筛选最优特征进行节点分裂，提升分类效果。其核心是选择区分度高、相关性强的特征，减少过拟合，增强模型泛化能力。

在评估指标中，信息增益是一种常用的特征选择标准，它衡量了特征对数据不确定性的减少程度。在解释信息增益之前，先了解信息熵的概念，信息熵在信息论中用来度量随机变量的不确定性。假设在数据集 D 中，类别标签为 $k = \{1, 2, \cdots, K\}$，特征空间为 R^n、类别为 k 的样本在整个样本集中占的比例为 p_k，那么这个数据集的信息熵被表示为公式（4.14）。可见，如果数据集的不确定性越大，那么信息熵 H(D) 就越大。

$$H(D) = -\sum_{k=1}^{K} p_k \log_2 p_k \qquad (4.14)$$

针对特征 A，有 n 个不同的取值，信息增益记为

$$\text{Gain}(D, A) = H(D) - \sum_{i=1}^{n} \frac{|D_i|}{|D|} H(D_i) \qquad (4.15)$$

信息增益作为决策树特征选择的核心指标，通过计算特征分裂前后信息熵的差值来量化该特征对类别不确定性的削减能力，本质上是优先选择能使信息熵减少程度最大的特征。

2. 常见算法和步骤

1）ID3 算法

该算法基于熵减原理，通过信息增益实现特征空间划分，核心算法流程有三个步骤：

步骤一：在树节点初始化时，遍历所有候选特征，通过计算各特征的信息增益来量化其分类效能。

步骤二：选取增益值最大的特征作为当前节点的分裂标准，依据该特征的不同取值建立分支路径。

步骤三：对每个新生分支节点自动更新数据集和特征空间，递归执行前序操作来构建子树。直到剩余特征增益低于阈值时，将该节点标记为叶子节点并确定类别标签。

2）C4.5 算法

为了消除多值属性带来的偏差，该算法引入信息增益比实现特征空间划分，核心算法流程有三个步骤：

步骤一：将信息增益 $\text{Gain}(D, A)$ 除以特征固有信息量 $-\sum_{i=1}^{n} \frac{|D_i|}{|D|} \log \frac{|D_i|}{|D|}$，得到信息增益比。

步骤二：通过动态阈值划分实现数值型特征的离散化，选择信息增益比最大的分割点作为连续特征的分类点。

步骤三：通过后剪枝操作防止模型过拟合。

例如，在处理包含 10 个取值的特征时，传统信息增益可能夸大其重要性，而增益比通过分母项的惩罚作用实现更均衡的特征评估。

3）CART 算法

CART算法引入基尼指数实现特征空间划分，核心算法流程有三个步骤：

步骤一：对每个特征遍历所有可能二分方式，选择最优二分方式建立左右子树。

步骤二：对于样本集合 D，选择基尼指数$\text{Gini}(D,a)$最小的特征值 a 作为分裂点，其中 $\text{Gini}(D,a) = \frac{|D_1|}{|D|}\text{Gini}(D_1) + \frac{|D_2|}{|D|}\text{Gini}(D_2)$，$\text{Gini}(D) = 1 - \sum_{k=1}^{K}\left(\frac{|C_k|}{|D|}\right)^2$，$D_1$ 和 D_2 分别为样本D根据特征值a被分割成的两部分。

步骤三：重复执行上述两个步骤，直到满足下列终止条件之一。
- 节点样本数小于预设阈值。
- 分裂后纯度提升小于阈值。
- 达到最大树深度。

4.2.4 朴素贝叶斯分类器

朴素贝叶斯分类器是基于贝叶斯定理和特征条件独立假设的分类方法，其中"朴素"指的就是特征条件独立假设。不同于判别式分类模型将模型参数看作一个固定值，通过极大似然求解模型参数，朴素贝叶斯分类器将模型参数看作一个随类别变化的随机变量。以下是朴素贝叶斯分类器的基本原理。

根据贝叶斯定理，可以得到公式（4.16）。

$$P(Y = c_k | X = x) = \frac{P(X = x, Y = c_k)}{P(X = x)} = \frac{P(X = x | Y = c_k) P(Y = c_k)}{\sum_k P(X = x | Y = c_k) P(Y = c_k)} \quad (4.16)$$

其中，Y是类别变量，X是特征变量，c_k为样本类别，x是样本特征。$P(Y = c_k)$为类别变量Y的先验概率，即统计数据集中样本c_k的比例，$P(X = x | Y = c_k)$是特征变量X的条件似然函数，需要利用条件独立性假设得到。

根据条件独立性假设，在给定类别c_k时，特征x的各分量相互独立，条件似然函数可以进一步写成公式（4.17）。

$$P(X = x | Y = c_k) = P\left(X^{(1)} = x^{(1)}, X^{(2)} = x^{(2)}, \cdots, X^{(n)} = x^{(n)} | Y = c_k\right)$$

$$= \prod_{j=1}^{n} P(X^{(j)} = x^{(j)} | Y = c_k) \quad (4.17)$$

其中，$X^{(1)}, X^{(2)}, \cdots, X^{(n)}$是特征变量$X$的$n$个维度，$P(X^{(j)} = x^{(j)} | Y = c_k)$是特征分

量 $X^{(j)}$ 的条件似然函数,即统计数据集中类别为 c_k 的样本分量取值的比例。

在得到先验分布 $P(Y = c_k)$ 和条件似然函数 $P(X = x|Y = c_k)$ 的表示形式后,我们就推导出朴素贝叶斯分类器 $P(Y = c_k|X = x)$ 的具体形式,当新来一个样本 x 时,我们就可以计算出该样本属于各类别的后验概率,将后验概率最大的类作为样本的类别输出。

4.3 聚类

4.3.1 K-means 算法

K-means 是一种聚类算法,它将一个集合中的元素按照相似性分配到不同的子集中。每个子集被称为一个"簇"或者"类"。K-means 算法的步骤如下:

步骤一:在需要分类的数据集上随机选择 K 个点,表示 K 个簇的中心点。

步骤二:计算每个数据距离 K 个中心点的距离,将每个数据划分至距离最近的簇中。

步骤三:根据已经得到的 K 个簇,重新计算每个簇的中心点。

步骤四:重复执行步骤二和步骤三,直到得到满意的结果。

在上述步骤中,初始的 K 个中心点采取了随机选择的方式,但这种方式会让最后的聚类结果和算法运行时间都不确定,甚至可能导致最终得到较差的结果。而 K-means++ 算法针对初始中心点的选择做出了优化。

具体方法是先随机选择一个点作为初始中心点,并且计算数据集中每个数据点与已选择的中心点的距离,按照距离的大小赋予每个数据点不同的权重,距离越大的数据点有更大的概率被选为中心点。按概率重复选择 $K-1$ 个数据点作为中心点,最终得到 K 个初始中心点。这样的方法可以让中心点更分散,以更快的速度得到较合理的聚类结果。

4.3.2 层次聚类

层次聚类是一种通过逐步合并或拆分数据点来构建树状结构的分组方法,用户可以根据树的高度选择任意层次的聚类结果。层次聚类可分为两种类型。

1. 分裂式层次聚类算法

分裂式层次聚类算法采用从上到下的分解逻辑,包含三个方面:全局簇初始化、递归分割机制、终止条件判定。该算法通过引入分层机制改进了传统 K-means

的局部最优问题。图 4-2 展示了一组数据经过两次 K-means 算法聚类的过程，其具体实现步骤为：

步骤一：顶层构建。将原始数据集视为一个整体，放入一个簇C，作为层次结构的顶层。

步骤二：K-means 分簇。使用 K-means 算法把簇C划分成指定的K个子簇，即$C_i(i=1,2,\cdots,K)$形成一个新的层级。

步骤三：递归细分。对于步骤二所得到的K个子簇，采用递归方式对每个簇应用 K-means 算法进一步划分为更小的子簇。此过程持续进行，直至每个簇无法再细分（即每个簇只包含一个数据对象）或满足预设的终止条件。

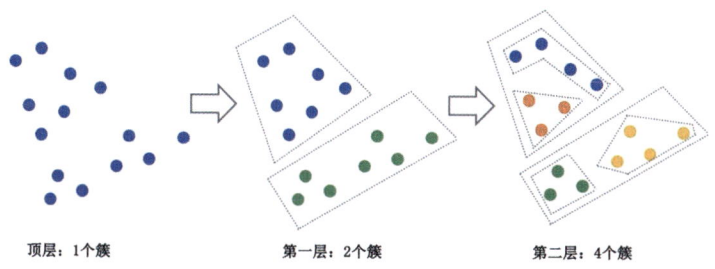

图 4-2　K-means 算法聚类过程

2. 凝聚式层次聚类算法

凝聚式层次聚类算法使用从下到上的构建范式，包含三个步骤：原子化初始化、渐进合并策略、多尺度可视化。以如图 4-3 所示的数据集为例，其具体步骤如下：

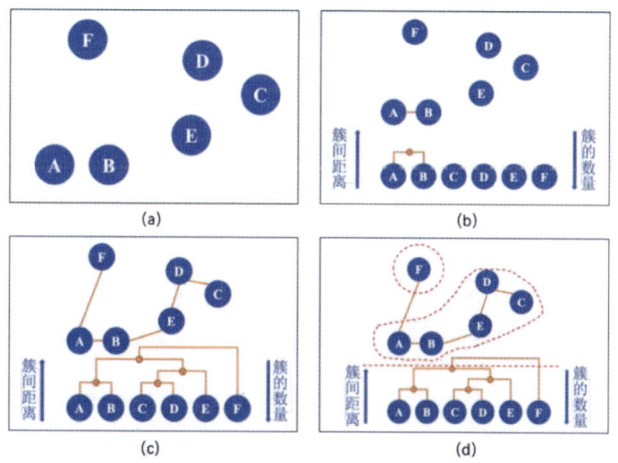

图 4-3　凝聚式层次聚算法的步骤

步骤一：簇初始化。为每个数据点分配一个独立簇，共生成 6 个簇。

步骤二：近邻合并。在当前的簇中，寻找最短距离的两个数据点。此处使用单连锁法计算点间距离，假设发现点 A 和点 B 之间的距离最短，则将它们合并为一个簇，簇列表更新为{A, B}、{C}、{D}、{E}、{F}，如图 4-3（b）所示。

步骤三：迭代重组。继续执行步骤二，寻找最短距离的两个簇。发现簇{C}和簇{D}之间的距离最短，进行合并。接着，簇{C, D}与簇{E}的距离最短，再次合并，以此类推。直到所有数据点合并成一个簇。最终结果如图 4-3（c）所示。

步骤四：设定阈值。通过设定距离阈值（红色虚线）可获取特定颗粒度聚类结果，如图 4-3（d）所示。

4.4 关联规则分析

关联规则反映了一种特定的数据对象之间的联系。更通俗地说，是从一堆数据里挖出哪些东西喜欢"扎堆"出现的规律。经典的"啤酒和尿布"的故事流传已久。通过从数据中挖掘出关联规则，可以更精准地给出销售推荐，或者更有效地开展促销活动。例如，当你在某平台买了一台手机后，该平台会有更大的可能性推荐手机壳给你，这就是关联规则的作用。

4.4.1 Apriori 算法

Apriori 算法的核心思想是，如果一个商品组合出现的次数很多，那么它的子组合出现的次数也一定很多。比如"牛奶、面包、鸡蛋"经常被一起购买，那么"牛奶、面包"单独出现的次数一定也不少。反过来，如果"牛奶、面包"的组合不常见，那么更大的组合肯定也不常见。Apriori 算法就是利用这个原理，从小组合找起，慢慢组合出更大的频繁组合，减少不必要的计算。

Apriori算法具体的步骤如下：

步骤一：设定一个最低支持度，比如设定最低支持度为30%，就表示该商品组合在 100 次购物清单中出现 30 次或以上，才能算作频繁组合。

步骤二：找到所有的仅包含一个商品的频繁组合。具体方法为，先统计所有商品的出现频次，把频次不够的商品组合直接淘汰，仅保留满足最低支持度的单商品频繁组合。

步骤三：使用已找到的频繁组合得到更大的频繁组合。例如，现在已找到的单商品频繁组合有牛奶、鸡蛋、面包，两两组合成候选组合：{牛奶、面包}、{牛奶、鸡蛋}、{鸡蛋、面包}，然后分别计算这些组合是否满足最小支持度要求。

步骤四：淘汰不满足最小支持度要求的组合。计算由两个商品组成的候选组合的支持度后，将不满足最小支持度要求的组合淘汰，剩下的就是两个商品组成的频繁组合。例如，{牛奶、面包}组合在 100 次购物清单中出现的次数为 20 次，不满足 30 次的最小支持度要求，淘汰该组合。

步骤五：重复生成更大的组合，假设{牛奶、鸡蛋}、{鸡蛋、面包}都满足最小支持度要求，则可以生成更大的组合{牛奶、鸡蛋、面包}，并继续计算由三个商品组成的候选组合的支持度。

步骤六：重复上述过程中生成更大组合、淘汰不满足最小支持度要求组合的过程，直到无法产生更大的组合，那么所有的频繁组合就都被我们找到了。

4.4.2 FP-growth 算法

4.4.1 节通过 Apriori 算法对关联规则的基础算法进行了介绍，但还存在一个问题：当需要分析的数据动辄上亿级别时，面对大量的数据，Apriori 算法需要多次扫描全量数据以获得理想的信息，导致程序的执行缓慢，也增加了程序的 I/O 负担。为了解决这个问题，一个新的方法被提了出来，即 FP-growth 算法（Frequent Pattern，FP）。

FP-growth 算法的核心思想是把所有人的购物清单压缩成一棵商品树，然后像查地图一样快速找出其中的频繁组合。例如，十个人中有八个人买了牛奶和面包的组合，FP-growth 算法会把这两个商品在树中连成一条高频率的路径，在商品树中顺着路径（树枝）就能找到，而不需要在整个小票中重新统计。

FP-growth 算法的具体步骤如下：

步骤一：整理所有的购物清单，统计每个商品出现的总次数，淘汰不满足最小支持度要求的商品，并且按照出现次数的多少排序。

步骤二：建立一棵商品树，即 FP 树，将购物清单按照排序后的顺序依次插入树中，相同路径合并计数。如图 4-4 所示，每个字母都可以看作购物清单中的一个商品，A 商品出现的次数最多，C 商品出现的次数最少。

步骤三：从树底往上挖掘出频繁组合。先从最不频繁的商品开始，回溯它在树中的路径，得到一棵仅包含该商品的叶子节点的子树。例如，从树中可以找到仅包含将 D 节点作为叶子节点的子树，并且从该子树中可以得到关于 D 商品的所有频繁组合。

步骤四：挖掘所有商品，重复执行步骤三。按照频率从低到高的顺序重复执行第三步，挖掘所有商品的频繁组合，直到挖掘出所有的频繁组合。

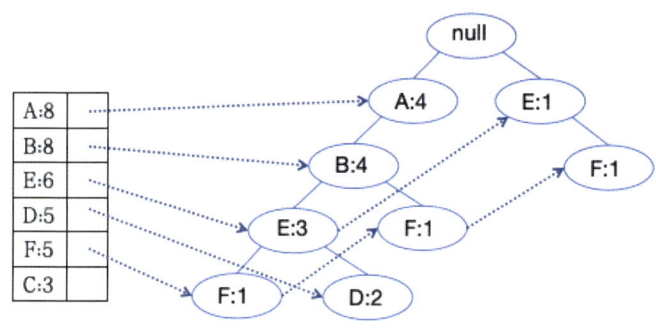

图 4-4 FP 树示例

Apriori 算法就像在图书馆中找书，每次都需要按照目录去书架上确认有没有，费时费力，而 FP-growth 算法像智能地图，输入目的地后自动显示最短路径。因此在实际生产应用过程中，FP-growth 算法更常见。

第 5 章
CHAPTER 5

效果验证

第 5 章将深入探讨效果验证的多种方法，涵盖从假设检验到 A/B 实验的全方位内容。我们将从统计学的基本概念出发，逐步引入更复杂的分析技术，以帮助读者理解如何在不同的应用场景中选择和实施合适的验证方法。

首先，我们将介绍假设检验（Hypothesis Testing）的基本原理及其在统计分析中的重要性，特别是序贯检验（Sequential Testing）方法的创新之处。序贯检验允许研究人员在数据收集过程中实时做出决策，极大地提高了实验效率和灵活性。接下来，将探讨 A/B 实验的分流方法，包括传统随机对照实验（Randomized Controlled Trial）的分流方法，以及更复杂的时间片轮转（Switchback Experiments）算法和带网络效应的分流算法（以下简称网络分流算法）。这些方法不仅确保了实验组和对照组的随机性和平衡性，还能有效应对实验中的复杂干扰因素。

在动态环境中，智能流量调优（Multi-Armed Bandit，MAB）等方法提供了新的解决方案。这些方法通过动态调整流量分配，合理使用实验资源，确保实验的有效性和可靠性。此外，本章还将详细阐述事后分析方法，如匹配技术，帮助研究人员在实验结束后更准确地评估处理效果。

5.1 假设检验

本节主要介绍 A/B 实验中常用的假设检验方法。为了衡量算法干预带来的影响，通常将全部样本分为实验组和对照组进行实验。当两组样本在实验前没有显著差异、实验后出现显著差异时，认为实验组所施加的干预起到了显著影响，这就是 A/B 实验的基本原理。

5.1.1 显著性检验

显著性检验是 A/B 实验中验证结果有效性的重要方法。其核心目标是判断实验组和对照组的均值是否有显著差异。具体而言，设实验组和对照组的总体均值分别为μ_1和μ_2，可以做出假设：

$$H_0: \mu_1 - \mu_2 = 0 \tag{5.1}$$

$$H_1: \mu_1 - \mu_2 \neq 0 \tag{5.2}$$

其中H_0表示两组均值有显著差异，H_1表示无显著差异。基于观测到的样本，若在一定的置信水平下拒绝原假设H_0，则接受备择假设，认为两组样本均值差异超出了可接受范围；若不能拒绝原假设H_0，则无法对原假设和备择假设做出判定，此时还需要额外的样本信息去判断是否拒绝原假设，例如增加样本量等。

接下来以总体方差已知为例介绍显著性检验原理。考虑实验组和对照组样本，两组样本的分布分别为$X_1 \sim N(\mu_1, \sigma_1^2)$和$X_2 \sim N(\mu_2, \sigma_2^2)$，样本量分别为$n_1$和$n_2$，样本均值分别为$\overline{X_1}$和$\overline{X_2}$，标准差分别为$s_1$和$s_2$。要检验实验组和对照组总体均值是否相等，需要先给出样本均值的差的分布，由正态分布的可加性可得公式（5.3）：

$$\overline{X_1} - \overline{X_2} \sim N\left(\mu_1 - \mu_2, \left(\frac{\sigma_1^2}{n_1} + \frac{\sigma_2^2}{n_2}\right)\right) \tag{5.3}$$

在总体方差σ_1^2和σ_2^2已知的情况下，基于原假设H_0，可以构造 Z 检验统计量，即公式（5.4）：

$$Z = \frac{\overline{X_1} - \overline{X_2}}{\sqrt{\left(\frac{\sigma_1^2}{n_1} + \frac{\sigma_2^2}{n_2}\right)}} \sim N(0,1) \tag{5.4}$$

我们需要计算一个临界值$k_{\frac{\alpha}{2}}$，当$\overline{X_1} - \overline{X_2} \geq k_{\frac{\alpha}{2}}$或者$\overline{X_1} - \overline{X_2} \leq -k_{\frac{\alpha}{2}}$时，拒绝$H_0$。这里我们给出临界值，如公式（5.5）所示。

$$k_{\frac{\alpha}{2}} = z_{\frac{\alpha}{2}} \sqrt{\left(\frac{\sigma_1^2}{n_1} + \frac{\sigma_2^2}{n_2}\right)} \tag{5.5}$$

当两组样本均值差满足式（5.6）时，说明在H_0成立的情况下，小概率事件发生了，这在统计学意义上并不是偶然的，因此拒绝原假设$H_0: \mu_1 - \mu_2 = 0$，而接受备择假设$H_1: \mu_1 - \mu_2 \neq 0$，认为通过实验组的干预，均值发生了显著变化。

$$\frac{\overline{X_1} - \overline{X_2}}{\sqrt{\left(\frac{\sigma_1^2}{n_1} + \frac{\sigma_2^2}{n_2}\right)}} \geqslant z_{\frac{\alpha}{2}} \text{或} \frac{\overline{X_1} - \overline{X_2}}{\sqrt{\left(\frac{\sigma_1^2}{n_1} + \frac{\sigma_2^2}{n_2}\right)}} \leqslant -z_{\frac{\alpha}{2}} \tag{5.6}$$

5.1.2 等效性检验

等效性检验是 A/B 实验中验证样本分流是否合理的重要方法。我们需要根据样本特征，将全部样本划分为尽可能相似的两组样本集合，分别为实验组和对照组，并通过等效性检验验证两组样本的特征在实验前基本无差异。这样可以保证，实验后的差异是由实验组施加干预带来的。当采用等效性检验时，我们更关注两组之间的差异是否可接受范围内，因此设定：

- 原假设$H_0: \mu_1 - \mu_2 > \Delta\mu$ 或 $\mu_1 - \mu_2 < -\Delta\mu$，即组间差异超出可接受范围。
- 备择假设$H_1: -\Delta\mu \leqslant \mu_1 - \mu_2 \leqslant \Delta\mu$，即组间差异在可接受范围内。

对于两组独立正态分布总体均值的等效性检验，通常采用 tost（two one-sided t-tests）检验方法，可以将假设拆分为右边检验和左边检验：

- 右边检验：原假设$H_{01}: \mu_1 - \mu_2 < -\Delta\mu$，备择假设$H_{11}: \mu_1 - \mu_2 \geqslant -\Delta\mu$。
- 左边检验：原假设$H_{02}: \mu_1 - \mu_2 > \Delta\mu$，备择假设$H_{12}: \mu_1 - \mu_2 \leqslant \Delta\mu$。

当两总体方差未知且相等时，记统计量 T 为T_1，即公式（5.7）。对于右边检验，当 $T_1 > t_\alpha(n_1 + n_2 - 2)$ 时，拒绝原假设 H_{01}；对于左边检验，当 $T_1 < -t_\alpha(n_1 + n_2 - 2)$时，拒绝原假设$H_{02}$。

$$T_1 = \frac{(\overline{X_1} - \overline{X_2}) - (\mu_1 - \mu_2)}{s_p \sqrt{\frac{1}{n_1} + \frac{1}{n_2}}} \sim t(n_1 + n_2 - 2) \tag{5.7}$$

其中，s_p为两随机变量的池化标准差，$s_p = \sqrt{\frac{(n_1-1)s_1^2 + (n_2-1)s_2^2}{n_1 + n_2 - 2}}$。

当两总体方差未知且不等时，记统计量 T 为T_2，即公式（5.8）。对于右边检验，当$T_2 > t_\alpha(k)$时，拒绝原假设H_{01}；对于左边检验，当$T_2 < -t_\alpha(k)$时，拒绝

原假设H_{02}。

$$T_2 = \frac{(\overline{X_1} - \overline{X_2}) - (\mu_1 - \mu_2)}{\sqrt{\frac{s_1^2}{n_1} + \frac{s_2^2}{n_2}}} \sim t(k) \quad (5.8)$$

其中，k为接近k^*的整数，$k^* = \frac{\left(\frac{s_1^2}{n_1} + \frac{s_2^2}{n_2}\right)^2}{\left(\frac{s_1^2}{n_1}\right)^2/(n_1-1) + \left(\frac{s_2^2}{n_2}\right)^2/(n_2-1)}$。

对于上述两种情况，若右边检验和左边检验都拒绝原假设，则认为总体均值μ_1和μ_2的差异在可接受范围内，否则检验失效。

5.1.3 方差分析

本节介绍方差分析的基本原理，并将均值显著性检验从两组拓展到多组。方差分析在形式上与 Z 检验、T 检验相似，但是在对比多组均值时，T 检验需要做两两检验，而方差分析可以一次性对比多组均值。方差分析的基本假定有三类：

（1）各组代表的总体都应该服从正态分布。

（2）各组代表的总体方差必须相同。

（3）样本观测值相互独立。

本节主要介绍单因素方差分析。单因素方差分析的目标是比较多个组的均值是否有显著差异。设有k个组，每组的样本量为n_i，总样本量为$N = \sum_{i=1}^{k} n_i$。方差分析通过计算多组样本的总变异、组间变异和组内变异来构造统计量 F，最终通过 F 检验判断多组总体是否有显著差异。

在得到组间变异与组内变异后，可以构造统计量 F：

$$F = \frac{\text{组间均方 (MSA)}}{\text{组内均方 (MSE)}} = \frac{\frac{\text{SSA}}{k-1}}{\frac{\text{SSE}}{N-k}} \quad (5.9)$$

其中，$\text{SSA} = \sum_{i=1}^{k} n_i (\overline{y}_i - \overline{y})^2$，$\text{SSE} = \sum_{i=1}^{k} \sum_{j=1}^{n_i} (y_{i,j} - \overline{y}_i)^2$，$y_{i,j}$是第$i$组的第$j$个样本，$\overline{y}_i$为第$i$组的样本均值，$\overline{y}$是全部样本均值。通过查询 F 分布表（用于确定 F 检验临界值的参考表），可以判断 F 是否显著，从而检验组间均值是否存在差异。

5.1.4 序贯检验

1. 算法背景

传统假设检验需要在实验结束后才能分析结果,但序贯检验(Sequential Testing)允许研究人员在实验过程中根据实时结果做出决策。这样可以在尽早确定结果的同时减少实验所需的样本量。

序贯检验是一种统计学中的假设检验方法,它与传统的固定样本大小的假设检验不同。在序贯检验中,数据的收集和分析是逐步进行的,即在每次观测后,根据所有已收集的数据来决定是继续收集更多数据、拒绝原假设,还是接受原假设。

在序贯检验的发展历史中,涌现出了多种序贯检验方法,包括 Wald's SPRT(Wald's Sequential Probability Ratio Test)、simple SPRT、mixture SPRT、GST 等。在本节中,主要介绍经典的 Wald's SPRT(以下简称 SPRT)序贯检验方法。Wald 的序贯概率比检验(SPRT)在统计学中受到高度评价,主要因为它在数据分析的效率和经济性方面具有显著优势。与传统的固定样本大小检验相比,SPRT 允许在收集到足够信息以做出决策时立即停止实验,这不仅节省了宝贵的时间,而且减少了资源的消耗。这种灵活性使得 SPRT 特别适用于需要快速反馈的场景。在实际应用中,这种方法可以在确定性达到可接受水平时迅速做出判断,从而提高整个测试过程的效率。

2. 算法方案

步骤一:定义假设,即定义原假设(H_0)和备择假设(H_1)。通常,H_0表示"无效应"或"无差异",而H_1表示"有效应"或"有差异"。

步骤二:确定两个阈值 A 和 B,一个用于接受原假设,另一个用于接受备择假设。这些阈值是基于犯第一类错误和第二类错误的风险来选择的。

步骤三:计算概率比,在每个实验或观察点计算数据支持H_1相对于H_0的概率比。这个比值是通过将观察到的数据的似然函数在H_1下的值除以在H_0下的值来计算的。

步骤四:做出决策,如果概率比大于或等于B,那么拒绝H_0并接受H_1;如果概率比小于或等于A,那么接受H_0并拒绝H_1。如果概率比位于A和B之间,则继续收集数据。

步骤五:终止规则,重复执行步骤三、步骤四,直到概率比达到两个阈值之一,此时实验停止,做出最终决策。

5.2 事前分流方法

5.2.1 哈希分流

1. 随机哈希

在 A/B 实验中，分流是影响实验结果是否准确的关键因素，合理的分流方法能够平衡实验组与对照组之间的样本分布，从而达到控制变量、排除其他干扰因素、降低实验误差的作用。最理想的分流方法是随机分配，该方法基于一个前提假设，即随机分流至各个桶的用户具有同质性，从而使得不可控因素对各组实验的影响趋于一致。

哈希分流是现阶段业界进行 A/B 实验时最常用的随机分流方式，即将实验对象的某个特征字段（一般为样本标识字段，如 ID）作为输入，通过哈希算法（也称散列算法、Hash 算法）进行映射再取模，而后将每个样本近似随机地落入分桶中，再根据事先确定的比例将桶分配到每个组中。

哈希分流的优点是操作简单，能够实现快速分组，并保证实验组与对照组之间的随机性。然而，它的使用条件较为严苛，首先要求样本量足够大，其次要求样本无异质性且没有相互关联的网络属性。

2. 分层哈希

分层哈希是现阶段业界进行 A/B 实验最常用的分层分流方式。具体而言，该方法将流量划分为多个可重叠的层次。在许多实验中，从修改的系统参数到观察的产品指标都无关联，因此可以将实验划分为相互独立的多个层次。

然而，仅进行分层并不能满足需求，还需要在每个层次中采用不同的随机分桶算法，以确保流量在不同层次间的正交性。举个例子，假设我们当前的目标是同时使用一份流量进行两个实验，实验一的目标是测试对同一批用户使用推荐策略 A、B 后，点击率的变化情况；实验二的目标是测试使用风控策略 C、D 后，月均客诉率的变化情况。下面是分流步骤。

步骤一：划分层级。根据实验目标和业务需求特征，将流量按层级划分。在上述例子中，根据用户特征和实验目标，可以将用户按用户类型、推荐策略、风控策略进行划分。

步骤二：编码唯一标识。为样本分配唯一标识，如 userID。

步骤三：计算 Hash 值。选择 Hash 函数对唯一标识进行计算。例如，使用

MD5 算法得到 Hash 值。同时，由于同时进行两个实验，因此需要计算两个 Hash 值，分别用于两个实验。

步骤四：分流。将计算得到的 Hash 值进行 mod 处理，根据实验设定的桶数进行分组。

步骤五：分组。将各个桶内的用户根据业务需求在每一层进一步合并分组为实验组与对照组，保证两组可比。

5.2.2 时间片轮转算法

1. 算法背景

前面章节介绍的分流算法均基于空间维度将样本分为实验组和对照组，而时间片轮转算法是一种基于时间进行分组的分流算法。在这种实验方案中，全体样本将在一段特定的时间内交替使用 A、B 两种不同的策略。

时间片轮转算法在两个应用场景下得到广泛应用：首先，时间片轮转算法能够有效处理样本间相互干扰的问题。在实验设计中，干扰是指不同策略下的样本相互影响实验结果，这种干扰将导致实验效应的计算出现偏差。其次，时间片轮转算法还可以应用于实验样本有限的场景下。比如在某些实验研究中，由于实验条件受限、成本限制或其他实际限制，只有有限数量的实验样本。时间片轮转算法可以按照预定的时间片顺序依次对每个实验单位进行处理，以确保每个实验单位都有机会参与实验。

2. 算法方案

一个典型的时间片轮转算法如表 5-1 所示。

表 5-1 时间片轮转算法

	Week 1	Week 2	Week 3	Week 4	…	Week n
样本分组	A	B	A	B	…	结束实验

其中，以一周为一个时间片，全体样本在第 1 周使用策略 A，第 2 周使用策略 B，以此类推，直到某个给定的第 n 周结束整个实验。注意，这里选择合适的时间片长度是至关重要的，应根据实际业务或者算法计算的结果进行选择。

样本处于策略 A 下产生的数据便是实验组数据，样本处于策略 B 下产生的数据便是对照组数据。通过观察实验组数据和对照组数据，能够观察到不同策略之间的效果差异，了解哪种方式的表现更好。

5.2.3 网络分流算法

1. 算法背景

在 A/B 实验中通常将样本随机分配到不同的群组中,以观察不同处理方式下的样本在实验结果上的差异。然而,在现实情况下,实验样本之间可能存在网络关系,即样本可能会受到其他实验样本的影响。这种网络关系的存在可能导致实验结果的偏差,使得按传统方式计算得出的实验结果不可靠。因此,在设计和分析 A/B 实验时,需要考虑网络关系的影响,以确保实验结果的准确性和可靠性。

网络分流算法是一种用于处理 A/B 实验中网络效应的分流算法。在实验中,首先使用一些社区发现算法来识别实验样本组成的大网络中的网络结构。例如,一个大网络可能是由多个联系稀疏的社区组成的,每个社区是大网络中一些紧密联系的小网络。然后将样本划分成不同的社区(也称为簇)。最后在社区的维度上进行随机实验并比较结果。通过这种方式,可以更准确地消除网络关系的影响。

2. 算法方案

如何发现和量化网络关系是该算法的关键问题。由于网络关系可能是隐藏的,难以观察到,因此需要运用一些技术手段来识别网络关系。例如,可以通过分析样本之间的交互行为或者使用社区发现算法来发现网络关系。

社区发现算法是一种用于识别网络中的社区结构的方法。它的基本思想是将网络中的节点划分成若干社区,使得社区内的连接紧密,而社区之间的连接稀疏。社区发现算法的流程通常包括以下几个步骤:首先,定义网络中节点之间的相似度或距离。然后,通过某种聚类算法将节点分成不同的社区。最后,使用一些评估指标来衡量社区划分的质量,选择最佳的社区划分结果,并在社区层次上进行 A/B 实验。

5.2.4 智能流量调优算法

1. 算法背景

传统 A/B 实验存在一些显著的痛点。首先,传统 A/B 实验通常在实验开始时将流量均匀分配给所有变体,并在实验结束后再进行分析和决策。此外,由于传统 A/B 实验需要在实验结束后才能进行结果分析,因此响应速度较慢。再者,传统 A/B 实验的实验周期较长,因为它需要足够的数据量来确保结果的统计显著性。这些痛点综合反映了传统 A/B 实验在效率、资源使用和适应性方面的不足，而智能流量调优算法通过动态调整流量分配，能够更迅速地适应变化，且更合理地使用资源。

在 A/B 实验中，智能流量调优通常指源于多臂老虎机（Multi-Armed Bandit，MAB）问题的流量调优算法。它是一种动态分配流量的算法，灵感来自赌博中的一个著名例子：一个赌徒面对一排老虎机（即"多臂"），需要决定在每个时间点拉哪个机器的手柄以最大化总收益。类比到 A/B 实验中，每个老虎机代表不同的实验组或对照组，每个组的实验效果都是不确定的。实验人员需要通过不断收集并评估各组数据来找出实验效果最佳的组别。

2. 算法方案

智能流量调优算法借鉴了多臂老虎机的"探索"—"利用"权衡机制：在每次决策时，需要持续协调"探索"（即探索新组别）和"利用"（即选择当前最优组别）两种策略，最终实现全局收益最大化。其执行流程通常遵循以下步骤：

步骤一：初始化每个组别（即多臂老虎机的"臂"）实验效果的估计值。

步骤二：每当新增一个样本时（例如，当一个用户访问一个网站时），算法必须为样本选择一个组别。不同的 MAB 算法有不同的选择策略，如 ϵ-贪心算法、UCB（Upper Confidence Bound）算法、汤普森采样（Thompson Sampling）。

步骤三：选择了一个组别之后，算法会观察该样本的实际实验效果（例如，用户是否点击了广告或购买了产品）。这个观察结果用于更新对该组别实验效果的估计值。

步骤四：根据新的观察结果更新对所选组别实验效果的估计值。更新策略取决于具体的算法。一些算法可能会简单地将新的实验效果与旧的实验效果进行平均，而其他算法可能会使用更复杂的统计方法来更新实验效果的估计值。

步骤五：重复执行步骤二到步骤四，每次决策都基于最新实验效果的估计值。随着时间的推移，算法逐渐构建对每个组别实验效果的更准确估计，并改善其选择策略。

在理想情况下，算法会趋向于更频繁地选择最佳组别，尽管在实践中，算法可能始终保持一定程度的探索，以应对环境可能发生的变化。

5.3 事后分析方法

5.3.1 倾向得分匹配法

在 A/B 实验中，倾向得分匹配法（Propensity Score Matching，PSM）是常用的匹配方法，用于创建实验组和对照组之间更加平衡的比较基准。该方法常用于实验组在实验前已经被指定的场景，可以处理实验中的潜在偏差，并提高对处理效果的准确评估。

在理想状态下，应直接精确匹配样本的所有可观测特征，以确保实验组和对照组在所有可观测特征上的表现完全一致。然而，随着可观测特征维度的增加，高维特征空间中的精确匹配面临维度灾难（Curse of Dimensionality）挑战。

PSM 可以解决维度灾难的问题，它通过函数关系将多维变量X转换为一维的倾向得分$ps(X_i)$，再根据倾向得分来进行匹配。所谓倾向得分，是指给定样本协变量的情况下，个体进入实验组的概率，即

$$ps(X_i = x) = P(D_i = 1 | X_i = x) \quad (5.10)$$

其中，x 表示样本指定的协变量，D_i 表示第i个体是否进入实验组，$D_i = 1$ 表示个体进入实验组，$D_i = 0$ 表示个体进入对照组，$D_i \in \{0,1\}$，$i = 1, \cdots, n$。

倾向得分匹配法的简要执行步骤如下：

步骤一：选择协变量集。遵循以下原则：倾向得分应考虑影响干预选择和影响干预结果的变量，但不考虑干预变量本身，如果存在高度相关的变量，则应考虑剔除其中一个以减少多重共线性的影响。

步骤二：估计倾向得分。通常使用 Probit 或 Logit 模型估计每个样本被干预的概率，得到的概率为倾向得分。

步骤三：判断共同支撑域（Common Support）条件。只有满足共同支撑域才能进行匹配。其中，共同支撑域指的是两个样本群体（通常是实验组和对照组）在倾向得分上的重叠区域。

步骤四：匹配样本。根据倾向得分，为实验组样本匹配合适的对照组样本。最常用的匹配方法有近邻匹配法、卡尺匹配法、核匹配法等。

5.3.2 双重差分法

前几节介绍的 A/B 实验都可以控制策略的随机分组，即将个体随机分配到实验组和对照组中，使两组在实验前的特征基本无差异，再对两组实施不同干预，

从而保证了两组的实验结果差异仅来源于干预本身。然而并非所有场景都适合做A/B实验。例如，无法做随机分流、来不及做随机分流、各地策略上线的时间不一致。

针对以上种种情况，双重差分法（Differences-in-Differences，DID）就成为解决非A/B实验效果评估的利器。它的基本思想是，基于反事实框架 [2]，评估对于同一个实体，对比干预发生和不发生两种情况下所产生的影响。

1. 方法介绍

从字面含义直观地理解双重差分法，"差分"即做减法，"双重差分"就是做两次减法。

第一重差分是时间序列差分，获得时间或其他因素带来的自然变化影响。实验组在实验前后的差异为$T_{After} - T_{Before}$=实验策略带来的影响（策略效果）+其他因素造成的实验组在实验前后的差异。同理，对照组在实验前后的差异为$C_{After} - C_{Before}$=其他因素造成的对照组在实验上线前后的差异。

第二重差分是基于第一重差分再作差分，消除两组的差异，得到完全由策略上线带来的影响，也就是策略的净效应。实验组在实验前后的差异−对照组在实验前后的差异=$(T_{After} - T_{Before}) - (C_{After} - C_{Before})$=实验策略带来的影响（策略效果）+其他因素造成的实验组在实验上线前后的差异−其他因素造成的对照组在实验上线前后的差异。

基本的双重差分模型用统计表达式可以表示为

$$Y_{i,t} = \beta_0 + \beta_1 T_i + \beta_2 \text{Time}_t + \beta_3 T_i \times \text{Time}_t + \varepsilon_{i,t} \quad (5.11)$$

其中，i表示个体，t代表时间，$Y_{i,t}$代表个体i在t时刻的结果变量的取值。T_i是标识分组的虚拟变量，实验组的个体$T_i = 1$，对照组的个体$T_i = 0$。Time_t是实验时间的虚拟变量，实验后为1，实验前为0。β_0代表了对照组在实验前的结果变量均值，β_1代表了实验组和对照组在实验前的结果变量均值的差异，β_2代表了对照组在实验前后的自然变化趋势，β_3作为交乘项$T_i \times \text{Time}_t$的估计系数，代表了策略的净效应。

2. 前提假设

双重差分法并不是万能的，使用前必须满足其严格的条件——平行趋势假设。

---

[2] 由于在现实生活中我们只能观测到实验个体的一个状态，例如，我们在感冒后吃了药，那么感冒后没有吃药就是反事实的状态。

该假设是指，实验组和对照组在干预实施前后都有相同的发展趋势。从而保证实验前后两组的固定差异能从干预效果中剥离出来。

常用的平行趋势假设检验方法是，通过回归模型检验两组样本在干预介入前结果变量的变化趋势是否一致。具体而言，将实验前的时间项作为虚拟变量 $Time_t$，并将其与是否属于实验组的虚拟变量 T_i 相乘作为交互项，然后做普通线性回归。如果交互项都不显著（一般以 $p>0.05$ 或 0.1 为标准），则说明满足平行趋势假设；反之，则说明不满足平行趋势假设。

举例来说，假设实验前有三年（2010～2012）的样本数据，那么需要以第一年（2010）为基础，对比后两年（2011、2012）相对于第一年（2010）两组样本的变化趋势是否一致。此时，只需分别判断模型中 2 个交互项的显著性即可。模型如公式（5.12）所示，β_1^{2011}、β_1^{2012} 估计了实验组和对照组在 2011、2012 相较于它们在 2010 年差异（基准差异）的变化。如果平行趋势假设成立（即差异不变），则以上系数都不显著（$p>0.05$）。

$$Y_{i,t} = \beta_0 + \beta_1^{2010} T_i + \beta_1^{2011} T_i \times \text{Time}_{2011} + \beta_1^{2012} T_i \times \text{Time}_{2012} + \varepsilon_{i,t} \quad (5.12)$$

5.3.3 合成控制法

理想情况下，总能找到至少一个对照组的样本个体，其在所有可观测特征上都能与实验组的样本个体相匹配，且该个体与实验组的样本个体在所有可观察特征上的表现完全相同。然而，在现实世界中，总是存在一些实验组对象是"独一无二"的，无法寻找到与该对象在所有可观测特征都表现类似的样本个体，这类对象通常带有空间和地域特征，即具有强 Location Based Services（LBS）属性。

如果要评估仅在 A 市实施的一项政策的效果，自然会想到以与之相近的 B 市作为对照地区。然而，B 市毕竟与 A 市存在差异，草率地将 B 市作为 A 市的对照组从而进行政策影响估计的计算，显而易见会产生误差甚至是错误。

为此，Abadie 和 Gardeazabal 于 2003 年提出了"合成控制法"（Synthetic Control Method，SCM）。其核心理念是，当单一实验组（如 A 市）缺乏理想对照组时，通过优化算法对多维协变量空间中的候选控制单元（多个大型城市，如 B、C、D 市）进行最优线性组合，构造具备更高可比性的虚拟控制组（"合成 A 市"）。将"真实 A 市"与"合成 A 市"进行对比，实现政策干预效应的非参数估计。

合成控制法适用于无法直接匹配到可比的对照组,且存在一定数量的潜在对照组的场景。合成控制法的使用步骤如下:

步骤一:选择重要特征。根据结果指标历史的表现,选择影响结果指标的关键特征。

步骤二:估计潜在对照组的合成系数。基于真实对照组样本的关键特征矩阵,采用最优化的解法,使得合成对照组与真实实验组在特征上尽可能相似,从而得到每个潜在对照组前的合成系数。

最终得到:合成样本=系数 1×潜在样本 1+系数 2×潜在样本 2+…+系数 n ×潜在样本 n。

实战篇

第6章　价格：物流运输定价
第7章　渠道：订单裂变营销
第8章　促销：电商促销策略
第9章　仓储：商品存储策略
第10章　网络：分拣直派模式
第11章　配送："最后一公里"提效
第12章　人：仓内人员排班
第13章　货：库存补货策略
第14章　场：前置仓布局优化
第15章　物流：时效能力提升
第16章　信息流：客服进线量分析
第17章　资金流：理赔服务升级

第6章
CHAPTER 6

价格：物流运输定价

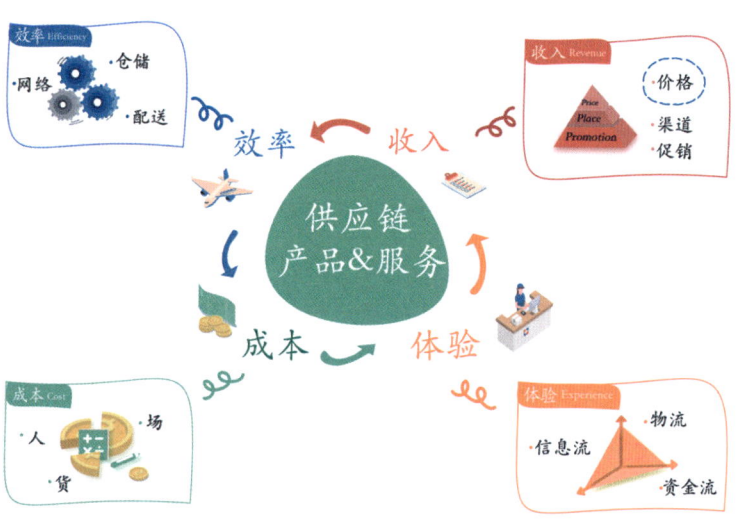

图 6-1 物流运输定价

下面进入"收入"部分的"价格"章节，如图 6-1 所示。本章以物流运输定价为例，介绍如何通过数据分析和建模制定运输单公里运价，以便更合理地制定运输价格，促成供需交易，提高收入。

6.1 背景介绍

6.1.1 物流运输定价的商业背景

随着电子商务和现代物流的蓬勃发展，卡车运输在配送和"最后一公里"交付中变得尤为关键，其定价的合理性对于企业提供有竞争力的配送服务至关重要。运输定价是指在物流和货运行业中，对将商品、服务或人员从一个地方"运输"到另一个地方所收取的费用进行确定的过程，其成本包括与运输相关的各种因素和支出，例如燃油成本、承运人费率、运输方式、距离、仓储、海关费用、保险和其他相关的增值费用。而数据驱动和智能决策技术的发展让企业能够实时、动态地调整运输定价，更好地适应市场变化，更精准地帮助企业在激烈的市场竞争中做出明智的业务决策，同时提供个性化服务并确保供应链的高效运作，为企业和消费者创造价值。

在任何行业中，时间就是金钱，在货运行业中这一点尤其关键。如果货物的运输价格定得不合适，就会影响最终的平台交易成功率，我们需要确保承运商和司机在事前确切地知道货物的运输成本是多少，能从中获得多少利润，这样才能保持业务的运转。无论是平台业务侧，还是用户端，都需要了解定价模型实际上是如何运作的，以及价格是如何确定的。除此之外，在政策方面，为了防止司机恶意竞标导致运输价格过低，国家出台了一系列政策来保障一线司机的收入，禁止运输平台通过司机报价的方式寻找运输资源，而现实中很多需求下单人因为缺少行业经验，不知道需求的价格成本是多少，所以需要平台为其提供合理的定价区间，帮助需求下单人评估需求紧迫程度，并明确对应的需求成本。

以航空公司的机票定价为例，其目的是保证高上座率，航空公司可以从中获得足够多的利润。首先，票价会根据供需关系波动，就像热门电影的票价会上涨一样，当很多人都要飞往某个目的地时，或是旅游旺季，机票价格也会上涨。反之，在淡季或者航班座位剩余较多时，价格可能会下降以吸引更多乘客。不同的舱位也会影响价格。经济舱和头等舱就像电影院的普通座和 VIP 座，享受的服务越好，票价自然越高。提前订票通常能省下不少钱，因为航空公司希望乘客早点计划好行程，这样他们就能更好地管理座位和资源。同时竞争也是一个重要因素，航空公司会密切关注竞争对手的定价策略并及时调整价格，以保持竞争力。此外，还有一些附加的增值服务费用需要考虑，比如行李费、选座费和餐饮费等。总之，航空公司的机票定价是一门复杂的"艺术"，需要综合考虑市场需求、竞争状况、季节性变化和乘客的购买行为等。

运输定价和机票定价有很多相似之处，货物价格实时变化是因为市场条件也在实时变化，这包括需求、供应、天气、交通状况等因素。但是当今的货运系统会确保一旦用户预订了货物，那么用户看到的价格就是需要支付的费用（所见即所得），不会因为市场条件的后续变化而改变，因此提供更透明和可预测的定价会给用户带来更好的体验。

6.1.2 物流运输定价面临的主要挑战

现代物流中的卡车费率定价流程通常涉及多个步骤，结合市场研究、成本分析和技术工具的应用，一般可以概括为市场研究→成本分析→定价策略制定→风险评估→价格测试→监控和持续优化。运输定价不准会导致利润和效率下降、市场竞争力下降、上下游用户流失，最终形成恶性循环。

传统业务的操作通常依赖于经验和市场调研来设定价格，涉及对过往交易数据的手动分析、与客户的协商，以及对竞争对手价格的监控。这种方法的缺点是效率低下，难以进行大规模数据分析；易受人为偏见影响，决策可能缺乏数据支持；不够灵活，不能及时响应市场变化，导致定价策略可能不是最优的，从而影响企业的竞争力和盈利能力。本章仍然会遵循市场动态调节价格这一基本经济规律，利用机器学习模型分析历史数据来识别定价趋势和季节性波动，从而预测需求和价格弹性，实现实时定价策略以适应市场变化。通过这一套"组合拳"，帮助企业更精确地制定运输定价。

另外，异常定价也是影响运输平台的客户体验的核心因素，司机在遇到不可控问题时，比如延迟交货，就涉及司机在等待装卸货物时的时间、滞留时间、司机在交货后等待的时间、空驶里程等。传统的异常定价协商过程不仅耗时，还经常出现用户无法控制的因素。线上化系统通过相关算法来计算并提前展示价格，这个价格从全局角度纳入了很多人工无法考虑到的因素，目标是确保所有货物都能高效地被承接，避免很多线下的交互矛盾。对物流公司而言，这种模式既保证了速度，又保证了透明度。

6.2 问题描述

本节继续探讨如何拆解运输定价问题，图 6-2 详细展示了在制定运输价格时需要考虑的各个因素，我们需要依据平台不同的定价诉求和目标来明确要解决的问题。

第 6 章　价格：物流运输定价

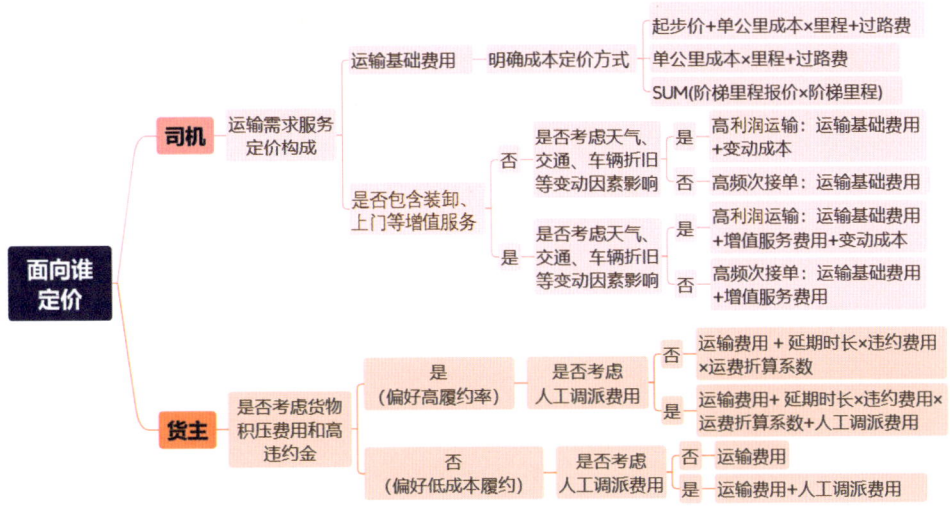

图 6-2　问题定义

首先，需要明确定价的对象。定价是给司机看的，还是给货主看的，这将直接影响定价策略的制定。

若定价对象为司机，则需明确运输基础费用的构成。这通常由起步价、单公里成本及过路费组成。具体而言，费用计算公式如下：

$$运输基础费用 = 起步价 + 单公里成本 \times 里程 + 过路费$$

部分场景可能会没有起步价，费用计算公式如下：

$$运输基础费用 = 单公里成本 \times 里程 + 过路费$$

此外，也可采用分段计费的方式，即根据不同的里程段设定相应的费用，费用计算公式如下：

$$运输基础费用 = SUM（阶梯里程报价 \times 阶梯里程）$$

如此一来，费用结构更为灵活，能够适应多变的运输需求。接下来，需要考虑是否包含装卸及上门等增值服务。若包含这些服务，则定价策略有所不同。对于高利润的运输任务，除了基础费用，还需要加上变动成本，以确保利润空间。而对于高频次的订单，则可简化为仅包含基础费用，以提高效率。此外，还需要评估天气、交通及车辆折旧等变动因素对成本的影响。这些因素会增加运输的不确定性，因此在定价时应予以充分考虑，以避免潜在的损失。

对于货主而言，了解其履约偏好至关重要。若货主倾向于高履约率，则需要考虑货物积压费用及高违约金。在这种情况下，运输费用不仅包括基本费用，还需要涵盖因延期产生的费用、违约费用及人工调派费用，其中违约费用要乘以一个运费折算系数，该系数通常在 0 到 1 之间，要保证违约费用乘以该系数后，小于原本的违约费用或积压成本。总费用计算公式如下：

总费用=运输费用+延期违约费用（即延期时长×违约费用）×运费折算系数+人工调派费用

若货主更倾向于低成本履约，则定价策略应尽量简化。在这种情况下，若不考虑人工调派费用，总费用即为运输费用；若考虑，则需要加上人工调派费用。

总费用=运输费用+人工调派费用（如果有）

通过以上分析可以看到，运输定价不仅涉及基础费用的计算，还需要综合考虑多种因素，如增值服务、履约偏好、变动成本等。这些因素共同决定了最终的定价策略，以满足不同客户的需求。

综上所述，运输定价是一个复杂而精细的过程，需要综合考虑多种因素。通过细致分析司机与货主的不同需求及偏好，结合基础费用与变动成本，方能制定出合理且具有竞争力的运输价格。

6.3 解决方案

6.3.1 整体框架

如图 6-3 所示，在制定运输定价整体方案时，需要先从宏观层面明确定价策略所涵盖的关键要素，以及各要素之间的互动机制。通常而言，运输定价可大致划分为运输基础费用、增值服务费用及变动成本三大模块：运输基础费用侧重于对常规运力、固定资源及基本服务所需成本的准确核算；增值服务费用主要关注特殊需求或附加功能的差异化定价；而变动成本则受市场环境、运输距离及时效性等多重因素的影响，具有一定的动态波动性。

该框架的另一核心特点在于数据处理与建模方案的双重支撑。从前期的数据清洗、特征筛选，到中后期的模型构建、算法优化，每个阶段都形成了相对独立却又相互联动的环节。通过一系列的条件判断（如样本异质性检查），以及有针对性的处理方法（如聚类识别异常、特征编码等），可以有效应对不同业务场景下的数据多样性。此外，在建模与求解的过程中，应依托统计分析和运筹优化思路来实现预期目标，如最大化 GMV（总成交额）、最大化成交率等。

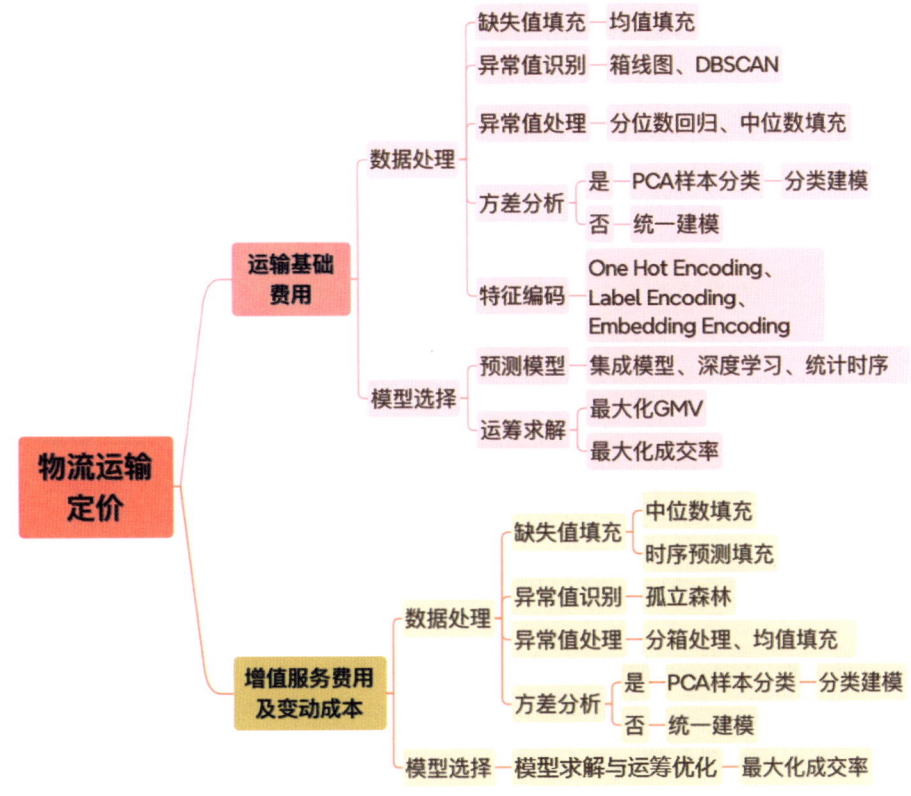

图 6-3　物流运输定价解决方案

6.3.2　实现方法

在具体实施运输定价策略时，需要将数据处理与建模分析融合，形成贯穿定价流程的系统化方法论。

1. 数据处理

数据清洗与异常值识别：针对存在缺失值、异常值或噪声的情况，可利用 K-Means、DBSCAN 等聚类算法进行识别与分组。结合可视化方法（如箱型图），根据业务需要决定是修正异常值还是直接剔除。

样本甄别与分类：在进行模型构建前，通常需要通过主成分分析（PCA）等降维或特征分解方法，对原始数据进行初步甄别与分类；对于同质性较高的子集，可采用统一的定价策略，而对于差异明显的子集，则应进一步细化分析。

特征选择与编码：在多维度数据中，不同特征对定价结果的重要程度不尽相同，因此需要通过统计分析与算法筛选（如 Pearson 相关系数、信息增益等），保留关键特征。对于离散变量，可选择 One Hot Encoding、Label Encoding 或 Embedding Encoding 等多样化方式进行编码，既要兼顾模型的可解释性，也要确保训练效率与预测精度。

2. 建模分析

模型选择：在基础模型方面，线性回归、决策树等传统算法具有较好的可解释性与易用性，可为定价提供初步的定量参考；对于更高维度或复杂度的场景，可以考虑运用集成学习（如 Random Forest、XGBoost）或神经网络技术，以更好地拟合非线性关系。

模型求解与运筹优化：当定价策略涉及多目标（如最大化 GMV 和最大化成交率）或资源调配问题时，可利用运筹优化方法（如线性规划、整数规划）将业务目标转化为数学模型，并根据约束条件（如预算、时效）进行精细求解与迭代调优。

模型评估与迭代：通过误差分析（如均方误差、平均绝对误差）和统计指标（如 R^2 等），对模型的预测精度和稳健性进行综合评估。必要时应结合业务反馈进行调整，确保定价模型既符合数据特征，又能在实际运营中稳定发挥作用。

6.4 案例分析

本节将通过一个实际案例来阐述如何预估运输基础定价中的核心因素——单公里价格，从而展示数据分析和建模在其中的应用流程。

6.4.1 特征工程

1. 数据收集

首先，引入一些与运费定价相关的特征，如表 6-1 所示。

表 6-1　与运费定价相关的特征及其定义

类别	特征英文	特征中文	定义
地域类	province	省份	省份编码
	city	城市	城市编码
	region	区域类型	市中心、商业区、居民区、郊区
日期类	quarter	季度	所属季度（1~4）
	season	季节	春、夏、秋、冬
	is_peak_season	是否淡旺季	运输淡季、运输旺季（布尔值）
	is_weekend	是否周末	布尔值
	is_holiday	是否节假日	中秋节、国庆节、春节等（布尔值）
	is_promotion_period	是否大促	618、双 11、双 12（布尔值）
时段类	time_slot	早高峰	7 点~9 点
		午高峰	12 点~14 点
		晚高峰	17 点~20 点
		平峰	其余时间
天气类	weather	高温	大于或等于 39 摄氏度
		雨雪	大雨、大雪预警
		大风	大风预警
		正常	晴
车辆相关	vehicle_type	车辆类型	4.2 米、6.8 米、9.6 米、13 米
	freight_type	货运类型	普通货运、冷链运输
交易相关	demand	需求量	货运需求
	supply	供给量	车辆供给
	transaction_volume	成交量	需求和供给的最小值
目标	final_price_per_km	单公里价格	每公里的运输价格

其次，需要了解数据的基本情况和描述性统计信息。这里使用 pandas.info() 和 describe()方法查看具体的数据信息和描述结果，如图 6-4 和图 6-5 所示。

```
<class 'pandas.core.frame.DataFrame'>
RangeIndex: 1500 entries, 0 to 1499
Data columns (total 17 columns):
 #   Column               Non-Null Count  Dtype
---  ------               --------------  -----
 0   province             1500 non-null   object
 1   city                 1500 non-null   object
 2   region               1500 non-null   object
 3   time_slot            1500 non-null   object
 4   season               1500 non-null   object
 5   weather              1500 non-null   object
 6   vehicle_type         1500 non-null   object
 7   freight_type         1500 non-null   object
 8   final_price_per_km   1500 non-null   float64
 9   demand               1500 non-null   int64
 10  supply               1500 non-null   int64
 11  transaction_volume   1500 non-null   int64
 12  is_weekend           1500 non-null   bool
 13  is_holiday           1500 non-null   bool
 14  is_peak_season       1500 non-null   bool
 15  is_promotion_period  1500 non-null   bool
 16  quarter              1500 non-null   int64
dtypes: bool(4), float64(1), int64(4), object(8)
memory usage: 158.3+ KB
```

图 6-4　数据信息结果

```
       final_price_per_km      demand       supply  transaction_volume  \
count         1500.000000  1500.000000  1500.000000         1500.000000
mean             8.701239   461.554667   441.093333          436.554667
std              3.823103    30.201508    30.501139           28.387678
min              2.163755   376.000000   365.000000          365.000000
25%              5.844312   441.000000   419.000000          416.000000
50%              7.961856   458.000000   436.000000          431.000000
75%             10.828102   480.000000   459.000000          453.000000
max             28.241357   569.000000   537.000000          531.000000
```

图 6-5　数据统计描述结果

通过这些信息可以了解数据的维度、每个特征的类型、缺失值情况，以及各个数值特征的统计量（如均值、中位数、标准差等），便于初步了解数据的形态，在这部分结果中，可以看到特征不存在缺失的情况，因此暂时不需要额外处理。

2. 数据预处理

在大规模数据分析中，如果数据包含多个可能存在的子分布或亚群，那么单一模型往往难以准确描述其整体特征。为了识别和量化数据可能存在的异质性，可先利用无监督聚类方法对数据进行初步划分，再通过统计检验评估所得的聚类是否存在显著差异，进而确定是否需要执行更进一步的分群建模流程。

在本案例中，首先采用 K-Means 算法将样本划分为两类，以观察在"单公里价格"这一特征上是否存在显著分布差异。随后对这两类样本进行单因素方差分析（ANOVA），检验结果 P 值低至 2.18×10^{-317} 表明该特征在两类样本之间的差异极具统计显著性，进而可以判定原始数据在此特征上存在较强的内部异质性。

在发现异质性后，需要进一步简化数据结构、减少维度冗余，以便更清晰地揭示数据的潜在模式，故引入 PCA 对高维数据进行降维处理。PCA 能够在尽量保留主要信息的同时去除噪声和冗余。降维完成后,再将得到的主成分在降维空间中重新进行 K-Means 聚类,以识别更多的潜在子群。最终,可针对每个子群内部的数据分布特点分别进行独立建模,实现对不同子群特性更精细的刻画,从而在整体策略一致的基础上提升预测或分析的有效性。

3. 特征构造

通过绘制直方图和箱线图,可以更直观地了解各项历史特征及目标的分布情况,历史单公里价格的分布如图 6-6 所示,历史成交量的频次分布如图 6-7 所示。

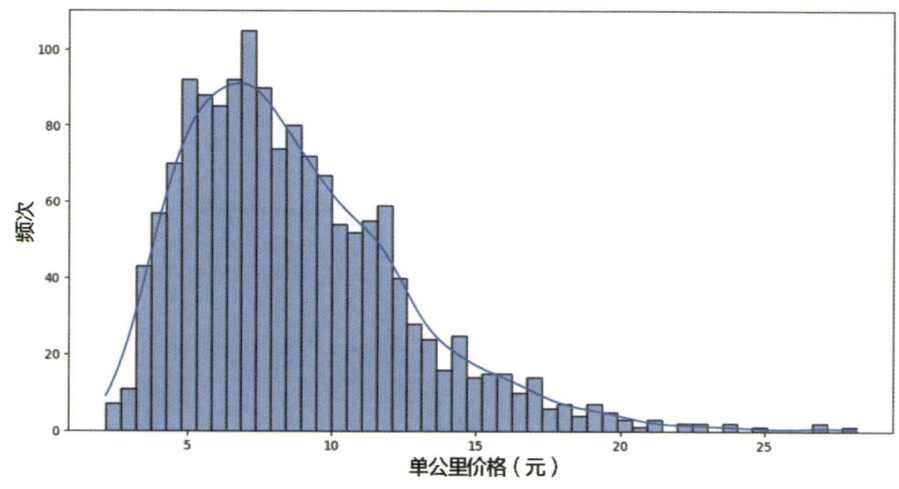

图 6-6 历史单公里价格的分布

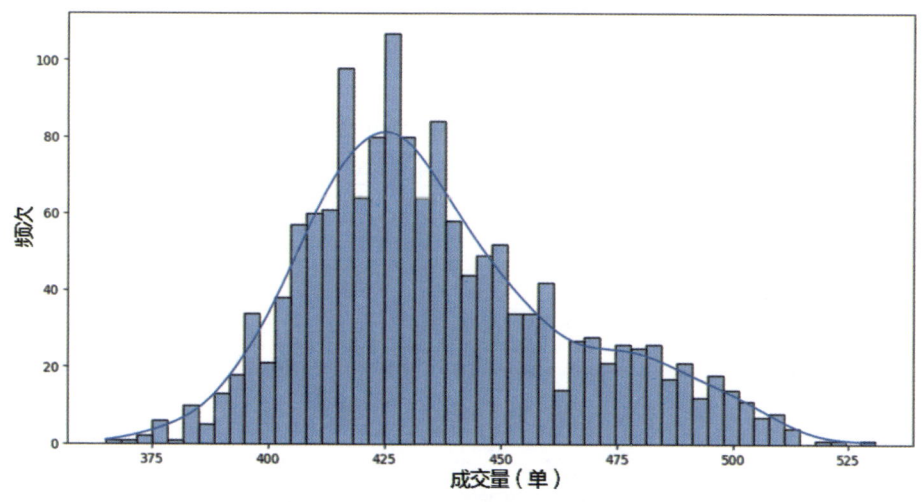

图 6-7 历史成交量的频次分布

在研究特征对于单公里价格的影响时，可以使用箱线图来描绘，比如分析不同天气维度下的价格分布、不同季节维度下的价格分布、不同时段维度下的价格分布和不同区域维度下的价格分布。从图 6-8 可以看出，在冬季和夏季，异常天气居多时，早晚高峰及核心拥堵市区（市中心），价格普遍较高，也比较符合业务认知。

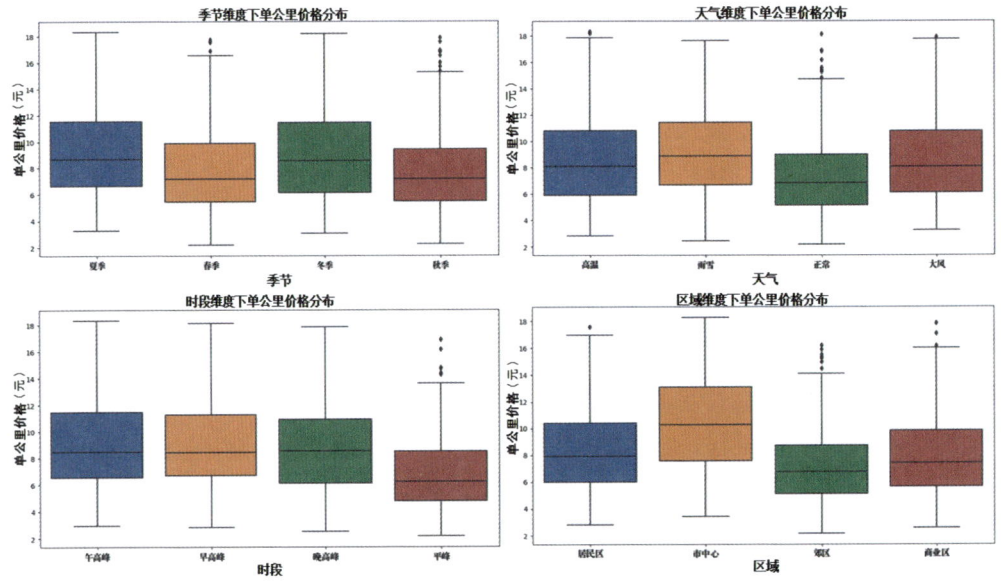

图 6-8　特征对单公里价格影响的箱线图

通过以上图片可以得到以下信息：
- 价格分布：了解价格的集中趋势和离散程度，是否存在明显的高价或低价区间。
- 成交单量分布：了解成交单量的分布情况，是否存在明显的高峰或低谷。
- 天气、季节、时段、区域对价格的影响：通过箱线图，可以看到不同条件下价格的变化情况，是否存在显著差异，便于筛选出最适合的特征。

在图 6-6 中发现了一些异常值，这时可以使用四分位数间距（Interquartile Range，IQR）方法来检测和删除单公里价格的异常值。IQR 是第三分位数（Q3）和第一四分位数（Q1）之间的差距。通常，超过 Q3+1.5IQR 或低于 Q1-1.5IQR 的值被视为异常值。处理后可以得到新的历史单公里价格分布，如图 6-9 所示。

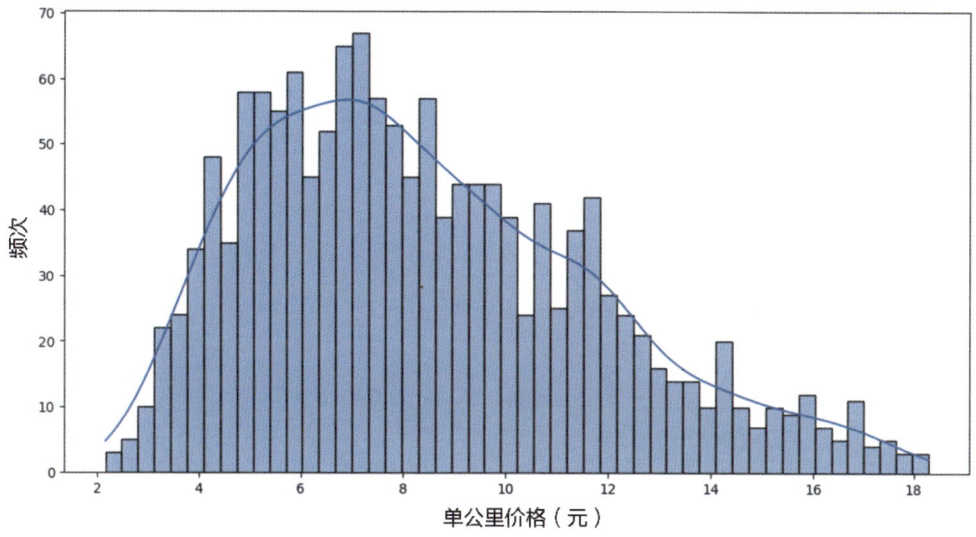

图 6-9 处理后的历史单公里价格分布

6.4.2 建模与评估

通过特征分析,可以识别出哪些特征对目标变量(如价格)具有显著影响。例如:

(1)天气对价格的影响:如果不同天气条件下价格存在显著差异,则应将天气作为一个重要特征纳入模型。

(2)时间段对价格的影响:如果在不同时间段内价格存在明显变化,则应将时间段特征纳入模型。

(3)区域对价格的影响:如果在不同区域内价格存在明显变化,则应将区域特征纳入模型。

(4)供需情况:在不同的供需水平下,价格可能会有一些动态变化。

这里选择使用随机森林模型预测单公里价格,因为价格往往受到多种因素的非线性影响,它能够处理非线性关系并且对特征的选择不敏感。而且随机森林模型能自然地考虑特征之间的交互作用,同时对异常值和噪声具有较强的鲁棒性。价格数据可能会由于各种原因出现异常值,随机森林模型通过构建多棵树并取它们的平均预测值来减少这些异常值带来的影响。

首先需要按照上面的思路进行基础的特征输入,并将分类变量转换为数值变量,定义好特征和目标变量,分割好训练集、验证集和测试集,训练随机森林回归模型进行预测和评估,并观察模型在验证集和测试集上的表现来判断是否过拟合。结果表明,测试集与训练集的模型性能差异较大,存在过拟合的问题。此时可以借助 SHAP（Shapley Additive Explanations）工具对特征进行进一步的分析,SHAP 是一种用于解释机器学习模型输出的工具,特别是用于计算特征的重要性。它基于博弈论中的 Shapley 值,提供了一种一致且公平的方式来分配模型的预测结果给各个特征。从图 6-10 可以看出,重要性排名靠前的特征相对符合大众的常规认知,价格受到城市核心区域和运输淡旺季的影响十分明显,为了缓解过拟合的问题,可以选择特征重要性靠前的特征重新建模。

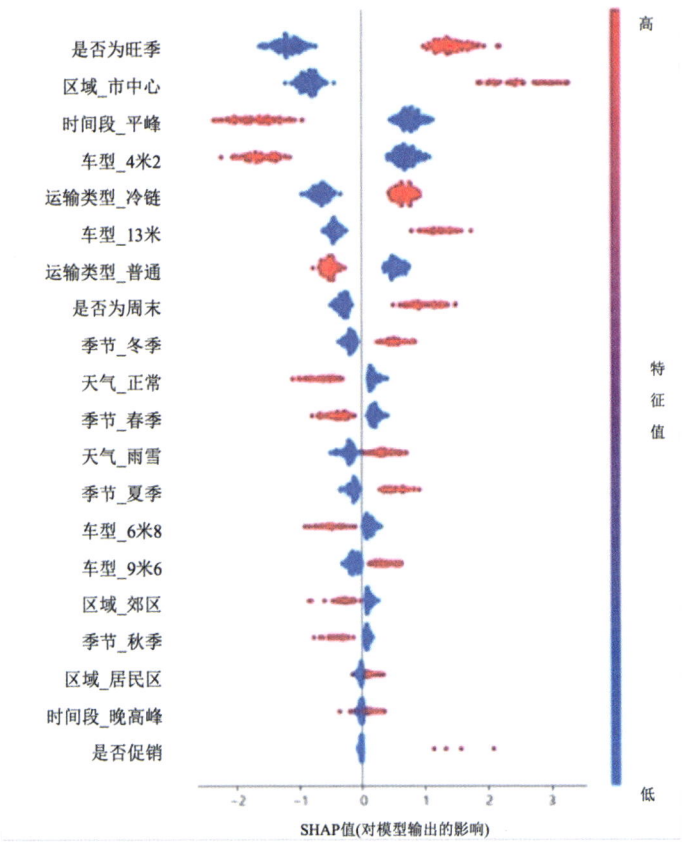

图 6-10　价格预测模型的特征重要性排序

6.4.3　结论

基于以上数据分析和建模流程,可以看到特征筛选前后的效果对比,更新后的模型基于 SHAP 使用了 20 个最重要的特征,相较于之前模型使用的特征减少了 24 个，测试集的准确率 1-MAPE 的表现也有所提升，如表 6-2 所示。当然，也可以构建一个简单的优化函数，根据供需情况对价格进行微调，当需求大于供给时，通过动态系数提升价格，当供给大于需求时，通过动态系数降低价格，以促成交易的最大化。

表 6-2 建模结果对比

	特征个数	验证集 1-MAPE	测试集 1-MAPE
特征筛选前	44	95.02%	86.69%
特征筛选后	20	94.58%	87.55%

6.5 本章小结

在现代物流行业中，为了提升服务履约率并实现成本效率的最优化，本章的物流成本管理方案不仅在保障履约率提升的基础上实现了运输成本削减，而且通过融合先进的供需预测和动态定价机制，显著提升了成本管理的精准度。本方案采用了一种综合的预测框架，该框架结合了经济计量模型、机器学习算法和心理定价策略，以更准确地预测未来的运输成本和价格动态，感知客户价格敏感度，并以此为基础制定更精细化的定价策略，以适应市场需求和客户期望。

通过对历史数据和实时市场信息的深度分析，预测模型能够洞察供需变化的微妙趋势，并据此调整运输资源的配置。在资源供不应求的情况下，该模型能够通过精确的价格调整机制适时提高运输价格，以调整市场平衡，保障运输需求的履约。这种价格弹性的管理不仅优化了车辆和司机的调度计划，而且确保了客户需求得到及时且有效的满足，从而在提升客户满意度的同时，提升了运输资源的利用效率。

进一步地，本方案的实施还包括对货物流量和市场需求的实时监测，以及对未来价格趋势的科学预测。这些分析结果为业务团队提供了关键的决策支持，使其能够在不确定的市场环境中，及时调整运输策略，最大限度地减少资源浪费，有效降低资源短缺的风险。此外，通过这种动态的市场适应策略，本方案还增强了企业应对外部冲击的韧性，保障了业务流程的连续性和企业的盈利能力。

总之，该物流成本管理方案通过整合多维度的数据分析、精准的供需预测和灵活的定价策略，为物流企业提供了一种全面且先进的解决方案。该方案不仅能够在保证服务质量的前提下降低运输成本，而且通过对市场变化的敏感反应和对客户心理的深刻理解，增强了物流企业在竞争日益激烈的市场中的优势。

第 7 章

CHAPTER 7

渠道：订单裂变营销

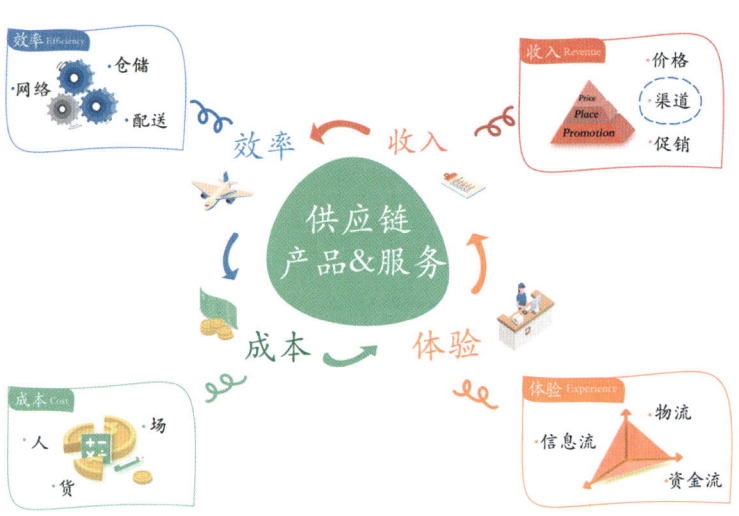

图 7-1 订单裂变营销

下面将进入"收入"部分的"渠道"章节，如图 7-1 所示。本章以订单裂变营销为例，介绍数据预处理、数据可视化的应用，并通过因果森林的建模，确定推荐官的画像，达到用户增长的目的。

7.1 背景介绍

传统物流行业中，用户下单的方式比较固定，即用户通过终端申请下单，然后配送员上门取货，这是一种点对点的模式。但是在长期固定模式的情况下，单量增长已逐步趋于平稳，因此企业需要突破瓶颈，实现单量的持续增长。

为了实现这一目标，企业需要从传统的物流运营向物流经营进行转变，化被动为主动，通过营销的方法来激励便利店店长、社区团长等人员，并将他们发展为"推荐官"，助力业务的扩张和单量增长。

7.2 问题描述

订单裂变营销是指通过发展能够带动别人下单的人作为推荐官，从而实现单量增长，同时推荐官也能得到激励。本章需要解决的问题是如何通过数据科学的方法来确定推荐官的人物画像，并识别潜在发展对象。首先需要对现有数据进行分析和建模，从当前的用户中提取出能够成为推荐官的画像特征，然后通过发展这部分人群去完成裂变营销，进而获得更多的用户和订单。

7.3 解决方案

7.3.1 整体框架

为了解决上述问题，本节介绍在裂变营销中应用的数据科学方法，具体的解决方案如图 7-2 所示。

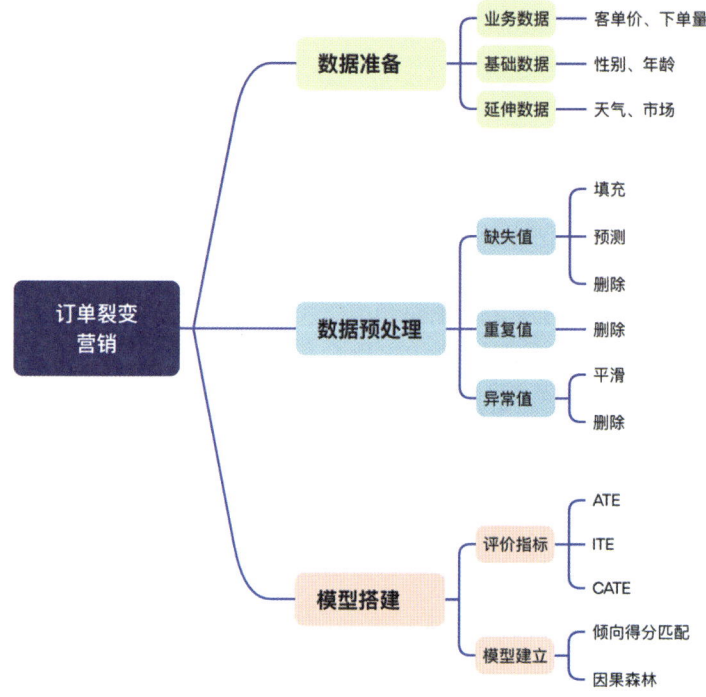

图 7-2　订单裂变营销解决方案

7.3.2　实现方法

1. 数据准备

数据是处理一切问题的基础，获取充足且有意义的数据是解决一切问题的良好开端。通常将数据划分为业务数据、基础数据和延伸数据。

业务数据贴近于业务本身，是从整个业务中抽取出来的数据。例如，流量的转化比、新增的客流量等，在其他业务场景中可能不是很重要，但是在当前裂变营销中，就显得尤为重要。同时，这部分数据也需要从相关报表中抽取才能够获得。

基础数据描述的是整个项目的一些基本情况，例如当前有多少街道、每个街道有多少站点等，这部分数据是一些基本的常规数据，不仅在这个场景中有用，同样可以在其他场景内复用。

延伸数据是指可能与现有场景相关的其他场景中的数据，这部分数据可能并没有带来任何直观用处，但是经过数据分析后，可以从数据表征中看出其对当前场景的影响。例如，在分析用户画像的时候，可以引入一些天气等数据，虽然不会直观帮助我们确定用户的兴趣，但是能从一定程度上反映用户在某些天气条件下的行为，进而总结出规律。

2. 数据分析

对于基础数据，可以先进行数据的预处理，包括对缺失值、重复值和异常值的处理，然后对数据整体的分布进行变换和可视化，帮助我们发现数据的一些特点，方便后续进行建模。

对于业务数据，需要结合业务特征，例如对于流量转化的数据，可以按照业务的周期进行分析，而不是直接把所有的时间点数据放在一起进行分析。

对于延伸数据，可以从场景的关联度开始分析，首先分析这部分延伸的场景产生的收益能给当前场景带来什么变化，再依托于这些变化反推这部分变化的数据能从什么角度带来影响，进而引入新的特征来共同建模。

3. 模型搭建

1）评价指标

在介绍如何建立订单裂变营销模型之前，先介绍平均处理效应（Average Treatment Effect，ATE）。在因果推断领域中，ATE 是一个关键指标，它用来衡量在总体中接受某种处理和未接受处理的个体之间平均结果的差异。例如，在医学实验中，研究一种新药物对患者康复时间的影响。"处理"就是患者服用新药物，ATE 则是服用新药物的患者群体的平均康复时间与未服用新药物的患者群体的平均康复时间的差值。

ATE 通常可以通过实验数据或观察数据来估计。在理想的随机对照实验中，如果将个体随机分配到处理组（接受治疗）和控制组（不接受治疗）中，则 ATE 可以简单地通过处理组的平均结果减去控制组的平均结果来计算。但在实际观察性研究中，由于存在选择偏差等问题，需要使用更复杂的方法，如倾向得分匹配、工具变量法等来估计 ATE，以尽量消除混淆因素的影响。

在市场营销中，ATE 可以衡量广告营销活动对产品销售的影响。例如，比较投放广告地区和未投放广告地区消费者购买产品的平均数量差异，以此来评估广告活动的平均处理效应。

除此之外，个体化处置效应（Individual Treatment Effect，ITE）和条件平均处理效应（Conditional Average Treatment Effect，CATE）也是常见的效应计算指标。其中，ITE 是指同一干预对个体的因果效应（如服药对某病人的疗效），适用于个性化医疗、精准营销等需要个体化决策的场景。CATE 是指基于协变量分组的子群体平均处理效应（如某年龄段患者的平均疗效），适用于政策评估、市场细分等需要针对性分析群体差异的场景。

2）模型建立

在建模部分，一般会用到因果推断的方法。它是通过特征间的因果效应和约束条件，根据现有情况推算出估计收益的方法。针对订单裂变营销的场景，下面介绍一些常见的技术与算法。

倾向得分匹配

倾向得分匹配是常用的因果推断技术之一。在裂变营销场景下，我们试图探究不同推广渠道对用户参与裂变活动的影响。由于用户天然存在差异，并非随机分配到各个渠道，我们观察到的渠道效果可能存在偏差。倾向得分匹配通过为每个处理组（即不同推广渠道）的用户找到具有相似特征的对照组用户，构建一个近似随机化实验的环境。之后，基于大量用户特征，如年龄、性别、地域、过往消费习惯等，计算出每个用户的倾向得分，进而匹配处理组与对照组。如此一来，便能相对精准地评估特定推广渠道在引发用户裂变行为上真正的"因果效应"，识别出哪些渠道能有效地驱动用户带动别人下单。

因果森林

此外，因果森林（Causal Forest）是一种基于随机森林的改进算法，专注于估计条件平均处理效应（CATE）。它通过构建多棵决策树，在每棵树的分裂过程中优先选择能够最大化处理效应差异的特征（如年龄或收入），从而将数据划分为具有相似处理效应的子群体。每棵树内部通过对比处理组和对照组的潜在结果差异来对异质性效应进行建模。该算法常用于政策干预效果评估、个性化治疗方案推荐等需要识别群体差异化效应的领域。

比如，想知道"吃药"对"降血压"的效果，但有的人效果好，有的人没效果，甚至有的人有副作用。因果森林的做法：把人群按年龄、病史等因素不断分组，在每一组里对比"吃药"和"不吃药"的结果差异，自动找出哪些特征（比如老年人、高血压患者）会导致效果特别好或特别差。它通过造很多棵（如100棵）这样的"问题树"，综合所有树的结论，最终得出什么样的人适合吃药，什么样的人不适合吃药。

7.4 案例分析

本案例收集了部分虚拟数据集，主要包含用户信息、单量信息等。基于上述解决方案进行数据分析和模型搭建，最终确定适合发展新用户的推荐官画像。

7.4.1 数据准备

这里主要考虑使用用户相关特征进行建模，以下数据均来自虚拟生成的数据集，如表 7-1 所示。

表 7-1 用户信息及其定义

特征名称	
用户级别	是否为推荐官
性别	推荐官业绩单量
年龄	是否施加干预
婚姻状况	历史一个月下单量
受教育程度	最近一个月客单价
职业	用户类型
用户个人下单量	

7.4.2 数据分析

1. 数据预处理

1）数据清洗

首先使用 pandas.info() 方法查看数据信息，可以得到部分结果，如图 7-3 所示。

```
RangeIndex: 2000 entries, 0 to 1999
Data columns (total 13 columns):
 #   Column        Non-Null Count  Dtype
---  ------        --------------  -----
 0   用户级别         1938 non-null   float64
 1   性别           2000 non-null   object
 2   婚姻状况         2000 non-null   object
 3   受教育程度        2000 non-null   object
 4   年龄           1937 non-null   float64
 5   职业           2000 non-null   object
 6   用户个人下单量      1964 non-null   float64
 7   是否为推荐官       2000 non-null   int64
 8   推荐官业绩单量      1937 non-null   float64
 9   是否施加干预       2000 non-null   object
 10  历史一个月下单量     1942 non-null   float64
 11  最近一个月客单价     1951 non-null   float64
 12  用户类型         1981 non-null   object
```

图 7-3 数据信息

可以看到"用户级别""用户个人下单量"等特征存在缺失情况，因此需要对其进行填充。在选择填充方案时，可以选择填充 0 值或者均值等方案，之后重新检查该部分数据的情况，如图 7-4 所示。

```
RangeIndex: 2000 entries, 0 to 1999
Data columns (total 13 columns):
 #   Column          Non-Null Count  Dtype
---  ------          --------------  -----
 0   用户级别         2000 non-null   float64
 1   性别             2000 non-null   object
 2   婚姻状况         2000 non-null   object
 3   受教育程度       2000 non-null   object
 4   年龄             2000 non-null   float64
 5   职业             2000 non-null   object
 6   用户个人下单量   2000 non-null   float64
 7   是否为推荐官     2000 non-null   int64
 8   推荐官业绩单量   2000 non-null   float64
 9   是否施加干预     2000 non-null   object
 10  历史一个月下单量 2000 non-null   float64
 11  最近一个月客单价 2000 non-null   float64
 12  用户类型         2000 non-null   object
```

图 7-4 填充后的数据信息

2）异常值检测

本节对数值型特征都进行异常值检测，这里使用 Z-score 方法，并将结果可视化，判断是否有异常值，红色虚线以外的点被判为异常值。图 7-5 展示了"历史一个月下单量"特征的检测结果。

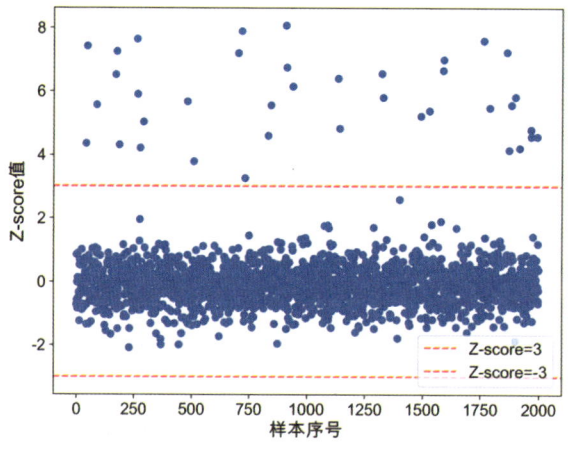

图 7-5 异常值检测结果

针对检测出来的异常值，一般有两种方案进行处理，即删除或者平滑。在该特征中，显然这些下单量是真实存在的，可能由于该用户是商家，其下单量在某些特殊时期会突增。那么不能简单删除，可以选择平滑来处理异常值。

3）数据量级转换

在对数据进行处理后，需要观察数据情况。以"最近一个月客单价"特征为例,可以发现"原始客单价"的分布不均,绝大多数的原始客单价都在 1000 元以下,如图 7-6 所示。

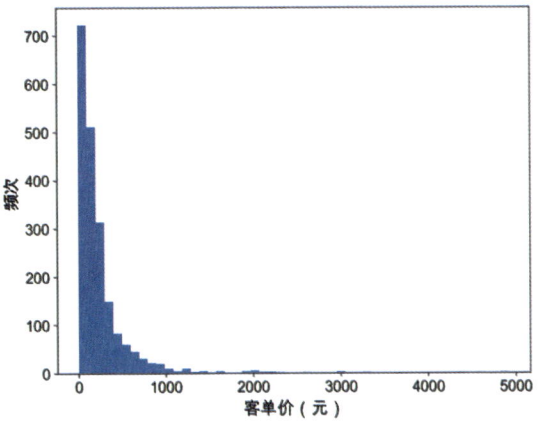

图 7-6 原始客单价

因此,需要对"最近一个月客单价"特征进行变换,这里使用 Log 变换,如图 7-7 所示。

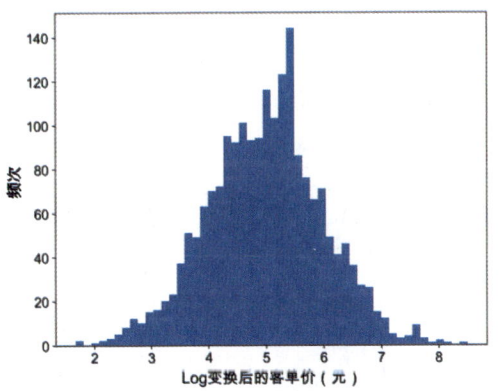

图 7-7 Log 变换后的客单价

4)编码

接下来观察是否有类别特征需要进行编码,例如"用户性别""婚姻状况""受教育程度""职业""用户类型",需要把它们转化为数值类型的特征,方便后续计算。在此,使用 2.3.2 节介绍的顺序编码方法对上述特征进行编码,编码后的结果如图 7-8 所示。

```
性别编码对照表：
{'女': 0, '男': 1}

婚姻状况编码对照表：
{'已婚': 0, '未婚': 1}

受教育程度编码对照表：
{'初中': 0, '本科': 1, '高中': 2}

职业编码对照表：
{'个体户': 0, '非个体户': 1}

用户类型编码对照表：
{'A': 0, 'B': 1, 'C': 2}
```

图 7-8　编码后的结果

2. 数据可视化

在完成数据的预处理后，为了更直观地了解数据的情况，使用可视化方法对数据进行分析。

1）直方图

这里以特征"用户性别"为例绘制直方图并进行分析，如图 7-9 所示。其中，"0"表示女性，"1"表示男性。可以看到，男女比例的分布接近，呈现均匀分布的特点。

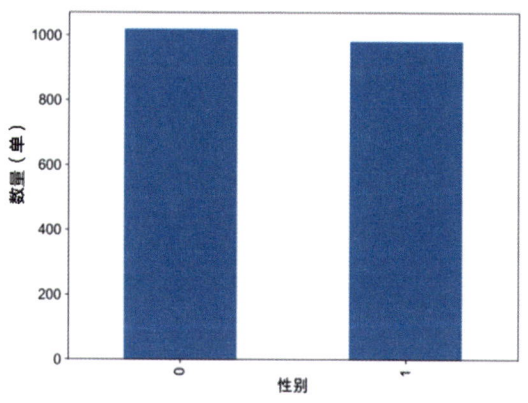

图 7-9　用户性别直方图

2）箱线图

以"历史一个月下单量"特征为例绘制箱线图并进行分析，如图 7-10 所示。可以看到，数据的极大值远大于中值，该特征可能存在长尾分布的情况；数据分布相对集中，且都处于 50～150 之间。

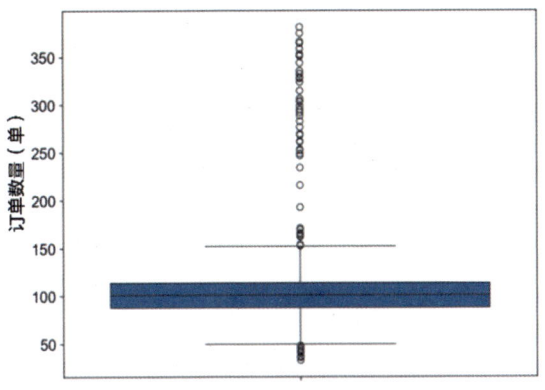

图 7-10 历史一个月下单量箱线图

3）散点图

这里以"月下单量"特征和"客单价"特征为例绘制散点图并进行分析,如图 7-11 所示。可以看到,下单量与客单价无关,随着客单价变化,下单量波动不大。

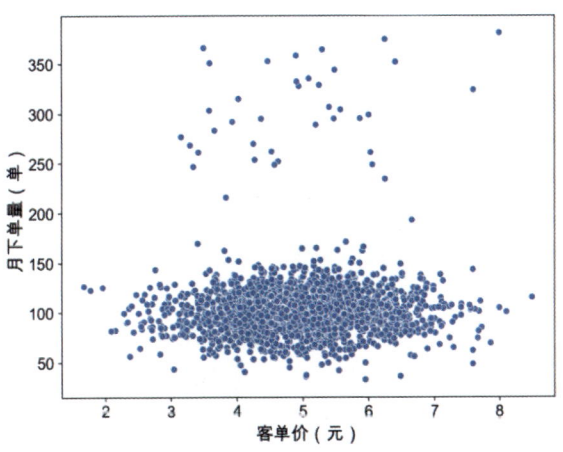

图 7-11 客单价与下单量散点图

4）相关性图

图 7-12 展示了"年龄""最近一个月客单价""历史一个月下单量""用户级别"之间的相关关系。颜色越深,表示相关性越高。可以看到,"用户级别"和"历史一个月下单量"之间呈正相关。

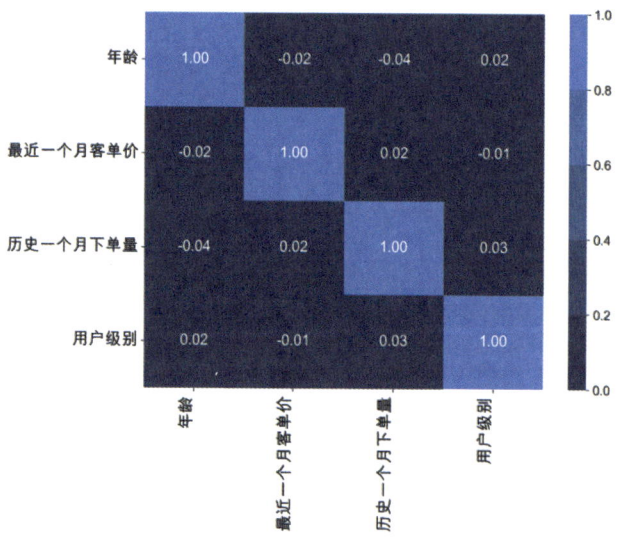

图 7-12　相关性图

5）饼图

使用饼图来呈现用户受教育程度的分布情况，如图 7-13 所示。可以看到，受教育程度为初中的人数占比最多，其次是高中、本科。

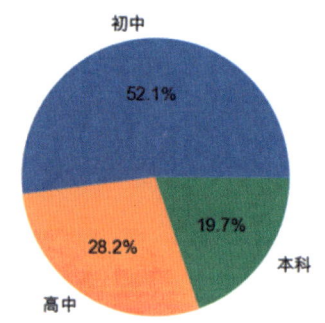

图 7-13　用户受教育程度的分布饼图

7.4.3　建模

建模的目标就是找到推荐官的人物画像，本章选择因果森林作为主要的模型。

因果森林是随机森林的扩展，其设计目标是估计个体化的处置效应（Individual Treatment Effects，ITEs）。因果森林与随机森林都由多棵树组成。然而，不同于随机森林中的每棵树都是预测回归或分类的决策树，因果森林中的每棵树都是一棵因果树，旨在估算满足叶子节点规则的人群的平均处理效应。在传统回归树中，分裂准则是通过选择使数据集均方误差（Mean Squared Error，MSE）最小化的方式进行分裂的。相反，因果树的分裂准则通过**最大化分裂后两个子集间的效应差异**（即"提升值"，uplift）来选择分裂方式。这样的方式能够更加有效地区分提升值高的用户与提升值低的用户，同时保证每个子集的样本数量相对均匀。这种分裂方式不仅提高了因果效应的精准度，还确保了模型的稳健性和推广能力。

在该案例中，可以调用 Python 的 econml 库来使用因果森林模型。同时需要指定模型使用的三种变量：

（1）混杂变量：除了表 7-1 中的"是否为推荐官"和"推荐官业绩单量"，其余预处理后的变量均作为混杂变量。

（2）处理变量：即表 7-1 中的"是否为推荐官"。

（3）最终结果：即表 7-1 中的"推荐官业绩单量"。

然后将数据分割成训练集和测试集，同时为了保证数据的分流结果在训练集和测试集中的分布相似，这里使用了倾向得分来划分数据，具体操作步骤可以参考 5.3.1 节。

7.4.4 结论

对于因果森林，通常采用可视化其树状图的结果来分析画像，这里使用其内置方法进行可视化，可以得到不同维度下的结果。

如图 7-14 所示，推荐官画像为年龄大于 25 岁且已婚，用户个人下单量大于 19.5 单/月。这类人群成为推荐官后，可以带来的单量增长大约是 70 单/月。分析原因如下：

（1）年龄。25 岁以上人群大都已完成学业进入职场，其社会关系既包含横向层次的同事、行业伙伴等，又包含纵向层次的下属等。

（2）行为数据。用户个人下单量超过 19.5 单/月（日均接近 1 单）表明用户已形成稳定的物流使用习惯，推测可能从事微商等副业，或承担家庭物资采购职责。高频次服务接触使其成为"行走的服务体验官"，对时效、价格、操作流程等细节的敏感度极高，易在社交场景中自然建立产品口碑。

（3）婚姻状态。已婚群体成为推荐官具有两方面的优势，对内往往主导全家快递选择（如母婴用品、家电置换的物流需求），对外则可能活跃在社区业主群等，其推荐行为自带一定的影响力。

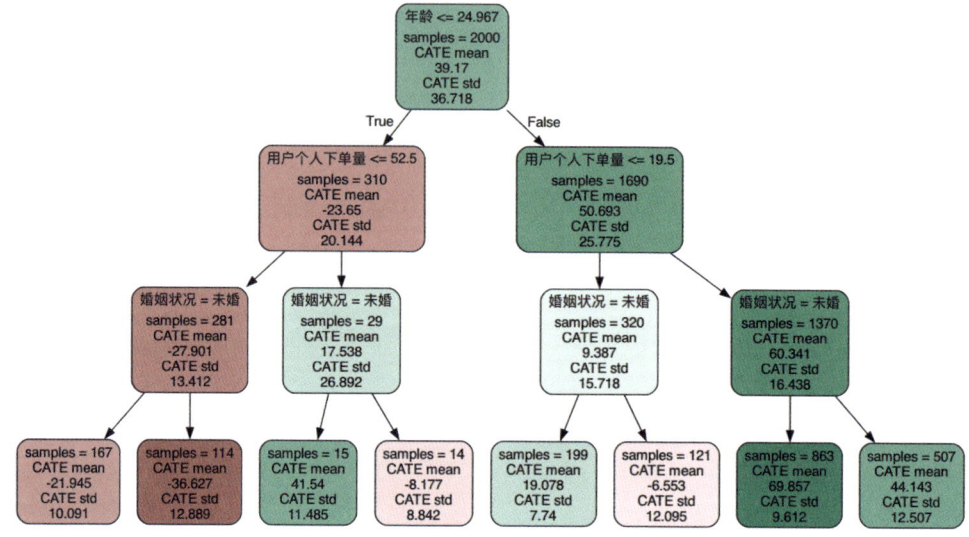

图 7-14　推荐官画像树状图

7.5　本章小结

在当今激烈的市场竞争环境下，挖掘新带客群体成为众多企业营销的核心任务。为了实现用户数量的快速增长与市场份额的有效拓展，企业积极采用裂变营销模式，充分融合用户自身属性数据及场地等地理数据，同时借助大数据分析、社交网络传播等技术手段，通过创新性的"用户社交裂变"方式优化营销转化路径。

精准筛选策略的科学评估对于提升营销效果、优化资源配置与实现企业可持续发展至关重要。因果森林作为前沿的数据分析方法，能够处理复杂的高维数据，通过构建决策树森林模型，精准识别不同用户群体及地域特征对营销裂变的异质性影响，实现对潜在的优质带客群体的精准筛选。

本章通过实际案例展示了因果森林驱动的精准筛选策略在裂变营销中的显著应用成效。通过结合有效的数据预处理与模型优化手段，成功验证了精准筛选策略对新带客群体增长及转化的积极推动作用，为大规模商业化推广提供了有力的数据依据与实践经验。这一研究为各行业的裂变营销实践提供了科学的方法论指导，具有较高的推广应用价值。

第8章
CHAPTER 8

促销：电商促销策略

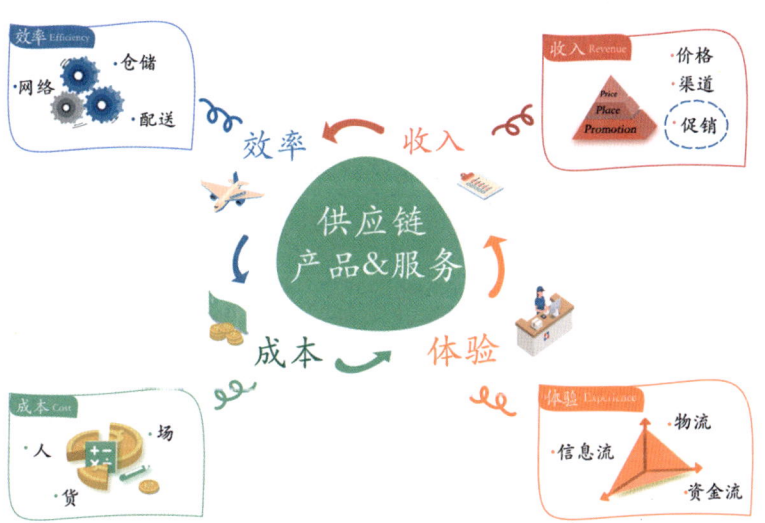

图 8-1 电商促销策略

下面进入"收入"部分的"促销"章节，如图 8-1 所示。本章以电商促销策略为例，介绍如何通过数据分析和建模，预估促销收益，更合理地制定促销策略，提升销售收入。

8.1 背景介绍

8.1.1 促销活动的商业价值

随着互联网基础设施的全面普及和移动支付技术的突破性发展，中国电商行业经历了从萌芽到繁荣的跨越式成长。国家统计局数据显示，2023 年全国网上零售额突破 15 万亿元人民币，充分彰显数字经济对消费的拉动效应，这促使传统零售企业加速全渠道布局。

在竞争加剧的数字化商业时代，电商企业盈利能力的提升已从单一价格竞争转向供应链全链路效率博弈。实证研究表明，企业实现利润倍增主要依托三个战略维度：其一，通过规模采购降低边际成本；其二，借助产品创新提升溢价空间；其三，利用精准促销加速库存周转。值得注意的是，前两项策略的效能最终仍需通过终端销售转化实现价值闭环，这使得促销活动成为现代商业运营的核心抓手。通过结合大数据分析和精准营销技术，促销活动能让企业实现更高的转化率和投资回报率，推动企业实现盈利增长和可持续发展。

8.1.2 促销策略的设计框架

电商企业在促销活动组织过程中普遍面临"高频低效"的运营困境。电商企业既想通过促销活动提高短期销量，又要借此强化品牌调性，这两个维度的运营目标往往形成矛盾；而价格让利带来的即时转化，如何延伸为可持续的消费黏性，更是行业普遍存在的落地难题。本章通过分析典型商业案例，具体阐述促销策略的设计方法。

肯德基的"疯狂星期四"通过构建周期性消费节点，创造性地将价格杠杆转化为客户心智占领工具。其核心策略体现为：高频次（每周四固定档期）强化消费记忆；爆款单品折扣（如黄金鸡块）制造传播爆点；套餐组合优惠提升客单价。据官方披露，2023 年第三季度中周四的销售额已比其他工作日的销售额高出约 40%。

相较之下，某运动品牌的"夏季清仓大促"展现了另一种策略范式：弹性促销周期（7 天限时）营造紧迫感；阶梯式优惠设计（基础 5 折+满赠+会员专属折扣）实现客群分层触达；动态库存管理（"今日特价"机制）加速滞销品周转。

活动期间，该运动品牌的销售额增长超过 160%，连带库存周转率提升 187%，验证了促销策略与供应链协同的重要性。

基于上述实践启示，完备的促销计划需要遵循五维决策框架：

（1）战略导向：明确清库存、拓市场、塑品牌等核心目标，据波士顿咨询研究，目标明确的促销活动可以提高投资回报率。

（2）客群洞察：实施精细化客群分层运营，基于价格敏感型、品牌忠诚型、品质导向型等客户画像特征，制定差异化促销策略。

（3）商品适配：结合商品生命周期制定促销节奏，如服饰行业清仓多选择季末前 14~21 天。

（4）策略组合：构建折扣、满减、满赠等多元化促销策略组合，优惠叠加可促进转化率提升。

（5）收益测算：量化活动损益，设置目标收益阈值，预估促销效果以控制风险。

当前商家的决策路径通常表现为：基于近期销售数据和库存周转指标，结合历史经验对维度 1 至 4 进行策略配置，随后通过维度 5 进行可行性评估。然而由于商品价格变化对需求影响的估计不够准确，以及消费者行为的不确定性，传统经验式预估常出现偏差。因此，本章重点通过数据分析和建模来估计促销策略的预期收益，以辅助商家制定促销方案。

8.2 问题描述

在电商零售中，商家需要采取积极的营销策略来吸引消费者，其中组织集中的促销活动是较为常见的方法。评估促销效果的关键指标是销量，因此在制订活动计划时，对销量的准确预估将有助于评估促销活动的成本和收益，进而通过调整促销策略尽可能地将利润最大化。此外，提前预估商品的销量也能尽早通知上游备货，以避免缺货导致销售目标未达成的情况。

然而，销量预估是一个复杂的问题，销量变化受到多种因素的影响，包括促销活动、节假日、季节变化等。传统的人工预估方法过于依赖经验和直觉，容易出现偏差，而使用历史均值等简单统计方法也无法充分考虑这些复杂的影响因素，导致预估结果的颗粒度和精度都难以满足精细化管理的要求。

因此，为了更好地应对这些挑战，提高销量预估的准确性和可靠性，需要转向基于数据驱动的方法，利用大数据和机器学习技术，建立一个综合考虑多种因素的销量预估模型。该模型能够从历史销售数据、促销活动数据等多个输入项中挖掘深层次的规律和模式,实现对未来销量的精确预估。这将为商家提供可靠的决策支持,帮助他们制定更为合理和有效的促销策略,优化库存管理,提升客户满意度,进而增强自身的市场竞争力。

8.3 解决方案

8.3.1 整体框架

在促销前预估促销期间的销量主要依据促销活动计划及历史促销期间的数据,包括历史销量数据及其他活动相关数据。本章通过引入历史销量数据、历史价格数据、历史促销活动等,建立促销销量预估模型,在商家给出未来促销计划时,对未来的促销效果进行估计。

具体的解决方案如图 8-2 所示,整体分为数据预处理、数据分析、模型搭建、促销效益估计四个部分。数据预处理和数据分析是模型搭建的基础,而模型搭建是为了最终估计促销效益。在数据分析部分,首先需要对历史销量的变化进行分析,而天维度的销量来源于订单销量的聚合,因此先对订单维度的数据进行分析和处理,之后再聚合到天维度进行分析。对销量数据进行分析之后,还需要引入能够解释销量变化的其他因素,在本章中主要考虑的是促销相关因素,分析价格和促销活动等因素对销量变化的影响。在数据分析工作完成后,依据分析结果进行特征提取与模型构建。随后,在获得促销计划时,可以利用已构建的模型,输出相应的促销效益估计结果,商家结合促销目标及预估销售情况再调整促销策略。

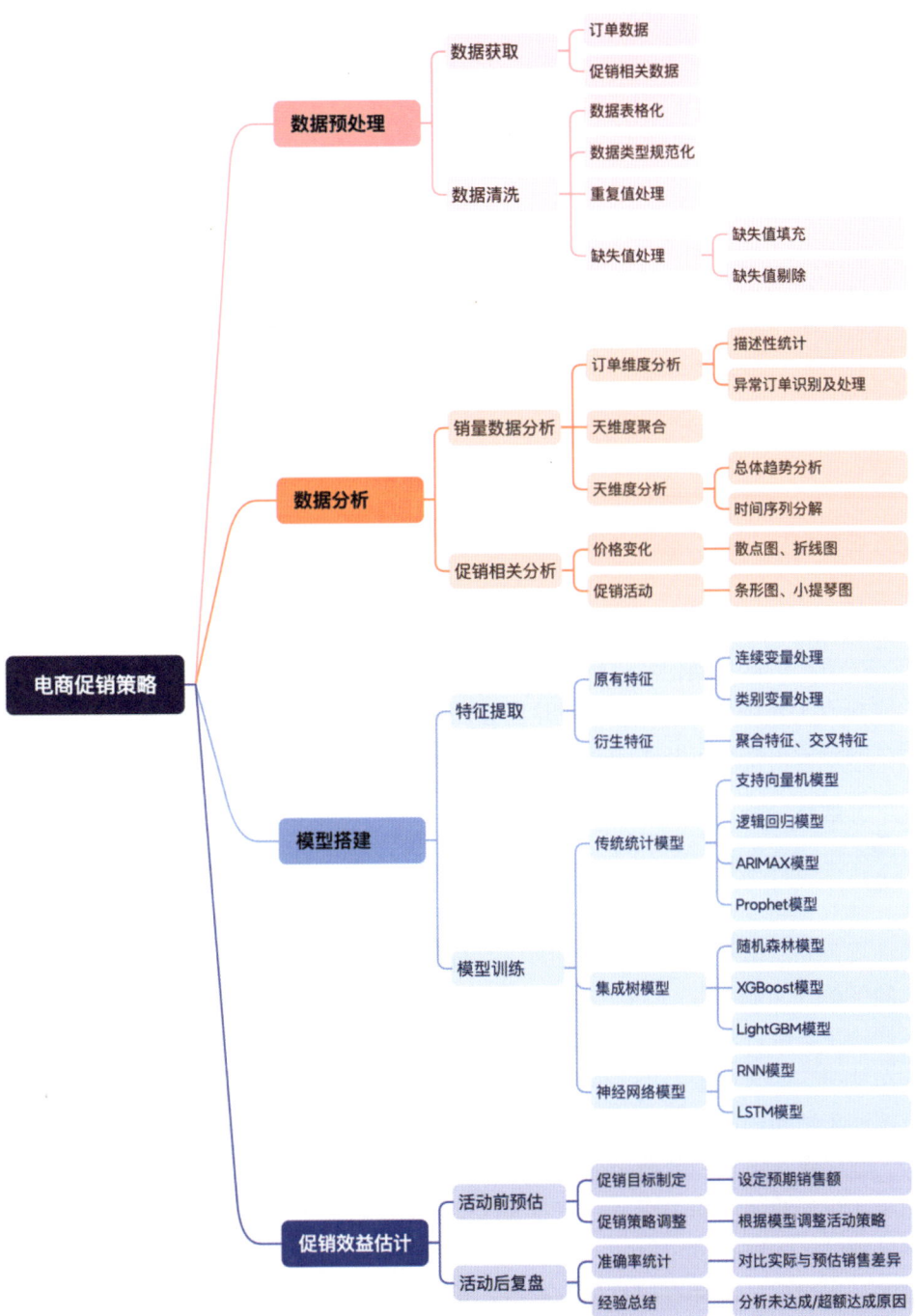

图 8-2 电商促销策略解决方案

8.3.2 实现方法

基于上述思路，本节整理了从数据获取到完成建模目标之间可能需要的数据分析方法和建模方法。

1. 数据预处理

通常，历史数据通过人工采集或从数据库中提取来获得。数据库中的数据一般较为规范，而人工采集的数据在规范性上相对逊色。若数据存在不规范之处，则在进行数据分析之前，必须对数据进行清洗。数据清洗是数据预处理流程中的核心环节，其目标在于提升数据的质量和精确度。

一般数据清洗的第一步是将数据整理成标准的表格形式，其中可能包括数据分列、空行空列删除、列名整理等步骤；第二步是将数据类型规范化，例如日期格式统一、数值型变量转化等；第三步是识别并处理数据中的重复值和缺失值。在订单数据中，若发现重复的订单记录，则应进行去重处理。对于缺失值的处理，通常遵循以下策略：首先尝试填充缺失值，在填充操作不可行且对分析影响不大的情况下，再考虑删除这些数据。具体来说，如果数据按时间顺序排列，那么时间缺失值可以通过插值法进行填充；对于订单销量数据的缺失，可以采用众数填充或插值法来估算缺失值。通过这些方法，可以显著提升数据集的整体质量，为后续的分析工作奠定坚实的基础。

2. 数据分析

在进行订单数据分析时，首先可以运用描述性统计工具来提炼数据的关键特征。针对分类变量，统计各类商品的数量，以洞察商品种类的丰富度；同时，通过计算各商品出现的频次，识别哪些商品在销售过程中尤为突出。此外，分析订单的下单日期范围有助于确定数据的时间覆盖范围。更进一步，通过分析订单的平均销量、中位数和销量标准差，可以了解订单销量（订单内商品销售数量）的分布情况。而数据来源于不同的店铺，通过计算各店铺的中位数销量等，可以揭示不同店铺间的业绩差异。

紧接着，识别和处理异常订单是数据分析的关键步骤。历史数据中可能存在的录入错误或偶然的大额采购会导致订单数据与其他记录出现显著差异，从而影响分析结果的准确性。为此，可以运用箱线图等可视化工具，分析订单中下单数量的分布情况，若存在明显的离群点，则需要使用 Z 分数（Z-score）等方法找出异常值，然后通过替换或者剔除的方式进行异常值处理，确保数据的纯净性和分析结果的可靠性。

在进行异常值处理后，将订单数据按维度和日期进行聚合，统计每个维度每天的销量总和。利用统计图，如折线图和柱状图，可以直观展示销量随时间变化的趋势，判断销量是否存在增长或下降，并初步分析节假日或促销等因素对销量的影响。

为了进一步进行深入分析，可以引入促销活动类型、价格变动等解释因素，使用交叉分析来探究不同促销活动对销量的影响。根据促销活动类型、价格区间等对订单进行分组，分析不同组别的销量情况，从而揭示促销策略与销售业绩之间的关系。

3. 模型搭建

完成数据分析后，根据分析结果进行特征提取，这是模型构建的关键步骤，此步骤旨在从原始数据中提炼或创造新的特征，从而显著提升模型对数据的解读和预估能力。

在特征转换方面，首先对连续数值特征实施归一化或标准化处理，以确保数据的一致性和模型的稳定性，处理方式包括 Min-Max 和 Z-score 方法等。同时，对于不能处理类别变量的模型，需要对类别特征进行数值化处理，通过独热编码（One Hot Encoding）或标签编码（Label Encoding）将非数值特征转化为模型可以处理的数值形式。另外，还有一些衍生特征，例如从日期数据中派生出的新特征，如月份、星期几、节假日、季节等。为了进一步优化特征集，还可以通过组合两个或多个特征来创建新的特征，例如将星期和销量组合成新的特征。

在模型训练方面，可以选择传统统计模型、集成树模型、神经网络模型等模型。值得注意的是，为了获得更好的模型拟合效果，统计模型必须能够支持促销相关特征的引入，因为单纯依赖销量数据进行建模难以捕捉促销期间销量变化的规律。另外，通过模型评估特征的重要性，能够识别并删除冗余特征，仅保留对预估目标至关重要的特征。这一过程不仅提高了模型的预估精度，还减少了过拟合的风险。选择和提炼最能代表数据特征和预估目标的信息后，可以构建一个销量预估模型。这个模型能够捕捉销量变化的关键模式，并用于预估未来促销活动的效益。

4. 促销效益估计

商家在促销活动开始前，需要设定合理的促销目标，例如目标销售额等，以指导促销策略的制定。将初步的促销策略输入销量预估模型可以得到相应的促销销量预估结果。根据其预估促销目标的达成情况，若未达成目标，则需要调整促销策略，选择达成情况最优的策略作为最终的促销策略。

在促销活动结束后，为了评估销量预估模型的准确性，利用平均绝对百分比误差（Mean Absolute Percentage Error，MAPE）、对称平均绝对百分比误差（Symmetric Mean Absolute Percentage Error，sMAPE）、加权平均绝对百分比误差（Weighted Mean Absolute Percentage Error，wMAPE）等误差衡量指标，对比实际销售情况与预估销售情况。同时，分析销量未达成或超额达成的原因，将当前模型未涉及的关键因素纳入模型考量范畴，总结经验与教训，在未来制定更合理的促销策略。

8.4 案例分析

本节结合前面介绍的数据科学方法，对促销策略制定方案进行详细说明。具体来讲，首先对历史订单、价格、节假日、促销活动等数据加以处理和分析，识别出对销量变化具有影响的关键因素；接着基于分析结果构建销量预估模型；最后依照商家给出的促销计划输出促销期间的销量预估值，供商家在调整促销策略时参考。

8.4.1 数据预处理

本节使用的历史销量数据源于订单数据表，订单数据样例如表 8-1 所示。每一笔订单包含该订单的下单日期、下单数量（对于商家来说，该字段为订单销量）、订单状态等信息，仅提取订单状态为"已收货"的历史数据，即已完成销售的订单数据，进行处理分析。

表 8-1 订单数据样例

店铺编码	商品编码	下单日期	下单数量（件）	订单状态
S001	X001	2023-01-01	2	已收货
S002	X003	2023-01-03	1	已收货
S001	X003	2023-01-02	1	已取消

首先整体浏览数据表，以了解数据字段的格式和数据缺失情况。在初步检查中，未发现缺失值，随后需要对数据中的各个变量进行深入探查。对于店铺编码和商品编码字段，获取其所有枚举值或者枚举值的个数。对于下单日期字段，均符合日期格式，并且明确了数据涵盖的日期范围。对于订单销量字段，均为大于 0 的整数，符合实际情况。

8.4.2 数据分析

1. 销量数据分析

1）订单维度分析

首先，通过计算均值、标准差、分位数等了解订单销量的分布情况。经统计，订单销量的最小值为1，最大值为30，中位数为2，均值约为1.73，标准差约为0.75，说明大部分订单的销量为1~2件，但也存在一些销量较高的订单数据。进一步地，通过同时分析多个变量来发现数据中的潜在规律。如图8-3所示，通过绘制分组箱线图可以比较各店铺的订单销量的分布情况。在图8-3中，各店铺的订单销量的分布均较为集中，大部分都在10件以内，而编码为"S004"的店铺出现过较大的离群值，编码为"S002"的店铺的离群值最少。

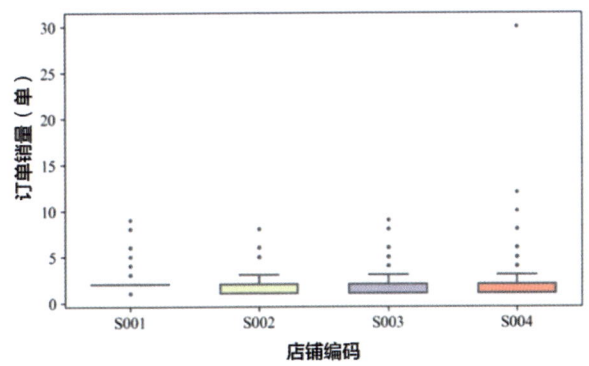

图 8-3 各店铺的订单销量的分布情况

以出现过订单销量为30件的店铺商品为例，查看其不同销量的销售频次，如图8-4所示。从图8-4中可以观察到，该商品的订单销量大多集中在1~3件，而订单销量超过20件的情况仅发生过1次。由于这一销量显著高于该商品的常规销量水平，且频次极低，可以认为是异常数据。这类数据可能是录入错误、系统异常或其他特殊情况导致的，需要进行异常值处理。

传统的异常订单识别方式主要是通过设定一个固定的销量阈值来筛选出可疑订单。这种做法虽然简单易行，但在实际应用中却显示出明显的局限性。例如，对于一些经常组织团购活动的店铺来说，其订单的销量水平往往显著高于普通店铺，这种差异使得统一阈值的设定显得过于武断。此外，不同商品种类的市场需求各异，其订单的平均销量也存在较大差异，采用单一的销量阈值显然无法准确反映这种多样性。并且单纯依赖阈值法可能会导致以下问题：一方面，过高的阈值可能会在识别过程中遗漏一些异常订单；另一方面，过低的阈值又可能将大量的正常订单错误地识别为异常订单。

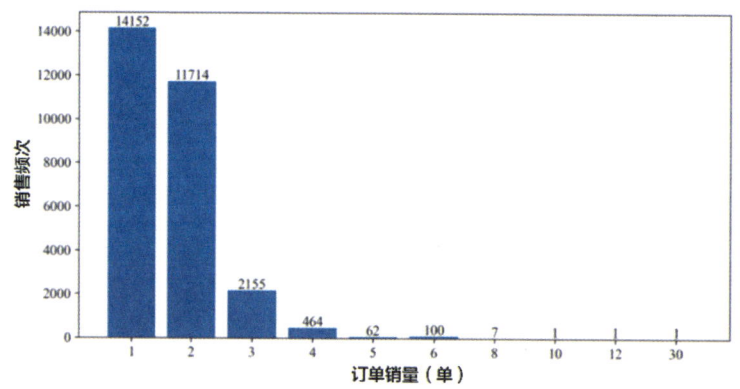

图 8-4　订单销量频次统计

针对上述问题，通常采取在店铺与商品的复合维度上，依据历史销售数据动态地设定阈值的策略。换言之，不同店铺与商品组合可拥有各自独特的阈值，同时，在实际应用中随着销售行为的不断发生，订单数据不断增加，同一店铺与商品组合的阈值也可能会因数据更新导致与先前的运算结果出现差异。这种方法旨在实现更为精准的销售数据分析，从而更有效地识别异常值。

在实践中，可以借鉴 Z-score 方法来识别异常值。具体来说，在店铺维度，根据历史订单中每个商品的销量分布计算 Z 分数，并将其与预设的阈值进行对比。若 Z 分数超过该阈值，则判定该订单为异常订单。本节并未采用绝对值超过阈值的标准，因为在本案例中，仅关注销售件数异常多的订单。此外，为了防止销量数据波动较小（即方差较低）导致某些正常订单因计算出的 Z 分数偏高而被误判为异常，引入了"销量均值倍数"的控制机制，仅当订单销量超过指定倍数的销量均值时，才将其识别为异常。例如，假设某店铺某商品的历史销售数据为 1000 次销售 1 件、500 次销售 2 件、20 次销售 3 件。在 Z 分数阈值设为 3 的情况下，销售 3 件的订单可能被误判为异常。通过引入销量均值倍数的控制机制，可以有效避免此类误判的情况。

通过实现上述方法，能够依据各个店铺和商品组合的具体情况，更准确地区分正常订单与异常订单。在识别出异常订单之后，一般有两种处理方式，一种是直接删除异常订单数据，另一种是基于店铺与商品唯一匹配的颗粒度（如店铺 A-商品 X、店铺 B-商品 Y，以下简称店铺商品组合），将异常销量修正为该颗粒度下订单销量中位数。在不影响整体销量的情况下，出于简化处理过程的考虑，倾向于选择第一种方式。

2）天维度聚合

为了深入分析天维度的历史销量数据，需要依据订单数据中的下单日期信息统计不同店铺商品组合在每一天的累计销售总量。部分店铺商品组合并不是每天都有销售订单，因此为了保证日期上的连续性，需要对缺失日期的销量进行补零处理。

3）销量维度分析

对订单数据进行上述处理之后，得到了天维度的历史销量数据。为了探查目标商家的整体销量情况，按日对全部店铺商品组合的销量进行汇总，构建了一个日维度的时间序列，反映了总销量随时间变化的趋势。此外，随着时间的推移，有销售的店铺商品组合的数量可能也在不断变化，对这一变化进行统计，形成了店铺商品组合数量的时间序列。通过绘制双轴折线图，可以观察并分析这两个时间序列的动态变化及其趋势，如图 8-5 所示。

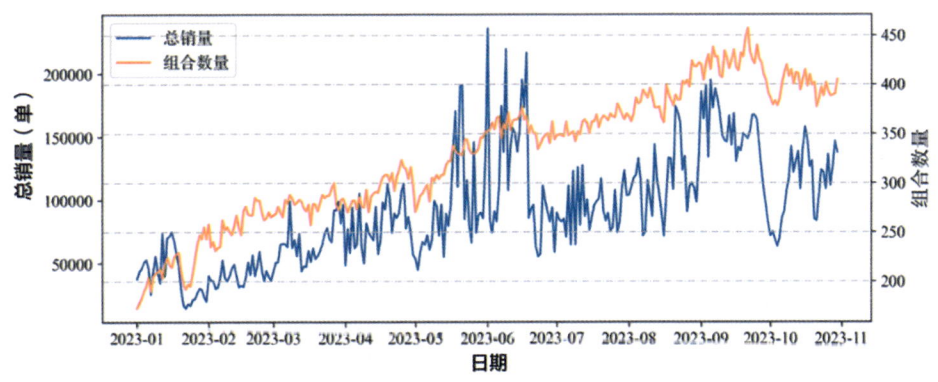

图 8-5　总销量-店铺商品组合数量的变化趋势

从图 8-5 可以看出，目标商家在 2023 年的总销量和店铺商品组合数量在整体上均呈上升趋势。同时注意到，总销量的波动非常大（图中蓝色部分），这可能与店铺商品组合数量的增加及促销活动变化有关。

在总销量和店铺商品组合数量均呈现上升趋势的情况下，难以判断销售总量的增长是否仅由店铺商品组合数量的增加所驱动，还是各个店铺商品组合的销量亦有所上升。为了排除商品组合数量增加对销量变化的干扰，采用以下方法进行数据分析：将每日总销量除以每日实际产生销售的店铺商品组合数量，从而得出每日平均每个店铺商品组合的销量。通过这种方式，可以更准确地观察并分析单个商品组合销量随时间推移的变化趋势，以便深入理解销售动态。

从每个店铺商品组合的单日平均销量变化来看，没有明显的上升趋势，但波动依然很大，存在春节、国庆节期间销量下滑，以及部分月份有不规则的销量波峰的情况，如图 8-6 所示。

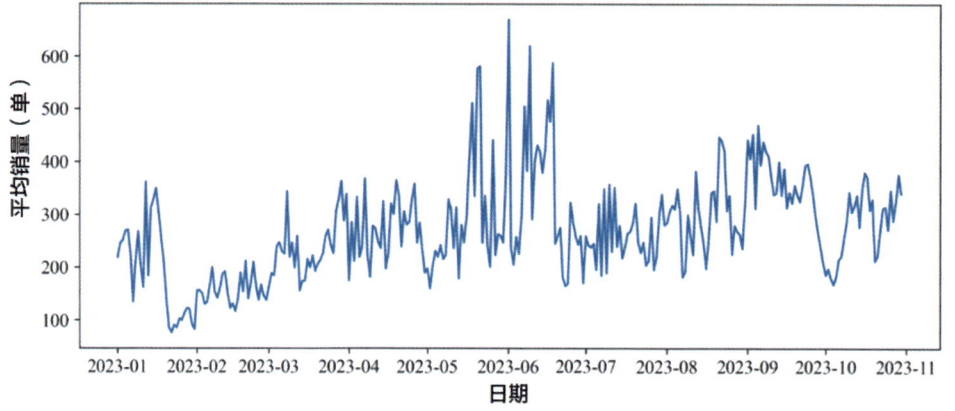

图 8-6　平均销量变化趋势

4）节假日效应分析

为了深入分析节假日与平日销量的水平差异，引入了 2023 年我国节假日的相关数据，如表 8-2 所示。

表 8-2　2023 年我国节假日相关数据

节日名称	开始日期	节假日天数
春节	2023-01-21	7
清明节	2023-04-05	1
劳动节	2023-04-29	5
端午节	2023-06-22	3
中秋节和国庆节	2023-09-29	8

对节假日数据进行处理后，将每个日期对应的节假日信息与销售数据进行匹配，进而统计了节假日期间和非节假日期间的平均销量水平，如图 8-7 所示。

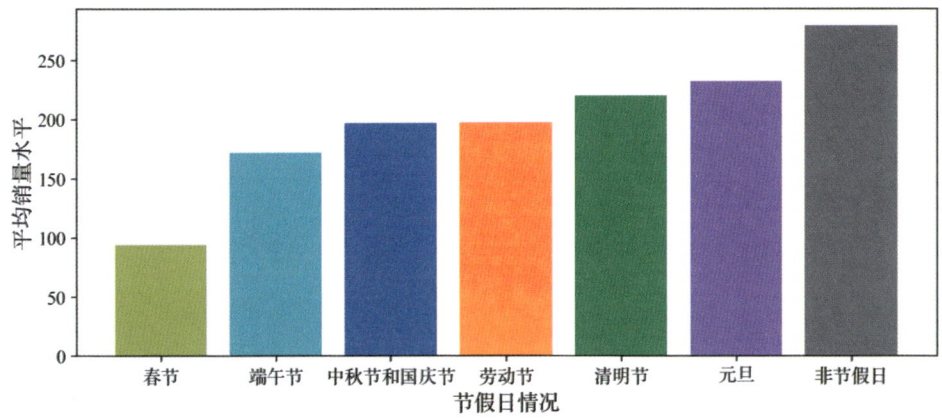

图 8-7　各节假日与非假日期间的平均销量水平

可以发现，相较非节假日，各节假日期间的销量水平均有一定程度的降低，其中春节期间销量降低的现象最为显著，为全年各节假日中销量最低的时段，这一现象充分体现了消费者行为变化对电商销售业绩的显著影响。

2. 促销相关分析

根据前面的分析，注意到整体销量数据呈现出显著的波动性，这些波动无法仅凭历史销量数据来解释。因此，本节引入其他数据以解析这些销量波动。具体而言，商品销量不仅与商品本身的特性相关，而且受到平台或商家组织的营销活动影响，例如商家可能通过打折活动或参与平台满减促销等措施来激发消费者购买行为。

为了分析价格或促销活动变化时的销量变化情况，收集到部分商品的历史价格数据及其参与的促销活动数据。以店铺 S001 中商品 X002 的数据为例，如表 8-3 所示。第一行表示该商品在日期 2023-01-01 的页面价格为 19.95 元，并且没有参与任何打折促销、优惠券促销和平台活动（以 0 标识），第三行表示该商品在 2023-01-03 参与了优惠券促销活动（以 1 标识）。

表 8-3　促销相关数据样例

店铺编码	商品编码	日期	价格（元）	打折促销	优惠券促销	平台促销
S001	X002	2023-01-01	19.95	0	0	0
S001	X002	2023-01-02	19.95	0	0	0
S001	X002	2023-01-03	19.95	0	1	0

将目标商品的销量数据与价格数据按日期匹配之后，绘制折线图来分析其价格变化对销量的影响，如图 8-8 所示。总体来看，价格较低的时间点对应的销量较高，特别是 6 月出现销量波峰的时间点，其价格显著低于平均价格。但销量的波动也不仅仅由价格变化决定，例如 9 月下旬其价格基本保持相同水平，但销量出现了较大波动。

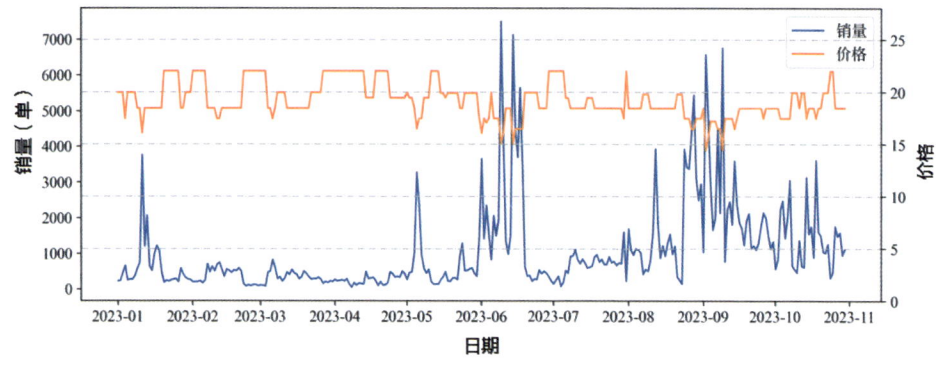

图 8-8　销量-价格变化趋势

此外，还统计了该商品参与各促销活动的天数，如图 8-9 所示。对比三种促销活动的参与天数，参与打折促销的天数最多，优惠券促销的天数次之。而整体上三种促销活动的参与天数占比均不高。

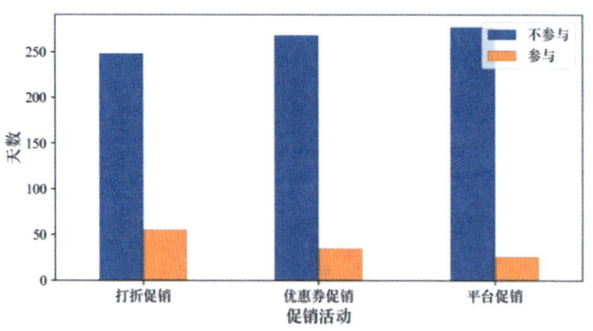

图 8-9　参与各促销活动的天数统计

为了探索促销活动对销量的影响，统计了每种促销活动对应的平均销量，如图 8-10 所示。考虑到该商品存在同时参与多种促销活动的情况，对促销活动进行了细化。例如，当促销活动为"打折-平台"时，表示该商品同时参与了打折促销和平台促销，但没有参与优惠券促销。

第 8 章 促销：电商促销策略

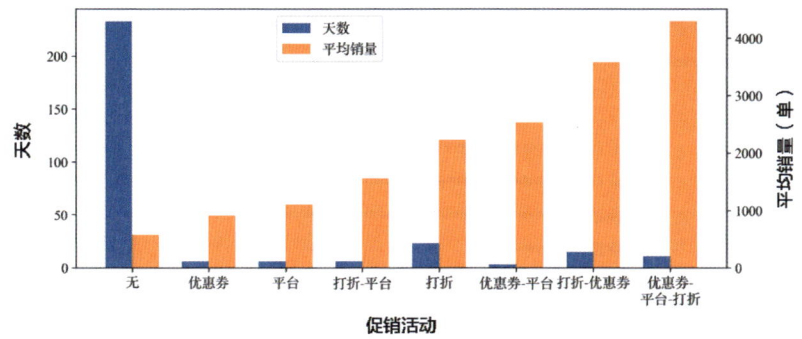

图 8-10 各促销活动参与天数与平均销量对比

整体对比来看，同时参与三种促销活动时的平均销量最高，其次是仅同时参与打折促销和优惠券促销的情况。而从仅参与一种促销活动的数据来看，打折促销相较其他两种活动带来的销量增长更为明显。这说明该商品参与打折促销对消费者的吸引力较大，能够有效提升销量。因此，建议商家在制订促销计划时，优先考虑打折促销策略。此外，虽然同时参与三种促销活动的平均销量最高，但需要综合考虑促销成本和利润率。如果预算较低，则可以选择在电商平台组织促销活动期间，采用平台促销结合优惠券促销的方式，以达到较好的促销效果。

8.4.3 销量预估

商家在组织促销活动之前，通常会对促销期间的销量进行预估，以便通知上游提前生产和备货。然而，通过数据分析，可以发现价格、促销活动和节假日等因素都会对销量产生影响，商家难以准确把握其中某一因素的变化对整体销量的具体影响。例如，当价格分别调整为 38 元和 42 元时，销量可能会有显著差异。为了制定更有效的促销策略，商家可以输入未来的促销计划，销量预估模型将生成相应的销量预估值。如果预估结果不符合预期，或者总体利润未达到目标，那么商家可以提前调整促销计划，以优化整体效果。

首先，将历史销量数据、价格数据、促销活动数据、节假日数据整合在一起，并经过特征加工形成训练数据集。其中，销量为模型的训练目标，其余变量为模型训练所使用的特征。

利用训练集数据进行模型训练之后，分析特征重要性以了解各个特征对模型预估结果的影响程度。如图 8-11 所示，横轴表示基于特征增益计算的重要性程度，纵轴为按照重要性排序后的特征，重要性值最高的特征位于图 8-11 的顶部，其中横轴右端的 1e7 表示横轴数字的单位是 1×10^7。在训练特征中，对销量估计影响最大的是价格，其次是优惠券促销，这说明页面价格设置和优惠券的发放对商品销售的达成情况有很大影响。

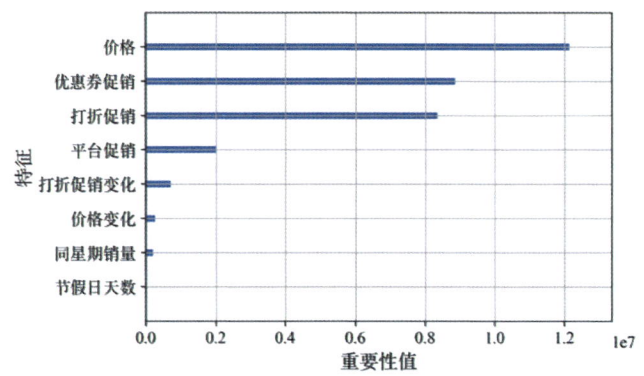

图 8-11　销量预估模型的特征重要性

以估计 2023 年双 11 前后的销量为目标，在输入促销计划之后，得到了销量预估值。在图 8-12 中，蓝线表示预估销量，而底部的柱状图则展示了商家计划参与的促销活动。例如，2023-11-01 只有蓝色标识，表明当天商家仅计划参与平台活动，而没有进行打折或发放优惠券。整体来看，2023-10-31 至 2023-11-11 期间的预估销量水平较高，与该期间商家参与的促销活动较多有关。而商家在 2023-11-12 之后不参与任一促销活动，预估的销量也显著下降。另外，在 2023-11-07 至 2023-11-11 期间，商家计划持续进行打折促销活动，因此该期间预估销量水平显著高于双 11 期间的其他时间段。

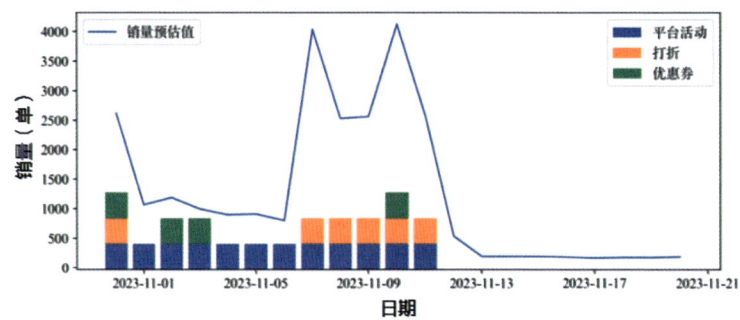

图 8-12　双 11 促销计划及销量预估

8.4.4　结论

总体而言，预估的销量已基本符合商家的预期目标。商家依循计划，成功组织了双 11 期间的促销活动。活动结束后，收集到促销期间的实际销量数据，并与活动开始前的预估值进行了细致对比。如图 8-13 所示，实际销量与预估销量的变化趋势大体一致，尤其在 2023-10-31、2023-11-07、2023-11-10，销量均显现出明显的峰值。以 1-MAPE 作为准确率衡量指标，总销量预估准确率达到了 90%。但需要注意的是，2023-11-02 和 2023-11-03 的销量超出了预期。对此现象进行深入分析可以了解到，商家在不同活动中发放优惠券的优惠金额不同，仅依据是否参与优惠券促销来训练模型可能会导致一定的偏差。因此，可以考虑引入优惠券金额等特征进行模型迭代，从而使模型可以更好地应用于促销策略的调整。

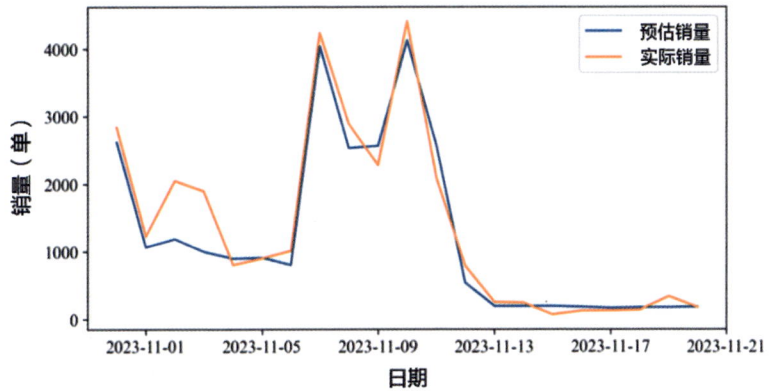

图 8-13 促销期间实际销量与预估销量对比

8.5 本章小结

本章聚焦于电商零售领域的促销场景，运用数据科学方法实现了促销期间的销量预估，助力商家在制定促销策略时更好地评估预期成本和收益。这种方法不仅能够帮助商家提升促销期间的盈利能力，同时能够帮助商家优化库存管理，有效降低缺货风险和库存成本。

在案例分析中可以看到，原始订单数据中存在一些订单销量异常高的数据，这在零售行业中是常见的现象，因此，需要掌握识别和处理异常订单的技巧。另外，在天维度销量分析中，注意到部分时间段的销量波动非常大，因此引入了价格数据、促销活动数据、节假日数据，以解释这些波动产生的原因。在实践操作中，根据数据的可获取性，可能需要灵活调整模型使用的外部特征。例如，如果可以获取广告投放数据、会员数据等其他相关信息，那么这些数据也可能对提升模型效果有所贡献。

第9章
CHAPTER 9

仓储：商品存储策略

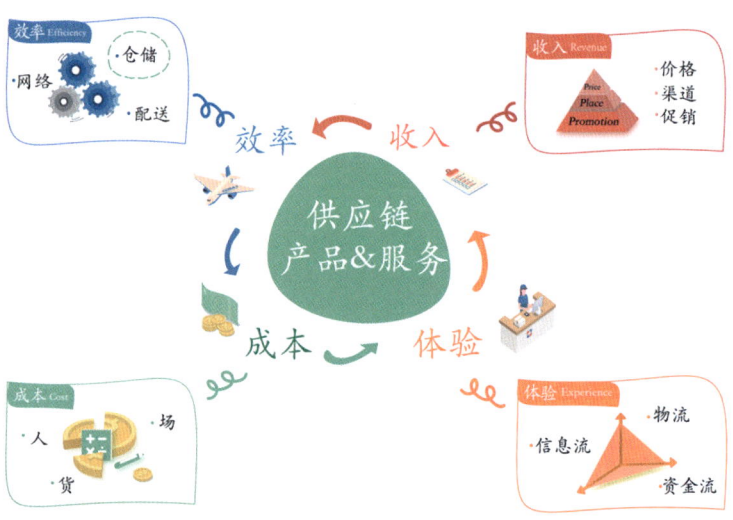

图 9-1　商品存储策略

下面进入"效率"部分的"仓储"章节，如图 9-1 所示。本章以商品存储策略为例，介绍在供应链仓库管理中，如何通过科学的商品存储策略，有效地提升拣货与补货等仓内多个环节的效率。

9.1 背景介绍

仓储管理作为供应链的重要组成部分，对供应链整体效率有着重要的影响。在高效的仓储管理体系中，不仅能够通过优化库存配置降低库存成本和缩短订单响应时间，还能通过流程优化减少操作失误，从而显著提升客户满意度和供应链整体稳定性。

仓储管理包括商品的入库、在库和出库三个核心环节。科学的在库布局是提升仓储效率的关键。通过科学的商品存储策略，可以减少商品的搬运次数和搬运距离，提高出库与入库的操作效率，降低出错率。

9.1.1 传统存储策略

存储策略是指如何给商品分配存储位置。良好的存储策略可以降低库内各环节的作业时长，最大限度地利用仓库空间。传统存储策略主要有定位存储、随机存储和分类随机存储。

（1）定位存储：每种商品存储在固定储位，商品之间不能互用储位。优点是便于拣货员、盘点员等仓库作业人员熟练掌握商品所在的位置，提高作业效率；缺点是空间利用率低，即使某储位存放的商品很少，甚至为空，也需要保留储位。该存储策略适用于医疗器械仓库等需要严格管控的场景。

（2）随机存储：每种商品存储时从可用空储位中随机选择储位。优点是简单易行，空间利用率高，入库效率快。缺点是商品的存放储位经常变化，导致仓内拣货盘点等作业的效率下降，同时相同类型的商品可能被放在不同的区域，不利于管理。该存储策略适用于小型电商临时仓库。

（3）分类随机存储：将商品按照特定规则分类，每类商品存储在指定区域，每个区域内随机存储。商品的分类可按拣货次数、商品特性等方式划分。优点是在保证一定的空间利用率的前提下，减少商品的拣货距离，提高出库效率；缺点是上架补货的距离会小幅度增加，对于季节性强的商品需要反复调整存储位置。该存储策略适用于大型物流中心。

9.1.2 多级库存存储策略

1. 业务痛点分析

在现代仓储管理中，面对快速变化的市场和客户需求，传统的存储策略已难以满足高效作业的需求。传统仓储策略常面临以下痛点：

（1）拣货效率低：畅销品分散存放，拣货路径冗长，导致订单处理速度受限。

（2）补货效率低：补货路径规划不合理，补货人员需要在仓库中频繁往返。

（3）空间利用率低：仓库布局规划粗放，货架闲置率高，存储密度不足。

因此，现代仓储需要结合数据驱动的方法，动态调整存储策略。依据帕累托原则，即 80%的销量集中在 20%的商品上，本章优先锁定畅销品并将其作为仓储管理的重点，实现效率与成本的平衡。

2. 具体方案

基于上述业务痛点，本章重点介绍多级库存存储策略。该策略作为分类随机存储的一种创新变种，将保管区的最下层划定为专门的快速拣选区，将原先保管区与零拣区的两级库存扩展为三级库存，如图 9-2 所示。

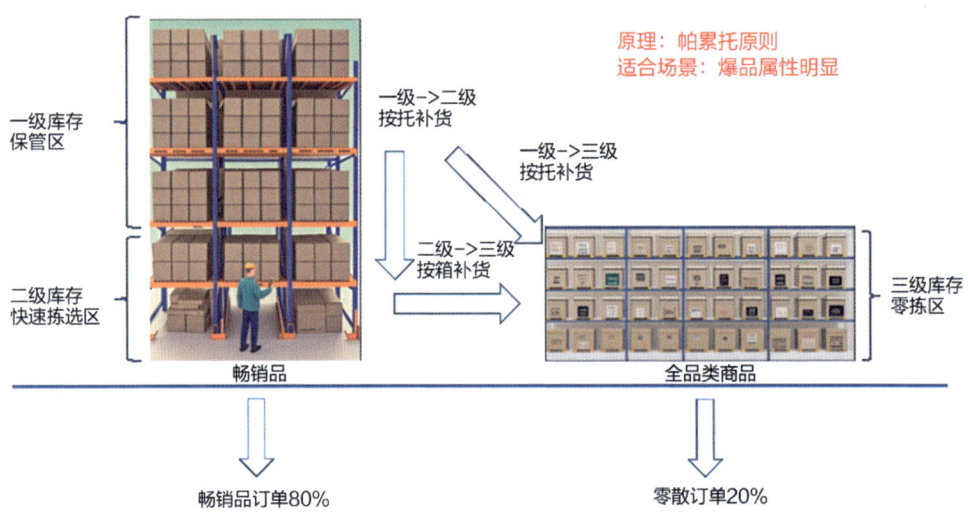

图 9-2　多级库存存储策略

（1）一级库存——保管区：高位货架存放整托盘商品，遵循"整托整箱"的操作原则，减少零散库存。

（2）二级库存——快速拣选区：位于保管区底层，集中存放高周转率的畅销品，支持批量拣货。

（3）三级库存——零拣区：存放全品类商品，但库存量较低，用于处理包含非畅销品的订单。

3. 策略优势

多级库存存储策略的显著优势在于其对空间布局的巧妙运用，从而实现作业流程的全面优化。具体而言：

（1）提高拣货效率：大部分订单集中于二级库存——快速拣选区处理，可以缩短拣货路径。同时针对畅销品，可以多个订单集中在一起进行批量拣选，提高拣货密度，降低拣选人员对储位的访问次数。

（2）提高补货效率：采用两级补货机制，从高位货架的保管区向底层的快速拣选区进行补货与从快速拣选区向零拣区进行补货相结合，缩短补货路径。

（3）提升空间利用率：零拣区的订单处理量大幅下降，从而可以压缩面积，腾出空间增设高位货架。

9.2 问题描述

在多级库存存储策略实际业务落地过程中，最关键的环节是对畅销品的管理。因此本章的目标是如何筛选"最合理的畅销品"。这是一个组合优化问题，需要考虑商品之间的销售关系、商品自身的销量变化、商品的存储需求和快速拣选区存储条件限制。其目标是通过数学模型最大化快速拣选区商品的订单量。

为了解决这个问题，需要解决如下子问题：

（1）如何分析商品之间的销售关系，识别出经常一起被订购的商品组合，以便综合考虑它们的存储位置。

（2）如何准确预测商品的销量变化，以便确定哪些商品具有成为畅销品的潜力。

（3）如何在满足商品存储需求和快速拣选区存储条件限制的前提下，构建一个有效的数学模型来筛选出最适合放置在快速拣选区的商品组合。

接下来将详细介绍如何通过先进的算法实现该策略。

9.3 解决方案

为了确保畅销品筛选的合理性，本节提供如下解决方案。

首先，运用关联品挖掘技术，基于长期的订单数据，分析商品之间的内在联系，识别出经常一起被订购的商品组合。这样不仅可以揭示商品间的销售模式，还能为后续的建模求解提供优化方向。

然后，应用销量预测模型，基于近期的销售趋势，及时捕捉商品销量的波动情况，对每种商品及商品组合的未来订单量进行预估，确定当前具有畅销潜力的商品，为建模求解提供数据支持。

最后，在充分考虑商品的存储需求及快速拣选区存储条件限制等约束条件下，将销量预测和关联品挖掘的结果综合起来，构建数学模型进行求解，以便找出最适合放置在快速拣选区的商品，从而使预测订单量最大化，实现仓储管理的整体优化升级，确保仓内作业效率得到显著提升。

商品存储策略解决方案如图 9-3 所示。下面详细介绍关联品挖掘、销量预测及模型求解。

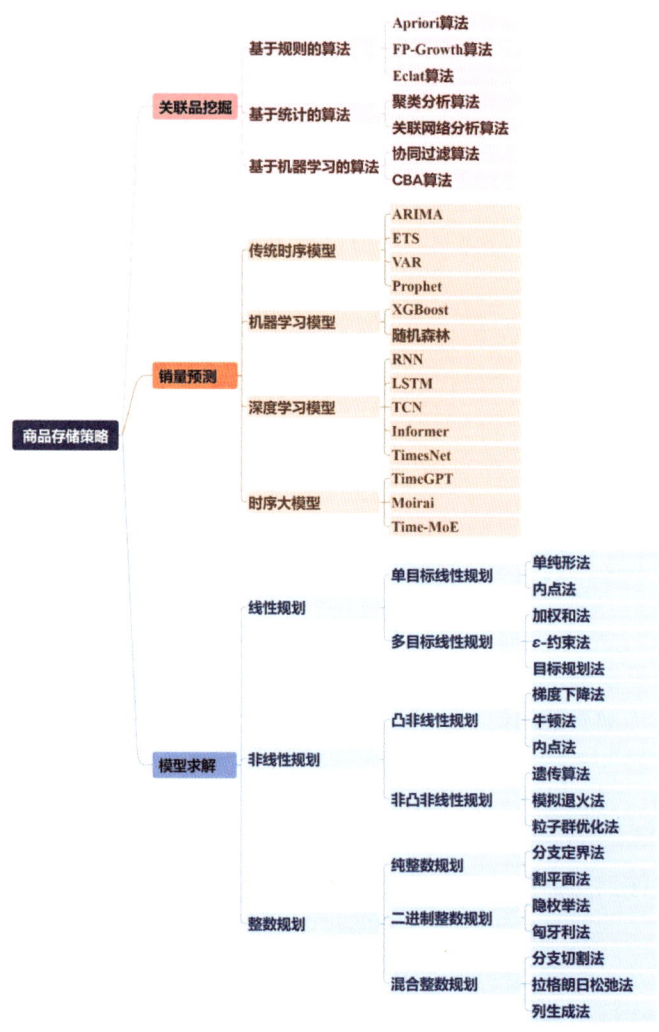

图 9-3 商品存储策略解决方案

9.3.1 关联品挖掘模型

在商品存储策略中，关联品挖掘是基础，它能够发现商品之间的潜在关联关系，从而为后续的存储布局提供约束。关联品挖掘模型可划分为基于规则的算法、基于统计的算法和基于机器学习的算法。

基于规则的算法通过挖掘频繁项集来发现商品之间的关联规则。Apriori 算法通过逐层搜索和剪枝策略在中小规模数据场景中表现出色；FP-Growth 算法通过构建压缩的频繁模式树，特别适合处理超大规模数据；Eclat 算法则采用垂直数据格式和深度优先搜索策略，在内存优化方面表现突出，适用于资源受限的中等规模数据场景。

基于统计的算法侧重于从统计学角度分析商品之间的关联性。聚类分析算法通过计算商品特征向量的相似度（如余弦相似度、杰卡德距离）形成关联簇，适用于跨类目的商品组合分析；关联网络分析算法则构建带权有向图模型，运用图算法识别核心商品节点和关键传播路径，适用于分析促销活动中的连带销售效应。

基于机器学习的算法通过特征工程实现动态关联建模。协同过滤算法构建用户与商品的交互矩阵，结合矩阵分解技术捕捉隐式关联模式，适用于个性化推荐场景；CBA（Classification Based on Associations）算法将关联规则与分类树结合，适用于从分类数据集中提取关联规则并将其用于预测或决策。

在评估关联规则的有效性和强度时，主要关注支持度、置信度和提升度三个性能指标。支持度反映商品组合在所有订单中的出现频率；置信度衡量商品组合中前一个商品出现时，后一个商品同步出现的概率；提升度则通过计算商品组合的出现频率与它们独立出现频率的比值来评估规则的关联强度。

9.3.2 销量预测模型

销量预测是商品存储策略构建过程中的重要环节。它通过对历史数据的分析和建模，预测每种商品的未来销量，从而为存储策略的制定提供数据支持。销量预测模型包括传统时序模型、机器学习模型、深度学习模型和时序大模型。

传统时序模型基于历史数据的统计特性来预测未来销量趋势。自回归积分滑动平均模型（Autoregressive Integrated Moving Average，ARIMA）通过差分操作消除非平稳性，适用于具有稳定趋势的中短期预测；指数平滑状态空间模型（Exponential Smoothing State Space，ETS）通过指数加权动态调整趋势、季节性和残差的权重，适用于季节性特征突出的快消品的销量预测；向量自回归模型（Vector Autoregression，VAR）常与格兰杰因果检验（Granger Causality Test）

结合使用，以确定变量间领先或滞后关系，适用于多变量相互影响的时间序列预测；Prophet 基于加性模型（Additive Model）自动捕捉趋势、季节性和节假日效应，适用于周期性强的场景。

机器学习模型通过从数据中学习模式来预测销量。XGBoost 是一种基于梯度提升决策树的集成学习算法，擅长处理高维数据和非线性关系，尤其在处理结构化数据（商品属性等）时表现优异；随机森林通过构建多个决策树进行投票来提高预测的准确性，适用于中小规模数据。

深度学习模型通过深度神经网络捕捉数据的复杂模式。循环神经网络（Recurrent Neural Network，RNN）通过隐藏层传递历史信息，适用于短期依赖性强的销量波动预测；长短期记忆网络（Long Short-Term Memory，LSTM）引入门控机制解决长期依赖，擅长捕捉季节性和趋势变化，适用于周期性商品（如服装、节日用品）的中长期预测；时间卷积网络（Temporal Convolutional Network，TCN）利用因果卷积和扩张卷积提取多尺度特征，在保持计算效率的同时处理长时间序列，适合高维时间序列（如多门店多品类销量）。Informer 采用 Transformer 架构结合注意力稀疏化技术降低计算复杂度，适用于处理超长时间序列（如跨年销量预测）；TimesNet 通过时间特征分解模块和时间感知预测框架，在提升预测精度的同时降低计算成本，适合多模态数据融合场景（如结合天气、促销数据）。

时序大模型是近年来将大模型与时间序列结合的新技术，通过预训练学习时序数据的通用规律。TimeGPT 是首个无须额外训练即可跨领域、跨应用生成精准预测的时间序列预训练基础模型；Moirai 基于掩码编码器的 Transformer 架构，通过引入多尺度投影层、任意变量注意力机制和混合分布预测模块，使其能够处理不同频率、多变量和不同分布特性的时间序列；Time-MoE 基于稀疏的混合专家（Mixture of Experts，MoE）模型，通过仅激活每次预测任务所需的网络子集，在保持高精度预测的同时减少计算负载。

预测模型的选择需要权衡数据特性（数据的规模和类型）、预测目标（时间范围和精度要求）、计算成本（模型训练和部署所需的计算能力和时间）和业务场景（季节性、促销等）。

9.3.3 模型求解

在构建商品存储策略的数学模型之后，模型求解成为实现优化目标的关键步骤。不同的优化问题需要不同的求解方法，以确保在满足约束条件的前提下，实现目标函数的最优化。这些方法可划分为线性规划、非线性规划和整数规划。

线性规划的目标是在由线性约束条件所确定的可行解范围内，对线性目标函数进行优化，可分为单目标线性规划与多目标线性规划。单目标线性规划通过单纯形法（通过遍历顶点的方式来探寻最优解，适用于中小规模问题）、内点法（在可行域内部移动来求解问题，适用于大规模问题）等方法求解。多目标线性规划则通过加权和法（将多个目标函数加权求和，转化为单目标优化问题）、ε-约束法（松弛次要目标）和目标规划法（引入偏差变量，最小化目标偏离）等方法求解。

非线性规划的目标函数或约束条件中至少有一个是非线性的，其求解过程需要运用梯度信息或者启发式策略，可分为凸非线性规划和非凸非线性规划。凸非线性规划常采用牛顿法（利用目标函数的一阶导数和二阶导数构造二次近似模型，快速逼近极值点）、梯度下降法（沿目标函数负梯度方向迭代搜索最小值）和内点法（通过引入障碍函数将原始约束问题转化为一系列无约束子问题，逐步逼近可行域边界的最优解）来求解。非凸非线性规划较为复杂，可能包含多个局部最优解，一般采用遗传算法（模拟自然选择和遗传机制）、模拟退火法（模拟物理退火过程来避免局部最优）和粒子群优化法（模拟鸟群或鱼群的协作行为来搜索最优解）等启发式算法求解。

整数规划的决策变量中至少有一部分为整数，可分为纯整数规划、二进制整数规划和混合整数规划。纯整数规划通过分支定界法（通过分支策略生成候选解，并使用界限来排除不可能是最优解的候选解）或割平面法（通过添加割平面来逐步逼近最优解）求解；二进制整数规划采用隐枚举法（通过枚举所有可能的解来搜索最优解）或匈牙利法（通过迭代改进寻找最优分配，用于求解指派问题）；混合整数规划则结合分支切割法（在分支定界的基础上，使用切割平面以收紧线性规划松弛）、拉格朗日松弛法（通过引入拉格朗日乘子松弛复杂约束条件，然后求解松弛问题）或列生成法（通过迭代添加新列来逐步逼近最优解）求解。

面对实际业务问题，需要沿着"问题特性诊断→算法效率对比→业务目标对齐→模型稳定性测试→风险收益评估"的决策链，在模型精确性、计算可行性和业务适配性之间建立动态选择机制，最终形成针对性的策略方案。

9.4 案例分析

基于前面的阐述，该策略的核心挑战是如何通过数据科学的方法选择出合理的畅销品，使得大部分订单可以从快速拣选区集中出库。本案例收集了 M 仓库的数据，并基于订单数据绘制了帕累托图，如图 9-4 所示。仓库内 29%的在售商品贡献了 80%的销量，整体符合帕累托原则，这表明 M 仓库适用于多级库存存储策略。所以本节按照关联品挖掘、销量预测、建模求解的顺序详细介绍如何筛选畅销品。

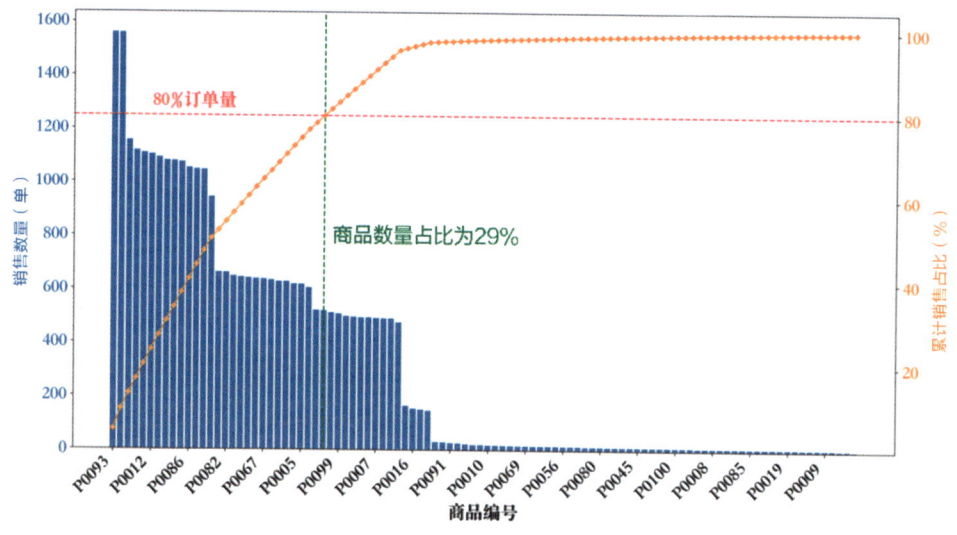

图 9-4　M 仓库的帕累托图

9.4.1　关联品挖掘

1. 问题定义

关联品挖掘的目标是识别那些在销售行为上具有相关性的商品组合。这些商品可能在同一订单中频繁出现，或者在同一时间段内的销量呈现相关性。通过识别这些关联品，有助于优化库存管理。基于 9.3 节中介绍的内容，对于数据集规模较小的情况，基于规则的 Apriori 算法可以获得准确的结果，下面详细阐述具体的实施步骤。

2. 具体实现

1）数据介绍

本节收集了 M 仓库的订单数据，其中包括订单号、商品编码、订单时间、日期。如图 9-5 所示，订单中的多品订单占比达 44%，表示不同商品之间可能存在潜在关联性，可以通过关联品挖掘来分析商品之间的关联性。

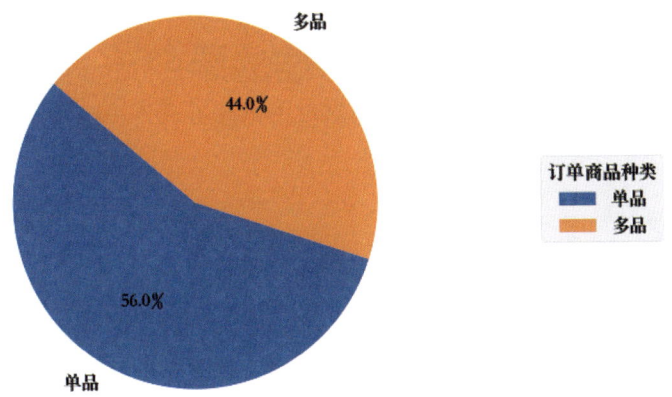

图 9-5　订单商品种类分布饼图

2）数据分析

为了更直观地呈现和便于后续分析挖掘所得的结果，绘制支持度、置信度、提升度气泡图，如图 9-6 所示，其中横轴表示支持度（最小支持度的初始阈值为 0.01），纵轴表示置信度（最小置信度的初始阈值为 0.1）。颜色条表示提升度的对数值（颜色越浅提升度越高）。

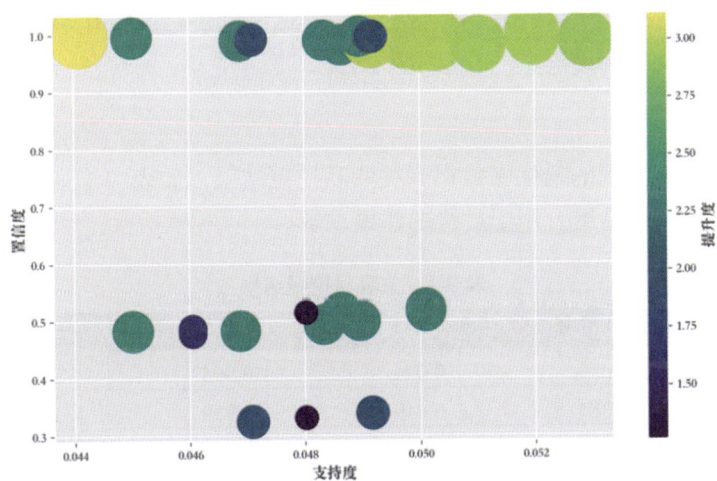

图 9-6　支持度、置信度、提升度气泡图

通过对气泡图的初步分析可以得出以下结论：最上排中间偏右的气泡表示高支持度、高置信度、高提升度的商品组合，这种组合可能是由于商品之间的互补性、促销活动或者客户习惯等多种因素造成的；中间一排气泡表示支持度、置信

度和提升度三个指标均处于中等水平的商品组合,对于这些组合,需要结合具体的业务情况进行综合判断;最下面一排的气泡表示低置信度、低支持度、低提升度的商品组合,在实际应用中,这些商品组合可能没有太大的实际意义,可以考虑忽略。

3)阈值筛选

前面对规则的分布情况进行了初步的分析,但是仅通过初步的阈值设置无法获得最优的关联规则。为了进一步提升挖掘结果的质量与实用性,本节采用网格搜索的方式对阈值设置进行精细筛选。首先设置阈值范围,基于前面的初步筛选规则结果计算置信度、支持度和提升度的最大值与最小值,并在最大值与最小值之间分成 10 档作为待筛选参数。然后设置目标函数,如公式(9.1)所示,对规则数量、平均置信度、平均支持度、平均提升度指标进行加权平均求最大值。这里将权重分别设置为 w_r=0.3、w_c=0.4、w_s=0.2、w_l=0.1。最终计算出最优的参数,置信度阈值为 0.324,支持度阈值为 0.044,提升度阈值为 11.956,综合得分为 0.74。

$$\max(w_r \times \bar{N} + w_c \times \bar{C} + w_s \times \bar{S} + w_l \times \bar{L}) \qquad (9.1)$$

其中,$\bar{N}$ 是归一化后的规则数量,$\bar{C}$、$\bar{S}$ 与 $\bar{L}$ 分别表示归一化后的平均置信度、归一化后的平均支持度与归一化后的平均提升度。

4)结果展示

按照前面搜索到的最优参数得到关联品挖掘结果,如表 9-1 所示。最终共筛选出 9 组高价值商品组合用于最终的建模求解。

表 9-1 关联品挖掘结果

商品 A	商品 B	支持度	置信度	提升度
P0018	P0029	0.044	0.995	22.472
P0025	P0081	0.049	0.989	19.958
P0007	P0075	0.049	0.987	19.592
P0059	P0062	0.050	0.983	19.553
P0022	P0052	0.050	0.983	19.395
P0012	P0014	0.050	0.987	19.355
P0032	P0055	0.052	0.992	19.091
P0094	P0099	0.051	0.980	18.860
P0028	P0089	0.052	0.990	18.502

9.4.2 销量预测

1. 问题定义

接下来，需要预测每种商品未来的单品销量和商品组合的未来销量，这有助于判断商品对于订单出库的贡献程度。预测模型需要考虑多种因素，如销量本身的周期性变化、品牌品类信息、节假日效应等。这里采用机器学习模型中的 XGBoost 模型进行时间序列预测，下面将详细阐述具体的实施步骤。

2. 具体实现

1）数据介绍

M 仓库除了订单数据还有商品信息数据，其中包括商品标识、品类标识、品牌标识、批次标识、批次库存量、商品体积。

2）数据预处理

如图 9-7 所示，部分商品及组合的销售天数较少，且大部分商品不是每日都有销售记录。针对这种情况，预处理阶段采取两项措施：首先是数据筛选与删除，其次是每日销量数据的填充。数据筛选与删除环节通过删除动销天数过少的商品，有效提升预测稳定性，因为这类商品销售模式不稳定，易引入预测误差，同时减少数据噪音可以提升模型效率与准确性。每日销量数据的填充环节则通过将缺失记录补零，构建完整的时间序列，确保模型能捕捉销售动态变化并提供连续特征输入。

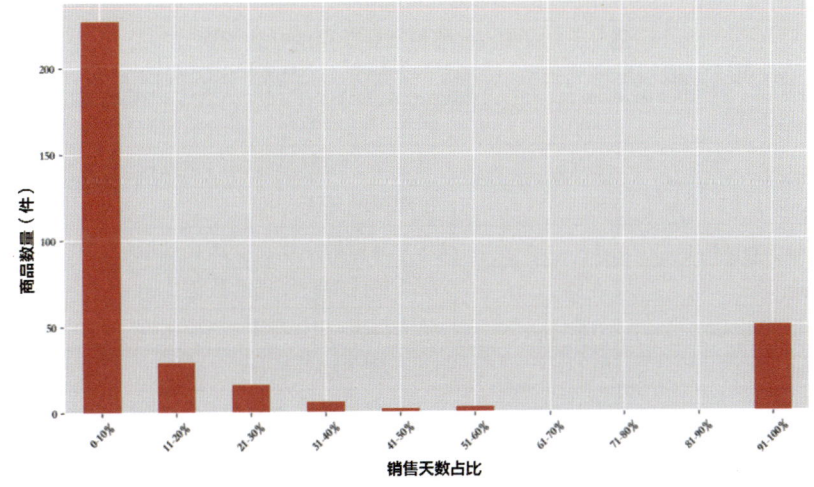

图 9-7　商品及组合销售活跃天数分布

3）特征工程

为了预测商品未来三天的日均销量，通过一些系列特征从多个维度捕捉销量数据的内在规律和模式。具体如下：

- 历史销量特征：包含历史平均特征与平滑历史平均特征，用于探索商品在不同时间窗口内的销售趋势，为预测提供历史销量的参考。
- 时间相关特征：包含时间特征（日期中的日、周、星期几等）和特殊日期特征（节假日、促销日等），用于识别季节性和周期性销售模式。
- 近期趋势与统计特征：包含滞后特征和统计特征（极值、标准差等），用于识别商品销量的近期趋势。
- 品类品牌特征：将商品的品类和品牌信息作为特征，探索品类和品牌与销量之间的相关性，不同品牌或品类可能具有不同的市场影响力和销售表现。

4）模型训练

在特征构建好之后，下一步就是模型训练，主要分为以下几步：

（1）无效数据删除。

在开始模型训练之前，首要的任务是删除那些无效的特征数据，以确保模型训练的质量和可靠性。由于时间序列的起始部分包含不准确的特征，而末端的预测目标不准确，因此在训练数据的前后各删除一部分，以排除这些潜在的干扰因素。

（2）模型训练。

XGBoost 模型训练采用的参数配置如表 9-2 所示。

表 9-2　XGBoost 模型训练采用的参数配置

参数名称	参数值	说明
n_estimators	500	弱学习器的数量，即决策树的数量
learning_rate	0.02	学习率，控制每棵树的贡献权重
max_depth	6	每棵树的最大深度
min_child_weight	1	叶子节点最小权重，防止过拟合
subsample	0.8	训练每棵树时使用的数据比例
colsample_bytree	0.8	训练每棵树时使用的特征比例
reg_alpha	0.1	L1 正则化项的系数
reg_lambda	1	L2 正则化项的系数
random_state	42	随机种子，确保结果可复现
early_stopping_rounds	10	早停轮数，用于防止过拟合

5)销量预测与后处理

模型训练完成后,对待预测的商品及商品组合构建特征并进行预测。这里需要注意一点,在预测完成后,需要对预测结果进行校验,确保预测的销量不会超过当前商品库存,以保证预测结果的实际可行性。

6)特征重要性分析

如图 9-8 所示,通过分析特征重要性,可以识别出对销量预测贡献最大的特征,从而在后续的模型训练中重点关注这些特征。同时,对于那些重要性较低的特征,可以考虑从模型中移除,以简化模型结构并减少过拟合的风险。在目前这个场景中,历史平均销量特征、平滑历史平均特征及商品个数最为重要,尤其是过去五天均值、过去三天平滑均值、商品种类数及过去五天平滑均值。不过在实际的应用过程中,可能会在多种场景中使用同一种模型,所以在特征的选择上要兼顾不同的使用场景。

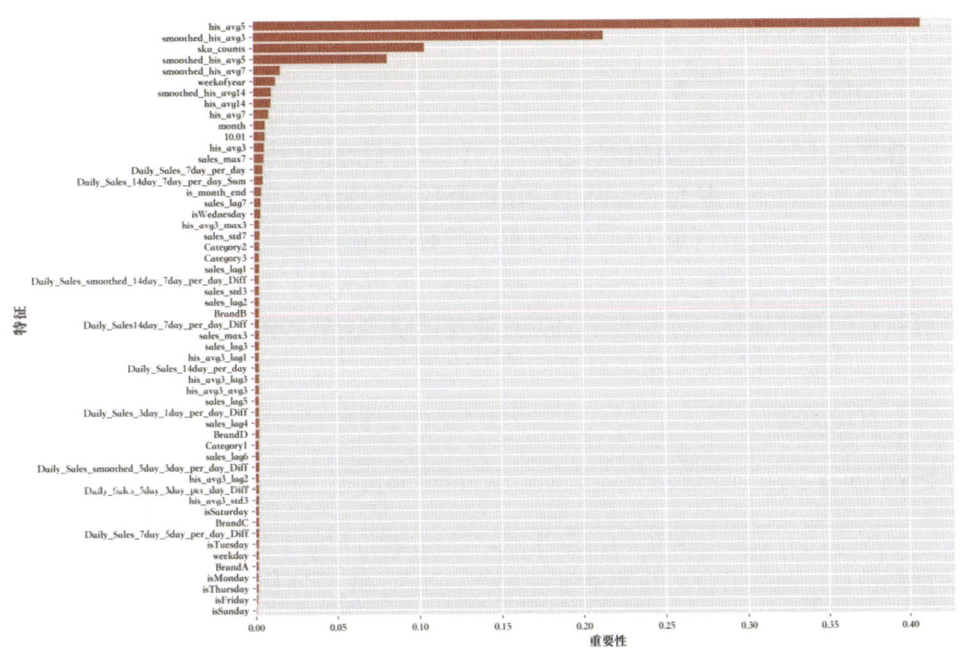

图 9-8　特征重要性

7)结果分析

在前面的特征重要性分析中,可以发现过去五天均值的特征重要性占比最高。因此,在本次对比分析中,除了基准方法(过去三天均值),本节引入了过去五天均值作为改进版基准方法,与 XGBoost 模型一同进行对比,如表 9-3 所示。

表 9-3　不同预测方法的结果对比

预测方法	平均绝对误差	均方误差	平均绝对百分比误差
XGBoost	0.43	0.33	12.57%
过去五天均值	0.56	0.72	14.61%
过去三天均值	0.59	0.9	16.27%

XGBoost 模型在三个核心评估指标上均显著优于两种基准方法。平均绝对误差(MAE)相较于过去五天均值与过去三天均值分别减少了 0.13 和 0.16,表明模型整体预测误差显著减小。均方误差(MSE)相较于过去五天均值与过去三天均值分别减少了 0.39 和 0.57,说明模型在抑制大误差项方面表现优异。平均绝对百分比误差(MAPE)相较于过去五天均值与过去三天均值分别减少了 2.04% 和 3.7%,反映出相对误差改善明显。

9.4.3　模型求解

1. 问题定义

在获得上述所有环节的信息之后,可以进行最终的建模求解。在已知快速拣选区大小的条件下,从全仓商品中选出能够构成预测订单数最大的商品集合,其中每个订单均为自成订单(即每个订单内所有商品均为商品集合的子集)。同时,考虑到实际操作中的复杂性,如同一商品的不同批次需要分开放置、每种商品批次有特定的存储体积,以及每个储位有最大存储种类数和体积限制等,因此需要构建一个既能满足这些约束条件又能最大化预测的自成订单数的数学模型。

2. 具体实现

1)数据介绍

通过上述的关联品分析和销量预测,已经得到高价值关联品组合、商品单品的预测销量、商品组合的预测销量。此外,还有 M 仓库快速拣选区信息,包括储位号、储位体积、储位最大可存储商品数。

2)参数定义

- N:商品种类总数。
- M:快速拣选区储位数量上限。
- L:商品组合总数。
- G:关联品组合总数。

- B_i：第i种商品的批次数量。
- $V_{i,j}$：第i种商品第j批次的存储体积。
- C_k：第k个储位的最大可存储的商品种类数。
- S_k：第k个储位的最大可存储体积。
- P_i：第i个商品的单品预测单量。
- Q_l：商品组合l的预测单量，其中l是由多种商品构成的集合。
- H_l：商品组合l的商品种类数。
- A_g：第g种关联品组合（若商品i存在关联品，则$i \in A_g$）。

3）决策变量

- $x_{i,j,k} \in \{0,1\}$，若第i种商品的第j批次放在第k个储位，则为 1；否则为 0。
- $y_i \in \{0,1\}$，若第i种商品被选中（所有批次均被分配），则为 1；否则为 0。
- $z_l \in \{0,1\}$，若商品组合l被完整选中，则为 1；否则为 0。
- $w_{i,k} \in \{0,1\}$，若商品i至少有一个批次存放在储位k，则为 1；否则为 0。

4）约束条件

储位商品种类限制：每个储位的商品种类数不能超过C_k。

$$\sum_{i=1}^{N} w_{i,k} \leqslant C_k, \forall k = 1, \cdots, M \tag{9.2}$$

$$w_{l k} \leqslant \sum_{j=1}^{B_i} x_{l,j,k}, \forall i = 1, \cdots, N, k = 1, \cdots, M \tag{9.3a}$$

$$\sum_{j=1}^{B_i} x_{i,j,k} \leqslant B_i \times w_{i,k}, \forall i = 1, \cdots, N, k = 1, \cdots, M \tag{9.3b}$$

储位体积限制：每个储位内商品的总体积不能超过S_k。

$$\sum_{i=1}^{N} \sum_{j=1}^{B_i} V_{i,j} \times x_{i,j,k} \leqslant S_k, \forall k = 1, \cdots, M \tag{9.4}$$

商品完整性：如果某种商品的所有批次都被分配到快速拣选区，那么该商品才能记为被选中。

$$\sum_{k=1}^{M}\sum_{j=1}^{B_i} x_{i,j,k} = y_i \times B_i, \forall i = 1,\cdots,N, \forall j = 1,\cdots,B_i \qquad (9.5)$$

商品组合完整性：商品组合内所有商品都被选中才能计数。

$$z_l \leqslant y_i, \forall i \in l, l = 1,\cdots,L \qquad (9.6a)$$

$$z_l \geqslant \sum_{i \in l} y_i - (H_l - 1), \forall i \in l, l = 1,\cdots,L \qquad (9.6b)$$

关联品组合约束：如果商品i和商品j属于同一关联组合A_g，则必须同时被选中或者同时不被选中。

$$y_i = y_j, \forall i,j \in A_g, g = 1,\cdots,G \qquad (9.7)$$

批次唯一性：每种商品的每个批次只能被分配到一个储位。

$$\sum_{k=1}^{M} x_{i,j,k} \leqslant 1, \forall i = 1,\cdots,N, \forall j = 1,\cdots,B_i \qquad (9.8)$$

商品批次存储限制：同一商品的不同批次需要分开放置。

$$\sum_{j=1}^{B_i} x_{i,j,k} \leqslant 1, \forall i = 1,\cdots,N, \forall k = 1,\cdots,M \qquad (9.9)$$

3）目标函数

目标是最大化预测的自成订单数，包括单品订单和商品组合订单。因此，目标函数可以被定义为

$$\max\left(\sum_{i=1}^{N} P_i \times y_i + \sum_{l=1}^{L} Q_l \times z_l\right) \qquad (9.10)$$

4）求解结果

本节调用 COIN-OR Branch and Cut（CBC）求解器来求解这个混合整数规划问题，CBC 采用分支切割法来寻找最优解。最终求解结果选取 6 个商品（P0018，P0029，P0032，P0055，P0087，P0095），其中包含 P0032_P0055 （support=0.052，confidence=1，lift=19.0911）与 P0018_P0029（support=0.0441，confidence=0.9953，lift=22.4727）高价值关联品组合。快速拣选区的存储位对照结果如图 9-9 所示。最终预测的自成订单数为 174 单。如果约束条件不变，则采用贪心算法进行计算，即按照预测销量大小从大到小选取商品，预测的自成订单数为 138 单。与贪心算法相比，基于混合整数规划模型的预测的总单量提升 26%，实际的总单量提升 27.78%，如表 9-4 所示。

	储位编码	商品编号	批次号
0	S001	P0018	P0018_B01
1	S001	P0032	P0032_B03
2	S001	P0095	P0095_B02
3	S002	P0032	P0032_B02
4	S002	P0087	P0087_B02
5	S003	P0095	P0095_B01
6	S004	P0029	P0029_B01
7	S004	P0032	P0032_B01
8	S004	P0055	P0055_B01
9	S005	P0087	P0087_B01

图 9-9 快速拣选区的存储位对照结果

表 9-4 不同求解方法的结果对比

求解方法	商品个数（个）	商品组合数量（组）	预测的总单量（单）	实际的总单量（单）
混合整数规划模型	6	2	174	184
贪心算法	5	2	138	144

最终在获得快速拣选区的存储位对照结果表后，可以指导仓库作业人员按照多级库存存储策略上架和存储商品。

9.4.4 结论

本节以 M 仓库为背景，旨在通过数据科学的方法筛选出合理的畅销品，以实现多级库存中大部分订单能够从快速拣选区集中出库的目标。整个过程分为关联品挖掘、销量预测和建模求解三个关键环节。

在关联品挖掘环节，借助 Apriori 算法，结合网格搜索优化阈值，从销售数据中筛选出 9 组高价值商品组合，这些组合在支持度、置信度和提升度上均表现突出，为后续库存优化奠定了基础。

在销量预测环节，采用 XGBoost 模型对商品及其组合的未来销量进行预测。通过精心设计的特征工程，包括历史销量特征、时间特征、节假日特征等多维度数据，有效捕捉销量的内在规律。在模型训练过程中，对数据进行筛选、删除无效数据，并通过早停等策略防止过拟合，确保预测的准确性和稳定性。

在建模求解环节，构建了混合整数规划模型，综合考虑储位数量、体积、商品关联性等约束条件，以最大化自成订单数为目标。利用 CBC 求解器，得到 6 个商品及 2 个高价值关联品组合的最优存储方案，相比贪心算法，单量提升了 27.78%，显著提高了仓库运营效率。

综上所述，本案例通过数据驱动的多级库存管理策略，有效提升了仓库订单处理效率，降低了运营成本，为库存管理提供了科学依据和实践指导，具有较高的应用价值和推广意义。

9.5 本章小结

本章系统探讨了商品存储策略在供应链管理中的核心作用，聚焦于通过数据科学的方法提升仓储效率与作业效能。基于帕累托原则，本章提出创新的多级库存存储策略，将仓储空间划分为保管区、快速拣选区与零拣区，通过优化拣货路径、缩短补货距离，显著提升了出库效率。该策略的核心优势体现在：通过快速拣选区集中处理畅销品，缩短拣货路径，降低储位动碰频率；采用整托补货与按箱补货相结合的策略，减少零散库存，提升补货效率；通过多级库存布局，平衡存储密度与操作便捷性，最大化仓容利用率。该存储策略落地的关键在于数据驱动的畅销品筛选，通过关联品挖掘、销量预测及建模求解等环节实现精准决策。案例分析表明，该策略可将畅销品订单集中于快速拣选区，显著提升仓库运营效率。

本章不仅验证了数据科学在仓储管理中的实践价值，还强调了在设计存储策略时，需要综合考虑商品属性、仓库布局及业务流程，以实现供应链效率与成本的最优平衡。通过科学的商品存储策略，可以显著提升拣货与补货等仓内多个环节的效率，进而实现供应链的整体优化。

第10章
CHAPTER 10

网络：分拣直派模式

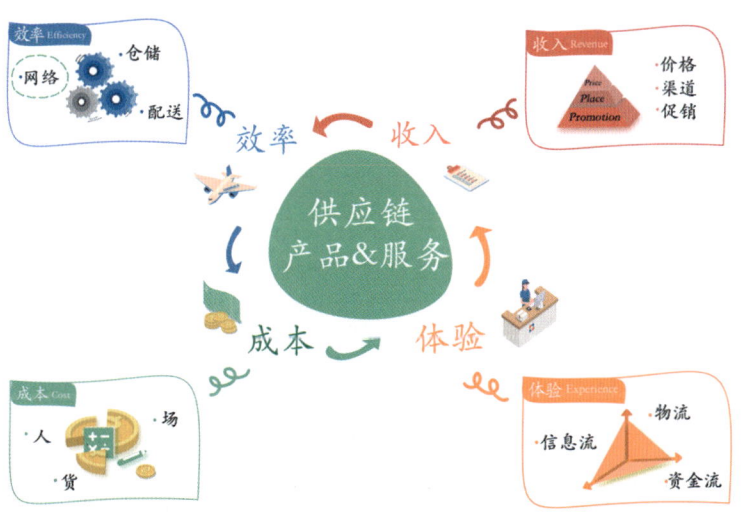

图 10-1 分拣直派模式

下面进入"效率"部分的"网络"章节，如图 10-1 所示。本章以分拣直派模式为例，介绍在供应链物流网络设计场景中，如何进行数据分析和建模，设计出高效快捷的物流网络。

10.1 背景介绍

10.1.1 物流网络

物流网络是连接供应商与客户之间的一套复杂而精密的流通体系，它涵盖了商品从供应源头直至消费者手中的整个流转过程。一个健全的物流网络不仅依赖多样化的运输方式，还依赖一系列关键节点的协同配合。在运输层面，物流网络通常整合了公路、铁路和航空等多种运输模式，以满足不同货物对时效性和成本的不同需求。而在节点层面，物流网络由商家、分拣中心、营业部等节点构成，这些节点共同构建商品流动的"骨架"。商品从商家发货后，经过始发节点、多个中转节点，最终通过目的节点送达客户手中。其中，商家和客户分别作为物流活动的起点和终点，扮演至关重要的角色，而中间的分拣中心和营业部则承担货物集散和分发的核心功能。

每个分拣中心不仅服务于周边的多个营业部，还与其他分拣中心形成了广泛的传递网络。这些节点相互交织、紧密协作，共同构成了一张庞大而高效的物流网络。在实际运营中，物流企业通常采用以下几种常见的物流网络结构模式。

1. 直送网络结构模式

如图 10-2（a）所示，货物直接从始发节点运送到目的节点，省去了中间环节。这种模式的时效性最强，但由于需要大量运输资源，成本较高，常用于石油等特殊货物的运输。直送网络结构模式虽然能够减少运输过程中的损耗和污染，但高昂的成本限制了其广泛应用。

2. 分拣中心中转结构模式

如图 10-2（b）所示，货物从始发节点先运送到特定的分拣中心，再由该特定的分拣中心发往各目的节点。这种模式通过集中处理实现了规模经济效应，降低了运输成本，但在分拣中心需要兼顾上游线路的到达时间，一定程度上会影响运输时效，同时单个分拣中心覆盖的目的节点过多也会增加分拣中心的作业负担。该模式主要适用于节点数量较少的简单物流场景。

3. 多枢纽节点网络结构模式

这是当前大多数物流企业采用的主流模式。如图 10-2（c）所示，货物从始发节点出发,经过多级分拣中心逐级传递,最终由末级分拣中心配送至客户手中。该模式综合了"直送"和"中转"的优点,既降低了运输和人力成本,又保障了时效性,同时减轻了单个分拣中心的压力。具体而言,货物从始发节点出发,首先到达覆盖该节点的始发分拣中心,经集包和分拣环节后,通过干支线经由各级分拣中心运输到末级分拣中心,最终由末级分拣中心运输至目的节点。这种模式通过合理选择分拣中心位置和干支线多枢纽运输,减少了等待时间,保障了一定的运输时效,并使得包裹可以在附近分拣中心就近分拣,减少了各分拣中心的分拣负担。

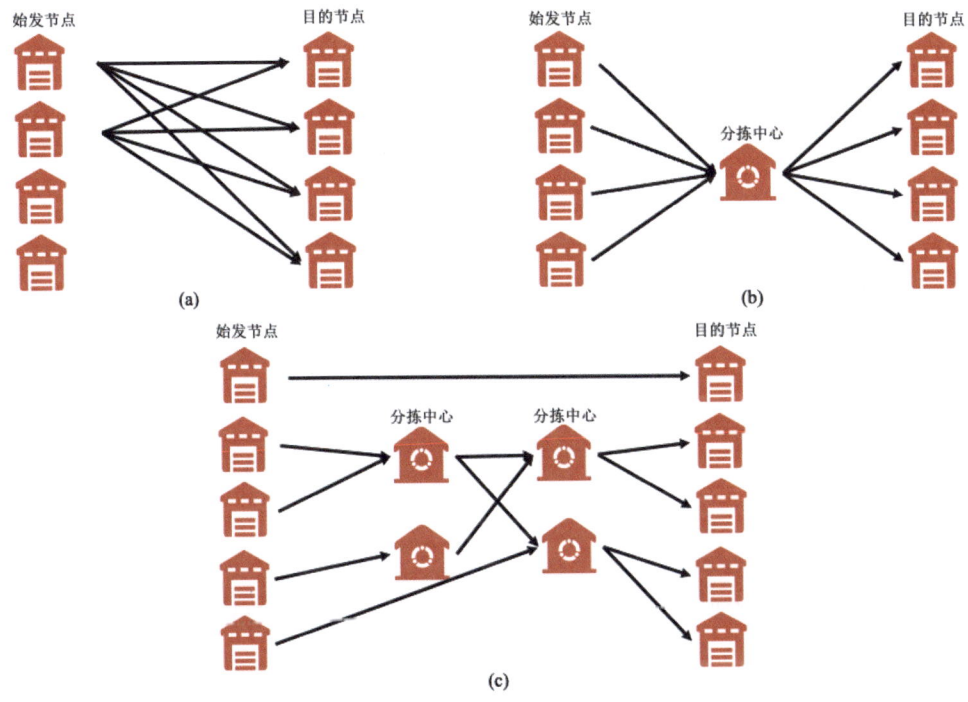

图 10-2 常见的物流网络结构模式

构建一个完整的大型物流网络是一项复杂的系统工程。正如上述三种模式中讨论的,物流网络的设计既要保证低成本,又要以提高运输效率为目标。因此,在为各级节点选址之前,需要充分调研市场需求,合理规划分拣中心和营业部的数量及位置,确保运营成本最低且运输效率最高。在此基础上,还需要设计路线、运输方式和配送策略,并持续监控网络运行情况,分析实际数据,及时优化调整,以实现物流网络的最佳性能。此外,物流网络的设计还需要考虑外部环境的变化,如交通拥堵、天气状况等因素，这些都会对物流网络的运行产生重要影响。因此，物流企业必须具备灵活应对变化的能力，确保在各种情况下都能保持高效运作。

10.1.2 "最后一公里"网络

"最后一公里"网络是整个物流网络中的关键环节，通常指货物从末级分拣中心到客户家门口的配送过程。这一环节不仅是影响客户满意度的核心因素，也是物流过程中最复杂多变的一环。

在一个覆盖全国的大型物流网络中，"最后一公里"的终端节点（如终端营业部，以下简称营业部）的数量可能有上万个。这些节点分布在不同的地理环境中，有的位于交通拥堵的城市，有的则在道路条件较差的乡镇。此外，配送过程中还可能遇到各种突发情况，例如道路维修、恶劣天气等。这些因素使得"最后一公里"的配送难度大幅增加，线路变动频繁，因此成为物流网络设计中最具挑战性的部分之一。

在物流网络设计中，成本和时效始终是两大核心考量因素，而"最后一公里"的网络设计尤其需要在这两者之间找到平衡。如果货物未能准时送达，那么客户可能会转向选择竞争对手的服务。因此，在设计"最后一公里"网络时，必须合理规划末级分拣中心、营业部及路区之间的覆盖关系，确保运输和配送的高效性。

传统的"最后一公里"网络通常由分拣中心、营业部及终端配送路区组成。具体而言，分拣中心负责将包裹按目的地进行分拣和装车，然后通过传站（分拣中心至营业部的线路）运输至各个营业部。在营业部，包裹再次被卸车并分拣，最终由配送员按照既定的覆盖关系配送到各路区，如图 10-3（a）所示。然而，这种模式虽然关注了整体配送网络的优化，却忽视了一些局部路区的特殊情况。

例如，某些路区距离分拣中心较近，但距离所属营业部却较远，如图 10-3（b）所示。在这种情况下，现有的"分拣中心—营业部—路区"配送模式会导致路径的无效延长：货物需要先被运送到更远的营业部，再配送到路区。这不仅增加了配送距离，降低了效率，还导致了额外的成本支出。同时，部分路区与营业部之间的覆盖关系并不合理，过长的距离进一步延长了配送时间。此外，在多次分拣、装卸车和传站过程中，包裹可能面临破损或丢失的风险，这无疑又增加了运营成本。

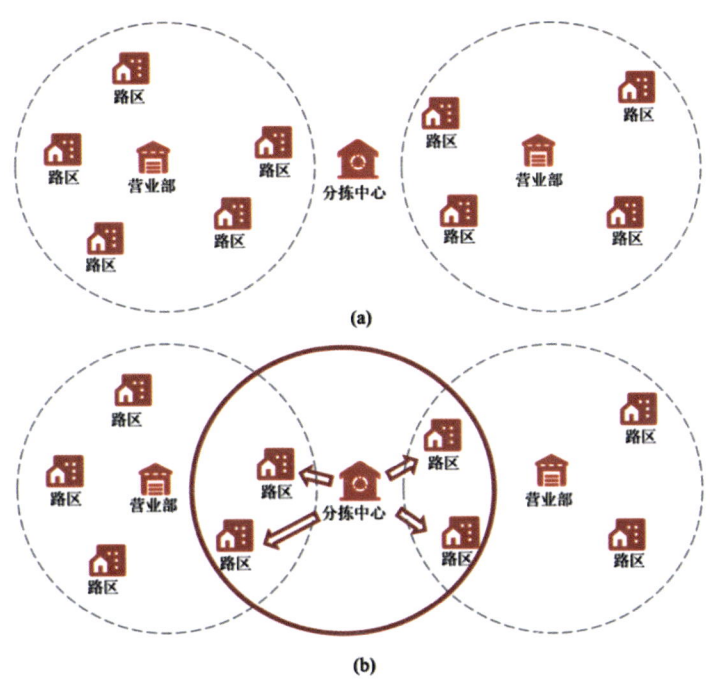

图 10-3 "最后一公里"网络常规设计和分拣直派模式

为了解决这些问题,近年来一些物流企业开始探索新的优化方法,例如"分拣直派"模式。这种模式针对部分路区的特点,允许分拣中心直接向这些路区配送货物,而不经过中间的营业部。这样不仅可以缩短配送路径,减少中间操作环节,还能有效节省时间和成本。同时,对于那些可以通过合并或关闭来实现优化的营业部,也可以进一步调整其覆盖范围,从而提升整体效率。

总的来说,"最后一公里"网络的设计需要综合考虑多种因素,包括地理环境、交通状况、客户需求及成本控制等。只有通过科学合理地规划和持续优化物流网络,才能在保证时效的同时降低运营成本,为客户提供更好的服务体验。

10.2 问题描述

在物流数字化发展相对成熟的今天,为了弥补基于经验设计的配送网络缺陷,我们采用运筹优化建模的技术,设计了一种基于分拣直派的网络优化模型,在该模型中,将成本作为目标并以强时效作为约束,来优化"最后一公里"网络的整体效益,从而更准确地刻画实际情况,更精确地解决细节问题。在成本最优的目标下，对末级分拣中心—营业部—路区链路进行优化，可以实现成本降低、时效不降、改善体验与链路优化的目标，弥补当前网络设计的不足，为物流配送系统的优化提供了更全面、精确的解决方案。

针对目前物流网络线路规划的复杂业务场景，我们使用基于分拣中心直派的配送网络替代过去末级分拣中心—营业部—路区的固定配送网络以实现降本增效。抽象出的具体优化点如下：

- 哪些路区可以由分拣中心直派？针对部分路区距离分拣中心较近的情况，由分拣中心对这些路区进行直派而不经过营业部将得到更短的配送路径，减少中间操作环节，进而节省配送时间，降低配送成本。
- 哪些营业部可以被关闭？部分路区由分拣中心直派后，周边的营业部覆盖的路区范围变小，部分营业部或许可以进行合并，减少营业部的数量可以进一步降低成本。
- 合并后的营业部如何重新规划？营业部合并后，对覆盖的路区范围可以进一步调整，以提升时效，降低成本。

通过直派模式，能够有效缩短营业部到路区的配送路径，提升传站效率；能够减少包裹经历的分拣、装卸车和传站次数，进而提高周转时效，降低因包裹破损与丢失而产生的成本。针对依据传统经验设计网络难以寻求最优解的问题，本章将配送网络问题抽象成数学模型，运用成熟的优化理论求解该模型，帮助业务人员制定可执行的最优路区覆盖范围规划方案，有效降低传统路区规划方法的冗余时间、人力和传输成本，最大化实现业务既定目标。

10.3 解决方案

10.2 节讲述了如何将业务需求转化为优化问题，并且明确了具体的优化点。本节将深度剖析如何分析问题，并建立数学模型，获取和分析依赖的数据，最终实现对数学模型的高效求解，得到分拣直派模式的解决方案。

分拣直派模式解决方案如图 10-4 所示，主要包含问题建模、数据来源与分析、模型求解三部分。

第 10 章 网络：分拣直派模式

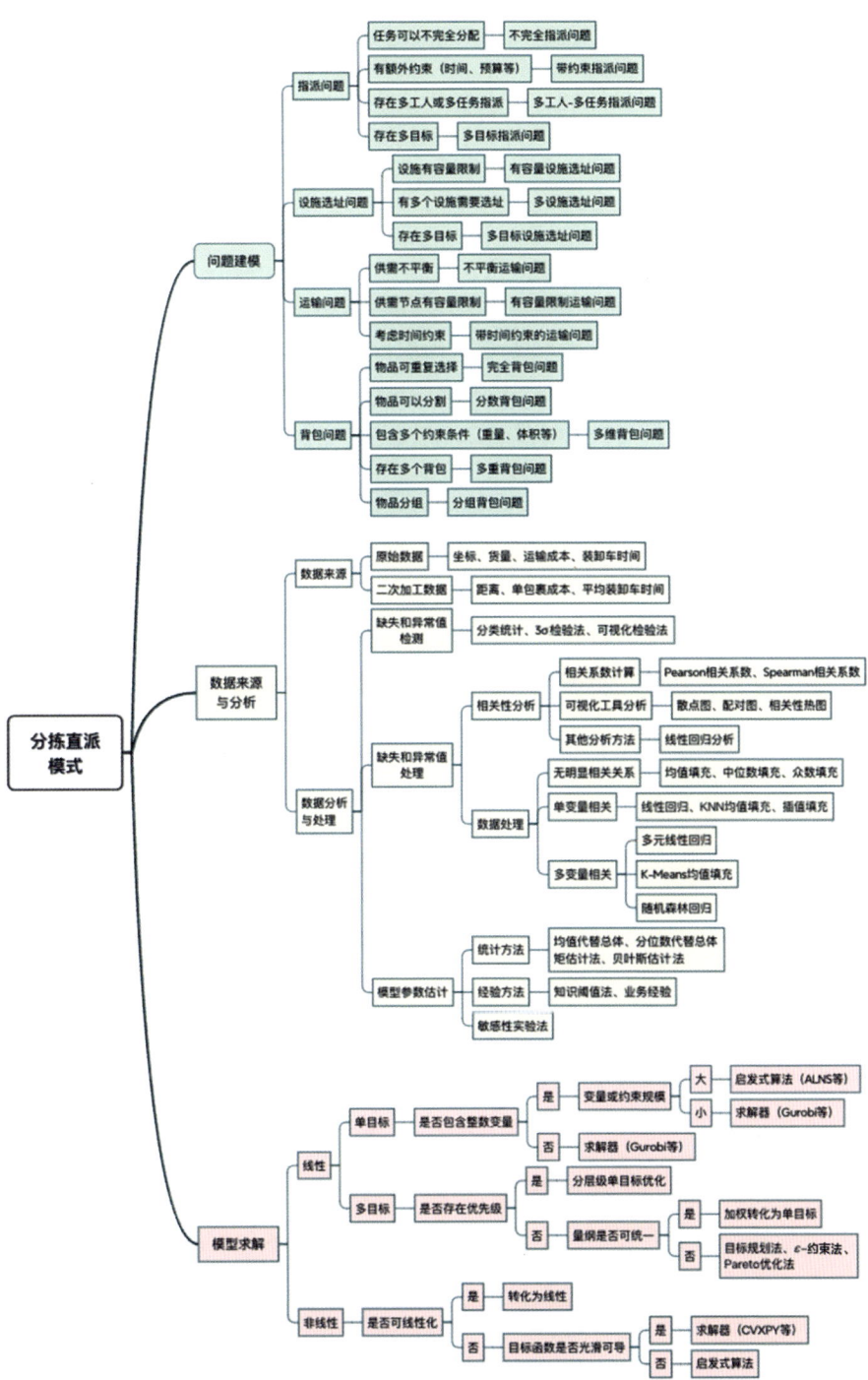

图 10-4 分拣直派模式解决方案

10.3.1 问题建模

在明确分拣直派的具体问题后，首先要识别问题的核心特征，并将其与已知的经典问题或经典问题的变种进行比对，借鉴相应的建模方法进行建模。以下是对几种经典问题的介绍。

1. 指派问题

若问题涉及任务的分配与指派，则可以参考指派问题进行建模。如果任务可以不完全分配，则可能面临的是不完全指派问题。若指派过程中存在时间、预算等额外约束条件，则需考虑带约束指派问题。若问题仅涉及基本的任务与工人（或资源）匹配，则可直接归类为指派问题。若指派关系扩展到多工人与多任务之间，则需要考虑多工人—多任务指派问题。在此基础上，若还需要同时优化多个目标，则问题进一步升级为多目标指派问题。

2. 设施选址问题

若问题涉及设施的选址与资源配置，则可以参考设施选址问题进行建模。进一步判断设施是否存在容量限制。若存在，则需要考虑有容量设施选址问题；若不存在，则简化为基本的设施选址问题。当需要选址的设施数量增多时，问题升级为多设施选址问题。同样，若选址过程中还需要考虑多个目标，则问题变为多目标设施选址问题。

3. 运输问题

若问题涉及供需关系与物流运输，则可以参考运输问题进行建模。进一步需判断供需是否平衡，以及是否存在容量限制。当供需不平衡时，可能面临不平衡运输问题；若供需平衡但存在容量限制，则需考虑有容量限制运输问题。此外，若问题还需要考虑时间约束，则需要引入带时间约束的运输问题。

4. 背包问题

若问题涉及物品的选择与背包的装载，则可以参考背包问题进行建模。进一步判断物品是否可重复选择、可分割，以及是否存在多个背包或约束条件。若物品可重复选择且不存在其他约束条件，则问题为完全背包问题；若物品可分割，则问题变为分数背包问题；若存在多个背包或多重约束条件（如重量、体积等），则需要考虑多重背包问题或分组背包问题。

需要注意的是，不同经典问题之间并没有严格清晰的界限，同一个问题既可以参考指派问题进行建模，也可以参考设施选址问题进行建模，取决于个人对该问题的理解和认知，以及对经典问题的熟悉程度。参考经典问题进行建模，可以在一定程度上提高建模的质量。

10.3.2 数据来源与分析

由于实际生产和工作中的场景复杂多变，工业界获取到的绝大多数数据集往往不能直接使用，存在各种缺失和异常数据，无法直接导入模型求解。因此在进行模型求解之前，还需要进行大量的数据分析和处理工作。

1. 数据来源

首先从模型入手：根据分拣直派模型中的目标函数，需要获取各分拣中心、营业部和路区的货量数据；根据模型中的各种约束，还需要获取各场地间的运输成本、各场地的经纬度信息、装卸车时间等原始数据。这些数据不是模型变量所需数据，需要对其进行二次加工处理，比如使用各场地的经纬度计算得到距离数据，即为了进一步获取这些场地间的距离，需要采用某种距离计算公式（欧氏距离、曼哈顿距离、球面距离）对经纬度信息进行计算。这里采用球面距离进行计算，以求得地球上两点间最准确的实际距离。

2. 数据分析与处理

1）缺失和异常值检测

在对原始数据进行加工和计算后，得到模型所需数据集，包括配送揽收数据集和传站成本数据集。这两个数据集的变量符合模型的输入，但由于实际生产场景中的扫描记录异常，数据中还存在着异常和缺失的情况，需要采用直接的可视化检验法、3σ 检验法、分类统计法等方法对数据集进行缺失和异常值检测。其中，可视化检验法简单高效，由于数据的缺失对后续求解的影响较大，本章主要采用可视化检验法对缺失数据进行检测。

2）缺失和异常值处理

对于数据集中的缺失数据，若缺失数据数量较少或影响不大，则可直接使用简单的固定值或均值填充；若缺失数据数量较多或影响较大，那么需要根据业务逻辑或相关性分析、散点图等方式，挖掘缺失数据变量与其他变量间的相关性。

以平均传站成本数据缺失为例，根据业务逻辑和散点图综合判断，平均传站成本与传站里程呈正相关性，可以采用线性回归、KNN 均值填充等方法进行填充。对于缺失数据与多个变量存在相关性的情况，如日均配送货量缺失，且与配送人数和营业部面积均有较高的相关性，可采用多元线性回归、K-Means 均值填充等方法进行填充。

本章在充分考虑业务逻辑的基础上，采用 K-Means 对配送人数和营业部面积进行聚类分析，并得到每类的日均配送货量均值，使用该均值填充日均配送货量缺失值。填充后，又采用直方图、箱线图、饼图等形式对数据进行可视化，确保给模型输入准确、可靠的数据。

3）模型参数估计

在运筹优化模型中，估计模型参数是一个重要步骤，通常涉及从数据中提取信息以确定参数值。要求解本章分拣直派这一完整运筹优化模型，除了对输入变量进行处理，还需要对平均装卸车时间、分拣中心或营业部的平均单个包裹成本、配送速度等模型参数进行合理估计。通常，对运筹优化模型参数估计方法有统计方法、经验方法、敏感性实验法等，其中，统计方法包括均值或分位数代替总体的方法、矩估计法、贝叶斯估计法等。经验方法大多依赖知识阈值或业务经验，敏感性实验法要对各个参数在一定区间范围内进行实验，选择合适的值作为参数选定值。本章的运筹优化模型大多采用业务经验和统计方法相结合的方式，首先依据业务逻辑确定该参数的计算方法，然后按照统计平均或分位数结果给出参数估计值。

10.3.3　模型求解

构建好数学模型、处理好所需的输入数据之后，还需要细致分析模型的特征以选择简单高效的求解方法。这里主要考虑目标函数为线性单目标、线性多目标和非线性的情况。

1. 线性

1）线性单目标

对于单目标的线性规划模型（不包含整数变量），一般可以直接使用求解器（如 Gurobi、CPLEX、SCIP 等）进行求解。而对于单目标整数线性规划模型，则需要明确模型的变量或约束规模。对于规模较小的模型，可考虑直接使用求解器进行求解。对于规模较大的模型，或对求解质量、时间有特殊要求时，可考虑使用启发式算法（如自适应大领域搜索算法等）进行求解，这些算法能够在合理的时间内找到近似最优解。

2）线性多目标

对于多目标线性规划模型，需要根据目标间的优先级关系选择求解策略。若存在优先级，则可采用分层优化：先单独优化最高优先级目标，将其最优值转为约束后逐级求解次级目标，部分求解器（如 Gurobi）支持该功能。若无明显优先级，则需要分析目标量纲是否可统一：当量纲一致时，可通过加权法转为单目标优化，但权重需谨慎设定；当量纲不同时，可采用目标规划法（设定目标期望值并最小化偏差）、ε-约束法（主目标优化+其他目标约束）或 Pareto 优化法（生成非劣解集）。目标规划需明确期望值，ε-约束法保障次要目标下限，Pareto 法提供多方案选择，决策者需要根据问题特性选择合适的方法。

2. 非线性

如果模型的目标函数非线性，则优先考虑将其线性化，转化成线性优化模型进行求解。如果不可线性化，那么还要分析目标函数是否光滑可导，如果光滑可导，则可以考虑使用凸优化求解器（例如 CVXPY 等）进行求解，否则就需要考虑设计启发式算法（例如遗传算法等）进行求解。

综上所述，运筹优化模型的求解方法的选择是一个复杂而精细的过程，需要综合考虑模型的规模、整数变量存在与否、目标数量、目标函数性质，以及是否存在非线性等多个因素。通过科学合理的分析思路和方法选择，可以找到最适合当前模型的求解方法，从而得到准确且高效的优化结果。

10.4 案例分析

本节将基于 10.3 节介绍的方法论，对"最后一公里"网络中的分拣直派场景进行案例分析，帮助读者理解如何将理论应用于实践。通过对分拣直派问题进行问题建模、数据分析与处理、模型求解，输出成本和时效更优的方案。

10.4.1 问题建模

首先，分析 10.2 节中描述的分拣直派问题，这里将其归类为设施选址问题的拓展，该问题以成本为目标，包含容量限制、时效不降级等多种约束条件，并涉及多个设施的选址。因此，可以将其视为多设施有容量限制的设施选址问题来构建分拣直派模型。如图 10-5 所示，针对一个分拣中心管辖下的所有营业部和路区，将现有物流网络末级分拣中心—营业部—路区的传输逻辑和业务场景抽象为标准的运筹优化问题，其中包含以下三个要素。

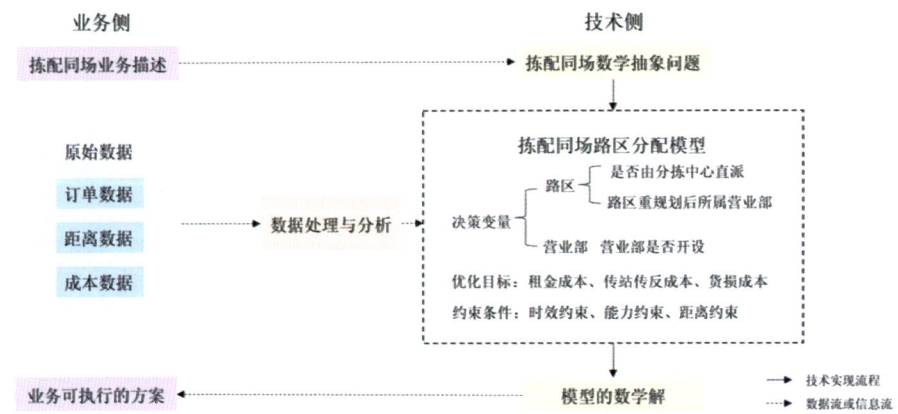

图10-5　分拣直派业务和技术流程

1. 决策变量

决策变量对应业务的验证和执行方案，包括：

- y_i^{sr}：取值为0或1，路区i是否由分拣中心进行直接配送，sr表示变量属于分拣中心配送到路区的类型。
- $y_{j,i}^{br}$：取值为0或1，路区i是否由营业部j进行直接配送，br表示变量属于营业部配送到路区的类型。
- x_j：取值为0或1，是否继续开设营业部j。

2. 优化目标

优化目标为期望改善的指标，最大化因分拣直派模式变化节省的租金成本、传站传返成本和货损成本：

$$\max \sum_{i \in R} y_i^{sr} [(o_{si}^p + o_{si}^d)(p_n^b - p_n^s) + (o_{wi}^p + o_{wi}^d)(p_w^b + p_w^s)$$

$$+ 2(o_{li}^p + o_{li}^d)(r_{break} \text{cost}_{break} + r_{lost} \text{cost}_{lost})]$$

$$+ \sum_{j \in B} d_j^{sb} \times \text{num}_{trips}(1 - x_j)(p_j^{sb} - p_j^{bs}) \qquad (10.1)$$

其中，r_{break}和r_{lost}分别为传站过程中大件搬运一次的破损率与丢失率，cost_{break}和cost_{lost}分别为大件的破损与丢失成本。num_{trips}为一天之内分拣中心到营业部的传站次数。$\sum_{i \in R} y_i^{sr}[(o_{si}^p + o_{si}^d)(p_n^b - p_n^s) + (o_{wi}^p + o_{wi}^d)(p_w^b - p_w^s)]$为直派模式节省的营业部租金成本，$\sum_{j \in B} d_j^{sb} \times \text{num}_{\text{trips}}(1-x_j)(p_j^{sb} + p_j^{bs})]$为直派模式节省的传站和传返成本。将公式（10.1）及下面约束条件中使用的集合、数据集和参数声明如下：

1）集合

- S：分拣中心。
- B：营业部。
- R：路区。

2）配送揽收数据集

- o_{li}^p：路区i的揽收大件货物数量，$i \in R$。
- o_{si}^p：路区i的揽收小件货物数量，$i \in R$。
- o_{li}^d：路区i的配送大件货物数量，$i \in R$。
- o_{si}^d：路区i的配送小件货物数量，$i \in R$。
- o_{wi}^p：路区i的揽收重量数，$i \in R$。
- o_{wi}^d：路区i的配送重量数，$i \in R$。

3）传站成本数据集

- d_j^{sb}：分拣中心到营业部j的距离，$j \in B$。
- $d_{j,i}^{br}$：营业部j到路区i的距离，$i \in R$，$j \in B$。
- d_i^{sr}：分拣中心到路区i的距离，$i \in R$。
- p_j^{sb}：分拣中心到营业部j的传站成本。
- p_j^{bs}：营业部j到分拣中心的传返成本。

4）模型参数

- p_n^s：分拣中心每个包裹的成本。
- p_n^b：营业部每个包裹的成本。
- p_w^s：分拣中心每吨包裹的成本。
- p_w^b：营业部每吨包裹的成本。
- u_s：分拣中心最大容纳的快递件数。
- u_j^b：营业部j最大容纳的快递件数。
- l_j^b：营业部j得以设立的最小快递件数。
- speed_{sr}：分拣中心到路区的配送速度。
- speed_{sb}：分拣中心到营业部的配送速度。

- speed_{br}:营业部到路区的配送速度。
- $\text{time}_{\text{load}}$:平均一次装车时间。
- $\text{time}_{\text{unload}}$:平均一次卸车时间。
- r_{break}:传站过程中大件搬运一次的破损率。
- r_{lost}:传站过程中大件搬运一次的丢失率。

3. 约束条件

优化过程中需要遵守业务规则。其中,为了保证运输效率,需要保证调整后的分拣中心到路区的运输时效和营业部到路区的时效不会变差,分拣中心与直派路区的距离变化、营业部与直派路区的距离变化要在合理范围内;除此之外,还需要保证营业部单量波动范围合理。

直派时效约束:路区 i 由分拣中心直派后的配送时效不能变差,即从分拣中心直派到路区的时间应早于分拣中心传站到营业部,再由营业部配送到路区的时间。

$$y_i^{\text{sr}}[d_i^{\text{sr}}/\text{speed}_{\text{sr}} - (d_j^{\text{sb}}/\text{speed}_{\text{sb}} + d_{j,i}^{\text{br}}/\text{speed}_{\text{br}} + \text{time}_{\text{load}} + \text{time}_{\text{unload}})] \leqslant 0, i \in R \quad (10.2)$$

重规划时效约束:搬迁到其他营业部的路区 i 的配送时效不会变差。

$$\sum_{j \in B} y_{j,i}^{\text{br}} \left[\frac{d_j^{\text{sb}} - d_{b'}^{\text{sb}}}{\text{speed}_{\text{sb}}} + \frac{d_{ji}^{\text{br}} - d_{b'i}^{\text{br}}}{\text{speed}_{\text{br}}} \right] \leqslant 0, i \in R \quad (10.3)$$

其中,b' 指新开设的营业部。

营业部容量约束:若营业部 j 开设,那么其容纳的单量不能低于容纳单量下限,不能高于容纳单量上限。

$$x_j \times l_j^b \leqslant \sum_{i \in R} y_{j,i}^{\text{br}}(o_{\text{li}}^d + o_{\text{si}}^d) \leqslant x_j \times u_j^b, j \in B \quad (10.4)$$

分拣中心容量约束:由分拣中心直派的路区单量总和不能超过分拣中心容纳单量上限。

$$\sum_{i \in R} y_i^{\text{sr}}(o_{\text{li}}^d + o_{\text{si}}^d) \leqslant u_s \quad (10.5)$$

直派距离约束:为了保证终端配送人员的配送合理性,分拣中心与直派路区的距离不能超过 10 km。M 表示一个很大的数。

$$M \times (1 - y_i^{sr}) \geqslant (d_i^{sr} - 10), i \in R \quad (10.6)$$

在式（10.6）中，只有当 $y_i^{sr} = 1$ 时，$d_i^{sr} \leqslant 10$ 的约束才会生效。

重规划距离约束：为了保证终端配送人员的配送合理性，路区与新归属的营业部的距离不能超过原来终端距离 2 km。

$$M(1 - y_{j,i}^{br}) \geqslant (|d_{b',i}^{br} - d_{j,i}^{br}| - 2), \quad i \in R, \quad j \in B \quad (10.7)$$

在式（10.7）中，只有当 $y_{j,i}^{br} = 1$ 时，$|d_{b',i}^{br} - d_{j,i}^{br}| \leqslant 2$ 的约束才会生效。

必要性约束：每一个路区由且只能由一个分拣中心或营业部负责。

$$\sum_{j \in B} y_{j,i}^{br} + y_i^{sr} = 1, i \in R \quad (10.8)$$

正确性约束：如果营业部不开设，则不能管辖任何路区。

$$\sum_{i \in R} y_{j,i}^{br} \leqslant M \times x_j, j \in B \quad (10.9)$$

10.4.2 数据分析与处理

1. 数据集展示

为了构建上述模型中的目标函数和约束条件，需要用到配送/揽收数据集（见表10-1）、传站成本数据集（见表10-2），并估算模型中所需参数。

表 10-1 配送/揽收数据集示例

营业部名称	日均配送小件货物数量（件）	日均配送大件货物数量（件）	日均配送货物重量（kg）	日均揽收小件货物数量（件）	日均揽收大件货物数量（件）	日均揽收货物重量（kg）
营业部1	2108.09		211.70	1060.02	209.10	183.73
营业部2	3657.89	275.31	287.65	980.38	315.08	88.80
营业部3	2957.10	475.59	505.34	769.12	96.71	58.35
营业部4		572.24	537.63	687.23	153.65	272.16
营业部5	4157.89	239.05	698.35	132.32	83.36	47.12

表 10-2 传站成本数据集示例

分拣中心名称	营业部名称	传站里程（km）	平均传站成本（元）	传返里程（km）	平均传返成本（元）
分拣中心 1	营业部 1	56.872	144.095	34.449	205.936
分拣中心 1	营业部 2	60.342	171.375	60.342	153.430
分拣中心 1	营业部 3	25.671		49.013	145.706
分拣中心 1	营业部 4	23.307	99.045	35.351	80.129
分拣中心 1	营业部 5	85.209	242.205	64.083	126.159

在实际场景中，数据集往往存在各种缺失和异常数据，需要处理和修复后才能在模型中使用。为了提高数据质量，确保输入给模型的数据可靠、准确，本节将对上述两个数据集及模型参数进行处理和分析。

2. 传站成本数据处理

1）缺失值检测

首先使用 pandas.info() 方法查看传站成本数据集的摘要信息，如图 10-6 所示。

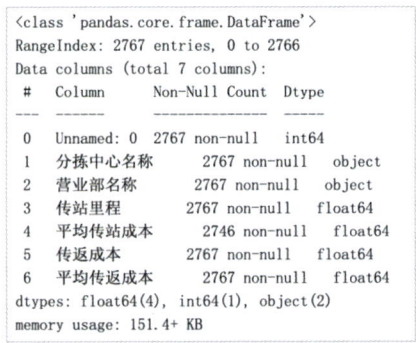

图 10-6　传站成本数据集的摘要信息

2）线性回归填充缺失值

从图 10-6 可以看出，平均传站成本数据存在缺失，根据"传站里程"及"平均传站成本"之间的散点图和业务逻辑推断，二者之间存在正相关关系。为了验证这一正相关关系，我们利用"传站里程"和"平均传站成本"数据训练线性回归模型，得到的线性回归模型为

$$平均传站成本 = 3.15 \times 传站里程 + 39.51 \qquad (10.10)$$

平均传站成本与传站里程的散点图及线性回归拟合结果如图 10-7 所示。

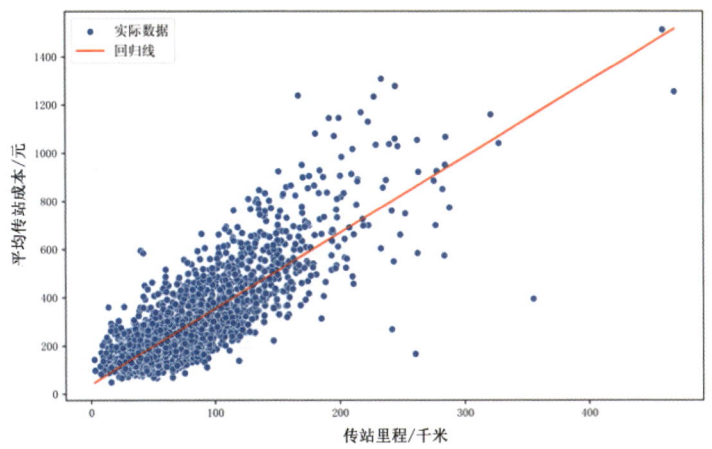

图 10-7　平均传站成本与传站里程的散点图及线性回归拟合结果

这里使用 R^2（R-squared）评估模型的拟合优度。在"传站里程"—"平均传站成本"线性回归任务中，训练模型得到的 R^2 为 0.68，说明拟合程度较好，可以用该模型进行"平均传站成本"数据的预测。因此使用公式（10.10）的线性回归模型，根据"传站里程"补全"平均传站成本"数据缺失值。填充"平均传站成本"数据后的传站成本数据集可以直接在模型中使用。

3. 配送/揽收数据处理

1）基于相关性图提取特征

这里使用前面介绍的缺失值检测方法检查配送/揽收数据集，发现日均配送货量数据存在缺失，需要填充。考虑到一个路区或营业部的日均货量主要由该营业部本身的性质决定，如该路区的占地面积。因此需要获取路区面积、配送人数、人效、平均出勤时间四个特征，对这些特征进行相关性分析，选出与配送货量数据相关的特征。

从图 10-8 中可以看出，配送人数、路区面积与配送货量的相关系数大于 0.5，认为与配送货量相关；而人效和平均出勤时间与配送货量的相关系数小于 0.5，认为相关性不大。

2）使用 K-Means 填充缺失数据

根据上述相关性分析，选择配送人数和路区面积作为聚类特征，并对各个路区进行 K-Means 聚类。对各个路区进行 K-Means 聚类时需要计算不同样本间特征的距离，由于配送人数和路区面积的量纲不同，无法直接计算距离并求和，因此使用 0-1 标准化方法将不同特征进行标准化处理。

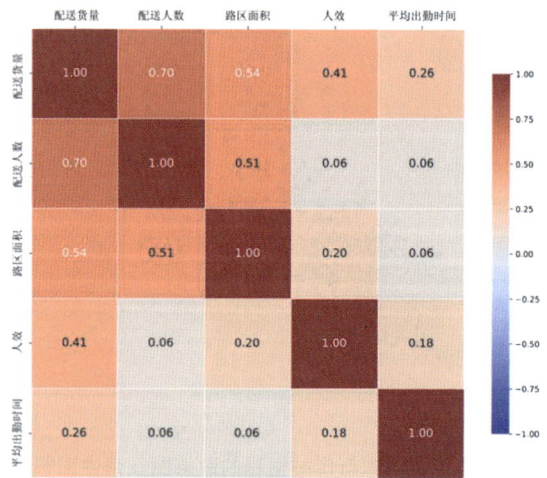

图 10-8 各路区面积、配送人数、人效、平均出勤时间的相关性图

K-Means 是一种无监督聚类算法，在建立模型前无法确定聚类类别数，即聚类类别数（图中的 n_clusters）是一个可调参数。这里将聚类类别数从 2～10 进行敏感性实验，得到的结果如图 10-9 所示。

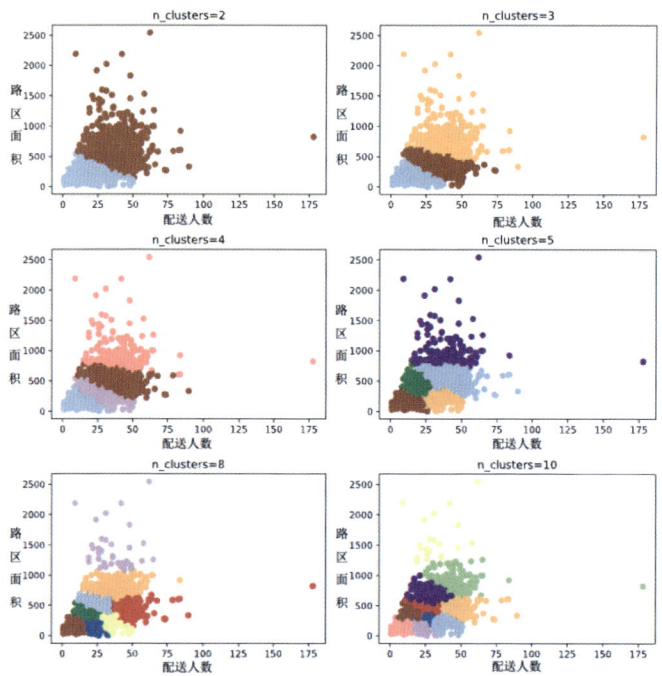

图 10-9 K-Means 聚类类别数敏感性实验散点图

从图 10-9 中可以看出，当聚类类别数小于 4 时，聚类结果显示配送人数和路区面积较小的归于一类，配送人数和路区面积较大的归于一类，呈现出一定的线性特征。当聚类类别数大于或等于 4 时，聚类分布开始出现非线性特征。从聚类类别数为 8 到聚类类别数为 10 的散点图可以发现，聚类分布结果仅在较小的样本上进行分裂，而没有较大的调整和变化。因此，这里选择聚类类别数为 8 对不同路区进行聚类。针对聚在同一类的路区，若某路区的配送货量数据缺失，则使用同类别路区配送货量的均值进行填充。

3）直方图展示

下面通过日均配送货量的直方图来验证模型对日均配送货量数据中缺失值处理的正确性和合理性，如图 10-10 所示。从图 10-10 中可以看出，日均配送货量曲线平滑且无异常值。

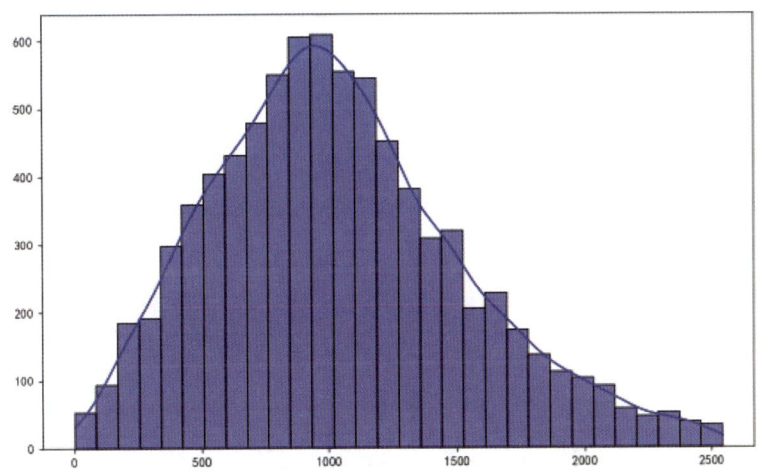

图 10-10　日均配送货量经过平滑处理后的分布

4. 模型参数估计

对数据集进行处理后，对模型求解来讲还不完备，求解该运筹优化模型还需要给出模型中的各参数值。本节展示如何估算图 10-6 中的关键参数值。

分拣中心或营业部的每个包裹的成本（p_n）由该营业部日均总成本除以该营业部日均总包裹数得到，其中日均总成本包括该场地的日均租金成本、日均设备运营成本、日均线路成本。而分拣中心或营业部的每吨包裹的成本（p_w）由该营业部日均总成本除以该营业部日均包裹总重量得到。平均每个包裹的成本由各分拣中心或营业部的每个包裹的成本求平均值得到。为了去除极端值的影响，在求平均值之前去掉前后 10%分位数，以p_n^b为例，计算公式如下：

$$p_n^b = \frac{1}{|P|} \sum_{j \in P} \frac{p_{\text{total}_j}}{o_{\text{total}_j}} \tag{10.11}$$

其中，p_{total_j} 表示营业部 j 的日均总成本；o_{total_j} 表示营业部 j 的日均包裹数；$\frac{p_{\text{total}_j}}{o_{\text{total}_j}}$ 表示营业部 j 每个包裹的成本；P 表示各个营业部中对每个包裹的成本进行排序，位于 10%~90%分位数之间的值的集合；$|\cdot|$为集合的度量，即满足 10%~90%分位数的营业部个数。

分拣中心或营业部最大容纳的快递件数（u）由全网所有分拣中心或营业部容纳快递件数中的最大值得到，而营业部得以设立的最小快递件数（l）由全网所有营业部容纳快递件数中的最小值得到。

分拣中心、营业部、路区间的配送速度（speed）由各自全网配送速度去掉前后 10%分位数后取平均值得到，装卸车时间（time）由过往每辆车的装卸车时间去掉前后 10%分位数后取平均值得到。

传站过程中大件搬运一次的破损率由全网大件传站破损率去掉前后 10%分位数后取平均值得到，传站过程中大件搬运一次的丢失率由全网大件传站丢失率去掉前后 10%分位数后取平均值得到。

10.4.3 模型求解

通过 10.4.2 节的数据处理和分析，得到了模型可以直接使用的数据和参数值。由于该模型是一个单目标的整数线性规划模型，并且在分拣直派案例中，决策变量和约束条件的规模相对较小，因此采用求解器直接求解最为高效便捷，这里采用商用求解器 Gurobi 对模型进行求解。经过实践，求解过程可在分钟级的时间内得到最优解。本节选取部分分拣中心作为试点进行求解，得到的降本饼图如图 10-11 所示。从图 10-11 中可以看出，路区重规划减少的传站成本占比最高，其次为租金成本。

经过基于分拣中心直派的配送网络优化模型的处理，各分拣直派路区的总体配送时间均有所降低，证明模型给出的路区规划方案有效提升了配送时效，如表 10-3 所示。

第 10 章 网络：分拣直派模式

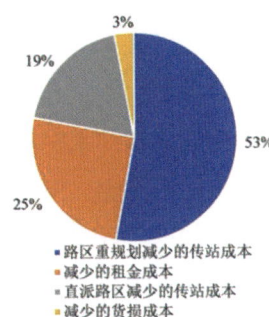

图 10-11 降本饼图

表 10-3 直派路区各项指标的平均值

分拣中心名称	路区直派距离（km）	终端配送距离（km）	配送距离变化（km）	时效变化（h）
分拣中心 1	5.77	2.76	3.02	-0.92
分拣中心 2	7.75	3.56	4.19	-0.87
分拣中心 3	8.42	0.34	8.08	-0.55
分拣中心 4	5.94	2.01	3.93	-0.70
分拣中心 5	6.90	5.77	1.13	-0.96
分拣中心 6	8.23	2.81	5.43	-0.74
分拣中心 7	7.84	1.60	6.24	-0.73
分拣中心 8	8.40	5.56	2.84	-1.01
分拣中心 9	7.08	2.48	4.60	-0.72

如图 10-12 所示，以某分拣中心为例，经过模型优化，更靠近分拣中心的路区被直派，部分路区进行了重规划并被划分至其他营业部，直观上可以看出优化效果较为显著。

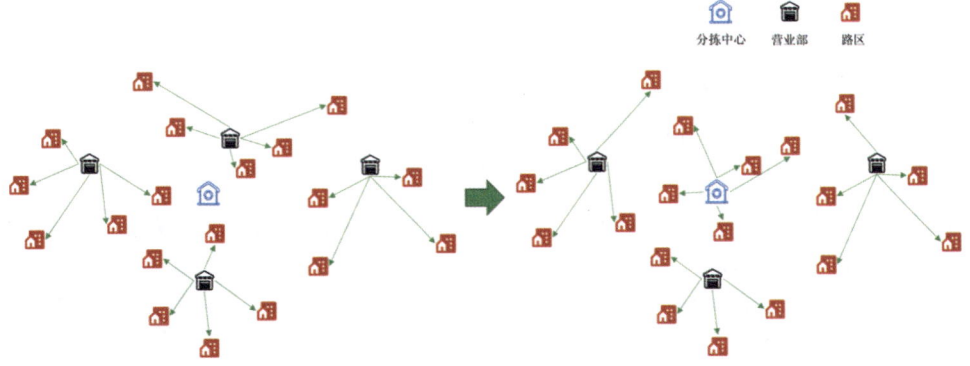

图 10-12 某分拣中心路区的变化

10.4.4 结论

本节通过分拣直派案例分析,系统展示了如何将运筹优化技术与数据科学的方法相结合,解决物流网络中的实际问题。本案例以某区域分拣中心的物流配送为背景,将分拣直派问题建模为多设施有容量限制的设施选址问题的变种问题,构建了以成本最优为目标、以时效约束为核心,涵盖营业部容量与距离限制的整数线性规划模型。在数据处理阶段,针对传站成本与配送货量数据的缺失问题,采用线性回归与 K-Means 聚类相结合的方法对数据进行填充,确保数据质量。在模型求解阶段,通过 Gurobi 求解器实现分钟级最优解的输出,试点结果显示:分拣直派模式使配送距离平均缩短了 $1.13 \sim 8.08$ km,时效提升了 $0.55 \sim 1.01$ h,同时通过关闭冗余营业部、优化路区覆盖范围,有效降低了综合成本,其中降低的传站成本占比最高。该案例验证了"数据驱动+运筹优化"方法在物流网络设计中的有效性,为行业提供了可复用的标准化改造路径,凸显了分拣直派模式在降低中间环节损耗、提升全链路效率方面的战略价值。

10.5 本章小结

本章研究了分拣直派的"最后一公里"网络优化问题,旨在克服传统配送网络中难以从全局角度考虑配送时效的问题,通过构建分拣中心直派的配送网络,有效提升了配送效率并降低了配送成本。

本章综合考虑了配送时效、成本和场地容量等多种因素,构建了分拣直派数学模型。为了给模型提供可靠、准确的数据,我们对所使用的数据集进行了分析和处理。在进行数据分析和处理时,发现原始数据存在数据缺失等问题,为此使用线性回归模型、K-Means 等方法填充缺失数据,以确保数据的质量和一致性;根据业务逻辑估算了模型所需要的各个参数;通过直方图、散点图和相关性图等可视化手段,直观地揭示了数据分布及特征之间的关联关系。最后,将处理好的数据输入模型,使用 Gurobi 求解器得到最优分拣直派方案。

本章将数据科学的方法与运筹优化技术应用于"最后一公里"网络的优化,实现了时效提升、体验改善的目标,同时,这些方法和技术也有潜力在更多物流和供应链管理场景中发挥作用。

第11章
CHAPTER 11

配送:"最后一公里"提效

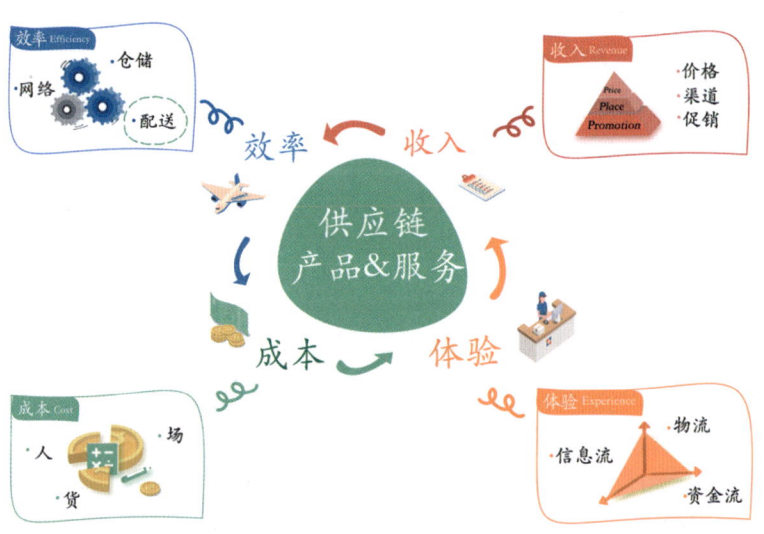

图 11-1 "最后一公里"提效

下面进入"效率"部分的"配送"章节,如图 11-1 所示。本章以"最后一公里"提效为例,介绍如何设计物流场景下的 A/B 实验,以验证激励机制在提高配送时效方面的有效性。

11.1 背景介绍

"最后一公里"配送作为供应链末端触达消费者的关键环节,其运营效率直接影响客户体验与行业成本结构。在即时配送领域,末端配送成本占比较高,而服务满意度调查表明,大部分投诉集中于配送时效与服务态度。这一矛盾促使行业从传统劳动密集型模式向数据驱动的智能管理模式转型。为了持续提升运营的效率,提供优质的服务,与"最后一公里"紧密相关的外卖、物流行业都在持续提升管理能力,包括信息化、数字化的管理平台的搭建,智能算法的引入等。除了技术和系统的能力提升,企业也在持续通过"互联网+"的一系列创新方法,优化人机协同的模式,希望通过更多元化的激励机制来调动人的积极性,为客户持续提供更优质的服务。

激励机制是一个复杂的系统,现代企业正构建基于行为经济学的激励科学体系,其框架可解构为:

(1)历史价值评估:其中一种重要方法是等级机制。配送员根据历史单量、服务时效、客户反馈等指标获得积分,并依据积分被划分为多个等级。等级越高,享有的权益也越多,包括排班优先、生活福利和学历提升等多方面的支持。

(2)实时动态激励:包括排行榜和实时奖励,例如在节假日或异常天气下的接单奖励,以及游戏化的等级机制。该机制记录配送员每天的服务时效和客户反馈,并根据排名给予奖励。排名靠前的配送员可以获得月度奖金、奖品及更多的派单机会。

(3)未来价值投资:关键方法包括行为激励和增收计划。行为激励通过提供福利商品,鼓励配送员积极维护客户关系,提高服务标准。增收计划则通过鼓励配送员组建小队,进行业务开发和客户拓展,以增加团队收入。

企业需要采用科学的方法评估激励机制的有效性。目前行业内已经形成了标准化的 A/B 实验评估框架。通过将配送员随机分配到实验组和对照组,A/B 实验可以精确测量不同激励方案对关键绩效指标的影响。例如,企业可以测试各种奖励策略对配送时效和客户反馈的影响。这种方法不仅有助于识别最有效的激励措施,还为企业提供了数据支持,使其能够在快速变化的市场环境中及时调整和优化激励方案。

11.2 问题描述

在配送场景下实施随机对照实验面临双重挑战：小样本场景下的统计有效性问题与区域异质性引发的混淆变量干扰。

实验组最小样本量需要满足效应量检测要求。然而在初期试点阶段，当实验组样本数量 n 小于 30 时，容易导致以下问题：

（1）假设检验失效风险：T 检验要求样本接近正态分布，小样本易受异常值干扰。

（2）对照组匹配困境：在配送员数量较少的区域，倾向得分匹配（PSM）的匹配效果可能较差。

随着实验规模扩大，经济差异、地形复杂度与网络效应成为主要混杂因素：

（1）经济差异：区域经济水平的不同可能导致配送员的运单量存在显著差异。例如，在经济发达地区，配送员的运单量通常高于经济欠发达地区。

（2）地形复杂度：在地势平坦地区，配送员面临的配送难度通常小于地形崎岖地区的配送员。

（3）网络效应：由于同一区域的配送员之间常常存在交流，该区域内的配送员通常要么全部参与实验，要么全部不参与。如果一些配送员发现同区域的其他人因激励机制而获得奖励，则可能会引发不满和纠纷。

11.3 解决方案

本节将通过思维导图展示整个解决方案，如图 11-2 所示。首先从基础的数据来源和分析模块入手，然后结合技术与业务需求进行模型选择。在 A/B 实验中，选择模型后需要分析实验组和对照组的合理性。在确保两组具有可比性的前提下，实验结束后即可进行客观的实验效果分析。

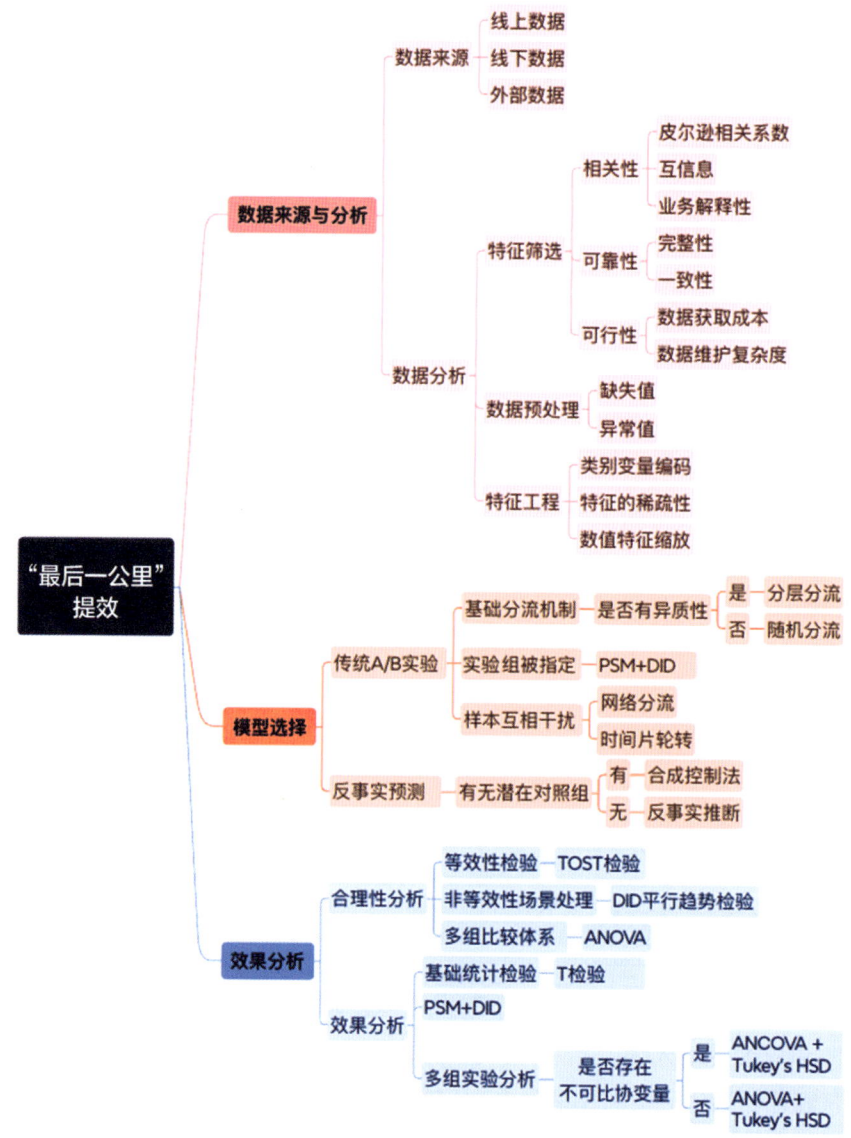

图 11-2 "最后一公里"提效解决方案

11.3.1 数据来源与分析

1. 数据来源

数据来源的合理选择与结构化处理是建模分析的基石。基于企业数字化转型现状与业务场景特性,可以构建如下多级数据源架构体系。

1）线上数据

需要加工处理的线上数据：

这类数据虽存储于企业数据库中，但原始指标未必能直接用于业务场景，需要通过特征变换进行转化。典型案例为服务投诉指标的标准化处理。

问题背景：配送员单量差异导致绝对值指标失真（例如，A 配送员的日单量为 100 单，投诉为 1 次，B 配送员的日单量为 500 单，投诉为 3 次。直观上看，B 配送员被投诉的次数较多）。

解决方案：构建千单投诉率指标。

$$千单投诉率 = \frac{投诉量}{完成单量} \times 1000$$

转化效果：A 配送员的千单投诉率为 10，B 配送员的千单投诉率为 6，客观反映了服务质量差异。

可直接提取的线上数据：

涵盖配送人员基础属性数据（年龄、司龄等）、运单基础数据（运单数量、时效等）及设备物联数据（跑动距离等），这类数据可以直接从企业的线上数据库中提取。

2）线下数据

以离线形式保存的数据。这类数据可能由于多种原因而存在，例如某些关键运单数据需要人工审核，或者公司本身数字化程度不足等。

3）外部数据

主要指企业内部缺乏的数据。这些数据部分可通过 API、网络爬虫获取。此外，某些数据需要通过外部采购才能获得，例如高质量的天气数据。

2. 数据分析

在完成数据采集后，需要通过系统化的数据治理流程将原始数据转化为适合建模的特征。本节重点介绍面向 A/B 实验验证场景的数据处理框架，其核心在于构建具有可解释性的特征体系，包括特征筛选、数据预处理和特征工程三部分。

1）特征筛选

在数据分析中，特征筛选是优化模型性能与业务适配性的核心环节。首先，特征筛选聚焦目标关联性：利用 Pearson 相关系数检验特征与关键指标（如配送时效）的线性相关性，结合互信息评估捕捉非线性关联，同时引入业务解释性验证，剔除明显违背业务逻辑的特征。

其次，针对数据可靠性实施严格审计，包括完整性审计（排除缺失值比例超阈值的特征）和一致性验证（如对比运单系统里程数与 GPS 轨迹数据差异）。

最后，实施可行性评估。在技术层面量化数据获取成本，包括特征抽取的算力消耗和实时计算延迟；在业务层面预判特征维护复杂度，例如依赖外部 API 的特征需要评估接口稳定性。

2）数据预处理

数据预处理旨在通过结构化清洗来提升数据质量：针对随机缺失值，采用均值填补与业务逻辑填充相结合的策略；同时构建异常值双重校验机制，先通过 Z-score 等统计方法初筛数据离群点，再叠加配送业务规则（如校验单日里程是否超出车辆物理极限）进行二次过滤，确保异常判定既符合数理规律又适配实际运营场景。

3）特征工程

特征工程作为数据预处理的下一环节，其价值在于挖掘数据深层的建模潜力。这一过程通过多维度重构解决原始数据的问题：对离散的类别变量进行结构化编码（如配送难度分级数字化），将高维稀疏特征压缩为信息密度更高的表达形式（如天气特征的业务聚类），对量纲差异大的数值特征实施归一化处理（如配送里程、体积归一化），最终构建出既适配算法需求又符合业务逻辑的特征体系。

类别变量结构化：

类别变量的结构化转换是解决非数值特征建模适配性问题的关键步骤。当模型无法直接处理等级型数据时（如配送难度的高/中/低分级），需要通过编码技术实现算法兼容：独热编码适用于无序类别，通过扩展维度避免虚假序关系；标签编码则适用于具有内在等级的特征，将高-中-低映射为 3-2-1 数值序列。

稀疏特征优化：

稀疏特征优化的核心在于平衡信息完整性与计算效率。当高维稀疏矩阵威胁到模型稳定性时（如独热编码导致天气特征扩展为数十个低密度字段），可以实施多种优化策略：横向压缩维度，即聚类离散值（如将暴雨/暴雪统一编码为"恶劣天气"）；纵向融合场景特征，通过特征组合刻画复杂模式（如"高温&晚高峰"组合预警配送延迟风险）；采用降维技术（如 PCA 降维）提炼本质信息。

数值特征标准化/归一化：

数值特征标准化的必要性源于特征量纲差异对模型结果的潜在影响。当特征分布形态（如偏态）或量级跨度威胁到模型有效性时，就需要实施差异化处理：对于呈现右偏分布的数据，通过对数变换调整其分布形态，使其更接近钟形曲线；面对跨量纲特征（如以公里为单位的里程数与以公斤为单位的货物重量），采用Min-Max归一化将其映射到统一标度区间。

11.3.2 模型选择

在 A/B 实验中，选择合适的模型对于评估激励机制至关重要。根据对照组的存在形式，可以将模型分为两大类：传统 A/B 实验模型和反事实预测模型。传统 A/B 实验模型适用于真实存在对照组的场景，而反事实预测模型适用于需要构建虚拟对照组的场景。

1. 传统 A/B 实验

传统 A/B 实验的核心在于通过随机化分配参与者来评估不同变体的效果。但为了应对各种业务需求和实验条件，传统 A/B 实验又有以下几种不同的变体。

1）基础分流机制的 A/B 实验

传统 A/B 实验通过随机化分配参与者来确保实验结果的可靠性。在实验组与对照组的构建阶段，需要根据业务特性选择分流策略：若无特定业务限制，则可以采用完全随机分配使每个单元（订单/配送员）等概率进入实验组；若存在关键混杂变量（如配送员经验等级、区域单量规模），则实施分层随机分配——先按特征分层，再在层内随机分组。

2）实验组被业务指定的 A/B 实验

当实验组被业务指定时，需要采用 PSM-DID 混合框架突破随机化限制。首先通过倾向得分匹配构建可比对照组；随后进行双重差分分析，验证实验前两组的关键指标差异是否保持平行趋势，从而剥离时间因素及两组固有差异对策略效果的混淆。

3）样本互相干扰的 A/B 实验

在样本互相干扰的场景中，可以使用以下两种算法：

（1）时间片轮转算法：例如，将 30 天实验周期划分为 5 个时间块（6 天/块），实验组与对照组在相邻时间块内轮换承担策略角色。

（2）网络分流算法：即基于历史数据聚类强关联样本，在簇级别进行随机实验。

2. 反事实预测

尽管传统 A/B 实验在许多情况下是理想的选择，但在样本量较少时，可能导致实验效果不可靠。此外，当实验方案已经全面推广导致对照组不存在时，传统 A/B 实验也无法应用。此时，反事实预测成为一种有效的替代方案。

在反事实预测中，首先需要评估对照组是否仍然存在。例如，在实验初期，如果实验组样本极少但对照组样本充足，那么可以采用合成控制法。在实验结束后，通过分析实验组与虚拟对照组在关键指标上的差异来评估实验效果。

然而，当所有样本都属于实验组且没有实际对照组时，可以考虑使用另一种反事实预测方法来估计实验效果。此方法基于实验组样本在实验前的历史数据，预测并模拟在未实施实验情况下的指标表现，这种模拟结果被称为虚拟对照组。预测方法包括时间序列模型和机器学习模型等，而仿真方法可能涉及数字孪生技术。预测适用于难以进行仿真的场景，而仿真通常能提供更高的准确性。在实验结束后，通过比较实际样本指标与预测或仿真生成的虚拟对照组指标来评估实验结果的有效性。

11.3.3 效果分析

效果分析是评估实验成败的关键环节，分为实验前的分流合理性分析和实验后的效果分析两部分。分流合理性分析一般在实验前进行，利用已有数据确保实验组与对照组之间的可比性。根据实验前 A/B 两组是否存在差异及分组数量的不同，分流合理性检验方案需要灵活调整，以确保各组之间的差异在可接受的范围内。实验后的效果分析用于评估实验策略是否达到了预期目标，其核心任务是比较实验组与对照组之间的差异，以验证实验方案的有效性。根据分流方式的不同，效果分析的方法和重点也需要做相应的调整，以适应不同的实验条件和数据分布。

1. 合理性分析

1）等效性检验

虽然在许多实验中，常使用 T 检验来判断实验前实验组与对照组之间的可比性，但 T 检验的原假设是两组均值相等。统计结果在不拒绝原假设的情况下，并不意味着原假设为真，不拒绝原假设可能仅因为样本量不足，而非两组指标相等或无差异。因此，针对传统 T 检验的局限性，可以进一步使用等效性检验（Two One-Sided Test，TOST）。TOST 通过大于和小于两个不等式来刻画原假设。当检验结果拒绝原假设时，意味着两组的均值差异处于一个非常小的区间内，从而认为实验组和对照组在实验前是可比的。

2）非等效场景处理

如果实验前发现两组均值不可比，则可以使用 DID 的平行趋势假设检验。若指标数据通过平行趋势假设检验，则表明两组在实验前的差异（组间差异和时间增量）是固定的，因此可以在实验结束后从实验效应中剔除这种固定差异，以获得客观的实验效果。

3）多组比较体系

在多实验组的情况下，需要同时比较多组的可比性。此时可以使用方差分析（ANOVA）。ANOVA 通过将总方差分解为组间方差和组内方差，并通过 F 检验判断实验对关键指标的影响是否显著。

2. 效果分析

1）基础统计检验

在实验结束后，评估实验效果的常用方法是 T 检验。在实际应用中，首先需要对实验组和对照组的数据进行方差齐性检验。根据方差是否相等，分别采用满足方差齐性的 T 检验和不满足方差齐性的 T 检验。当检验结果的 P 值小于 0.05 时，拒绝原假设，即认为实验组和对照组的均值存在显著差异。

2）PSM+DID

当采用 PSM+DID 或纯 DID 方法进行效果分析时，实验效果的判断方法与前述 T 检验有所不同。回顾如下 DID 建模公式（11.1）：

$$Y_{i,t} = a_0 + a_1 \text{Treatment} + a_2 \text{Time} + a_3 \text{Treatment} \times \text{Time} + \varepsilon_{i,t} \quad (11.1)$$

其中，$Y_{i,t}$ 是实验指标，下标 i 表示样本编号，t 表示时间，Treatment 项取值为 1 或 0，表示是否为实验组，Time 项取值为 1 或 0，表示是否开始实验，a_0 至 a_3 均是模型系数。特别地，a_3 是交互项的系数。当 a_3 显著不为零（即回归检验后 a_3 的 P 值小于 0.05）时，可以认为实验后的激励机制是有效的。

3）多组实验分析

对于多组实验，需要使用方差分析，尤其是协方差分析（ANCOVA）来判断实验效果。ANCOVA 是在 ANOVA 的基础上引入协变量的一种扩展方法，用于控制因变量中由协变量引起的变异，从而更准确地评估主要因子对因变量的影响。例如，在研究不同激励机制对配送员配送时效的影响时，ANCOVA 可以控制单量这一重要协变量。

然而，ANCOVA 只能指出多组之间存在差异，无法直接比较多组之间的两两差异。由于在多组情况下进行两两 T 检验可能引发假阳性问题，因此可以使用 Tukey's HSD 方法来应对假阳性问题。Tukey's HSD 方法通过计算组间均值差异的标准误差，并基于 q 分布（Tukey's Studentized Range Distribution，学生化范围分布）控制多重比较误差，从而确定组间差异的显著性水平。该方法为每对组的均值差异计算一个临界值，若某对组的均值差异大于此临界值，则认为这对组之间存在显著差异，从而有效避免假阳性问题。

11.4 案例分析

假设某新兴物流企业当前核心业务痛点为末端配送时效低于行业基准值。为此，企业计划测试一种提升配送员效率的新方案——游戏化等级机制，以期提高配送时效。项目设计框架如下：

（1）机制架构：构建五级成长体系（青铜、白银、黄金、铂金、王者），基于配送时效、服务满意度等核心指标动态计算积分。

（2）激励模式：等级晋升触发阶梯式奖励（即时奖金、优先分单权、装备升级补贴等）。

为了科学评估游戏化等级机制的实际效果，项目组设计了二阶段渐进验证方案。在**小范围探索性实验**阶段，选择一小部分配送员进行试点，重点监测可能引发的负面指标波动（如服务满意度是否下降）；在确认游戏化等级机制没有负面影响后，启动**大规模验证实验**，通过对比实验组与对照组的配送时效等核心指标，最终形成兼顾机制安全性与效能提升的规模化落地策略。

11.4.1 数据准备

1. 数据收集

游戏化等级机制从基础信息、需求信息和供给信息三个维度系统化地采集配送相关的特征数据。

1) 基础信息

基础信息主要描述影响配送员工作环境的因素，表征配送网络基础设施与地理约束条件：

- 地理位置：终端营业部（指物流网络中直接面向客户、负责货物最终交付及前端服务的末端节点，以下简称营业部）的位置差异（如城市中心与偏远地区）会显著影响交通便利性与末端配送难度。
- 路区类型：不同的路区类型（如商业区、住宅区）可能对配送的复杂性产生不同影响。
- 电梯与步梯的比例：特别是在多层建筑中，电梯与步梯的比例会影响配送的难度和效率。
- 路由信息：包括到车波次、到车时间和到站货量，这些因素对物流的时效性和调度效率有重要影响。
- B 端和 C 端商家数据：分析不同客户类型对业务的不同影响。

2) 需求信息

需求信息包括与运单量相关的特征，反映市场对物流资源（如配送员、营业部等）的需求：

- 日维度单量及其方差：通过日维度单量和方差来评估业务的稳定性和波动性。
- 派件和揽件单量：用于直接衡量配送和揽收的单量。

3) 供给信息

供给信息描述市场需求的人力和物力资源：

- 配送员数量：包括自营和第三方配送员的数量，配送员数量会影响人力资源的配置和管理。
- 配送员的工作经验和岗位信息：包括工龄和司龄等，反映配送员的熟练程度。
- 配送员的收入结构：涵盖薪资和计提比例，直接影响配送员的激励水平。
- 工作时长：用于评估配送员的工作负荷和工作效率。
- 配送总里程数：用于评估配送员的工作量和效率。
- 配送时效：综合衡量配送员在揽收和配送环节的时效情况。
- 服务满意度：表示客户对配送员配送服务的满意程度。

2. 数据清洗

1）数据概览

作为示例，这里仅使用部分特征进行后续分析。首先检查配送员和营业部数据的整体情况，如图 11-3 所示。

```
RangeIndex: 1960 entries, 0 to 1959
Data columns (total 16 columns):
 #   Column      Non-Null Count   Dtype
---  ------      --------------   -----
 0   日期          1960 non-null    object
 1   小哥id        1960 non-null    object
 2   营业部名称      1960 non-null    object
 3   司龄          1918 non-null    float64
 4   年龄          1891 non-null    float64
 5   工龄          1908 non-null    float64
 6   妥投单量        1960 non-null    float64
 7   配送时效        1960 non-null    float64
 8   C端揽收及时率    1960 non-null    float64
 9   C端揽收单量      1909 non-null    float64
 10  B端揽收单量      1884 non-null    float64
 11  售后取件单量      1915 non-null    float64
 12  B端揽收及时率    1062 non-null    float64
 13  服务满意度       1960 non-null    float64
 14  路区难度系数      1960 non-null    float64
 15  跑动距离        1431 non-null    float64
```

图 11-3　数据整体信息

通过初步分析，可以发现一些特征存在缺失值，例如 B 端揽收及时率、跑动距离等。

2）缺失值处理

（1）缺失值检测。

为了更清晰地了解数据缺失情况，下面进一步统计各字段的缺失值比例，如图 11-4 所示。

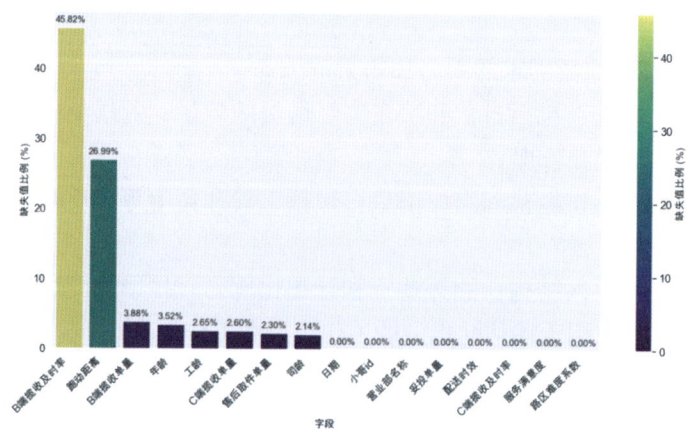

图 11-4　各字段缺失值比例

从统计结果可以看出，大多数特征的缺失值的比例小于 4%，这类缺失通常由于数据记录过程中的偶然遗漏或错误所致，可使用均值填充、中位数填充等空值填充方法处理。

（2）业务特性导致的缺失及其处理方式。

B 端揽收单量及时率的缺失值的比例高达 45.82%，如此高的缺失率需要进一步探究其原因。经过分析发现，许多配送员并没有 B 端揽收任务，这意味着在 B 端揽收单量为零的情况下，对应的及时率自然为空值。因此，这类缺失并非数据记录错误，而是业务特性所致。由于及时率为 0 具有特定的业务含义，所以这些缺失值不适合用特定值 0 进行填充。因此，在后续分析中可以剔除该特征，以避免对分析结果的误导。

（3）技术问题导致的缺失及其处理方式。

跑动距离的缺失值的比例为 26.99%。这种缺失可能是多种因素引起的，例如配送员在作业过程中记录移动距离的传感器可能存在掉落、失灵等问题，或者传感器信号不够灵敏，导致数据没有被完整记录。鉴于这种高比例的缺失值，可以选择删除该特征，以确保数据的质量和分析结果的可靠性。

3）异常值处理

（1）异常检测。

以 B 端揽收单量为例，使用散点图对其进行可视化分析，如图 11-5 所示。

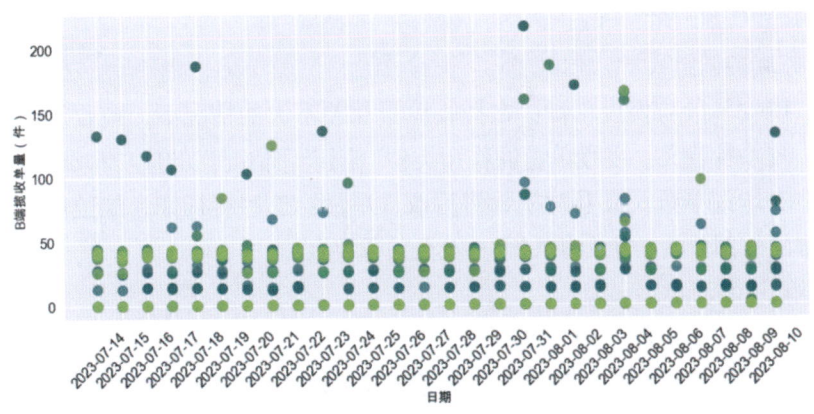

图 11-5　B 端揽收单量散点图

通过对 B 端揽收单量的分析发现，大多数数据集中在较小的数值范围内，而少数数据点显著偏离正常水平。从技术角度来看，可以使用 Z-score 方法来检测并剔除这些异常值,以确保数据的整体一致性和模型的准确性。

(2)成因诊断与处理策略。

从业务角度分析,这种异常可能与特定配送员的职责分工有关。例如,某些配送员可能专门负责 B 端揽收任务,或者某些企业在特定日期或时间段内集中安排大量揽收任务,从而导致这些配送员的揽单量异常偏高。在本项目中,为了确保样本之间的可比性,并避免异常值对模型产生不利影响,可以剔除这些异常数据。

11.4.2 特征工程

项目构建多级特征筛选体系,从几百项初始特征中提炼出几十项核心特征。作为示例,以下仅展示部分指标和特征。

1. 核心指标筛选

- 配送时效:配送时效是直接反映配送效率和服务质量的核心指标,也是衡量配送员表现的关键因素。
- 服务满意度:服务满意度用于评估客户对物流服务的整体满意程度,同时反映配送员的服务水平。项目目标是在提升配送时效的同时,保持服务满意度不显著下降。

2. 特征体系构建

业务流特征组:

- 揽收单量与妥投单量:在揽收单量相差不大的情况下,揽收及时率的比较才有意义;妥投单量的作用类似,用于评估配送的成功率和及时性。
- B 端揽单量及其及时率、售后取件单量:这些特征作为配送员日常任务的一部分,对于分析配送时效至关重要。

环境约束特征组:

- 路区难度系数:用于评估配送的复杂性,以公平地评价配送员的绩效。在不同的路区难度系数下,配送相同单量的效率可能会有显著差异。

人力资源特征组:

- 司龄、工龄、年龄:司龄和工龄有助于模型理解配送员的经验如何影响其绩效。由于物流行业是劳动密集型行业,因此年龄特征可以部分反映配送员的生理状态和工作能力。

其他特征组：
- 跑动距离：此特征反映配送员的工作负荷和效率，是评估工作强度的重要指标。

11.4.3 模型构建

1. 实验设计

本项目采用两阶段递进式验证框架，通过准实验设计与因果推断技术的结合，系统评估游戏化等级机制对配送网络的动态影响。

1）探索性实验阶段（小流量实验）

小流量实验的目的是初步测试激励机制，识别潜在风险。在项目推广的初期，项目在少部分营业部试行了游戏化等级机制，并通过合成控制法，利用历史数据构建合成对照组。这一方法可以在小规模测试中评估激励机制的初步影响。

2）验证性实验阶段（放量实验）

放量实验旨在以更大规模验证机制的有效性。项目采用了倾向得分匹配（PSM）方法，以确保实验组和对照组在关键特征上的可比性。通过 PSM 方法，可以更准确地评估激励机制在大规模应用中的效果。

2. 模型选择

1）选择合成控制法的理由

（1）逻辑分析。

在小流量实验设计中，由于实验组的营业部是预先指定的，所以无法采用随机分流的方法来构建对照组。同时，考虑到实验数据的样本量相对有限，倾向得分匹配等传统方法也难以有效实施。基于这些约束条件，合成控制法成为最合适的选择。

（2）验证实验前的合成对照组。

为了便于理解，这里选取其中一个营业部作为示例，展示其合成对照组的构建过程。通过对比实验组与合成对照组的关键特征，可以直观地评估两者的相似程度。合成对照组和实验组的特征比较结果如图 11-6 所示。

从图 11-6 中可以观察到，实验组和合成对照组在大多数特征维度上保持了较高的相似性，尤其是在服务满意度这一关键指标上。然而，仅依靠可视化图表进行判断可能缺乏足够的严谨性。因此，可以进一步采用 TOST（Two One-Sided Test）检验对"服务满意度"这一核心指标进行统计验证。

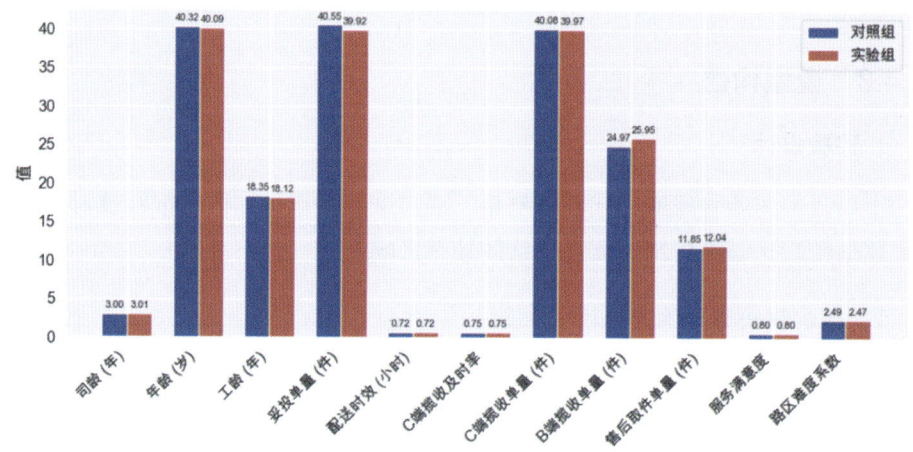

图 11-6　合成对照组和实验组的特征比较结果

（3）确认选择合理性。

选择 TOST 检验的主要原因在于其独特的假设检验框架：它通过构建双重单侧检验，能够有效验证两组数据之间的差异是否落在预设的可接受范围内。当检验结果拒绝原假设时，表明实验组与合成对照组之间的差异在统计学意义上可以忽略，从而证实了合成对照组的合理性。关于 TOST 检验的具体理论依据，读者可参考 5.1.2 节的相关论述。

2）选择 PSM 方法的理由

（1）逻辑分析。

在放量实验阶段，尽管数据量较初期显著增加，但由于成本和业务的限制，实验组的配送员仍被提前指定。为了确保对照组与合成实验组之间的可比性，这里采用了倾向得分匹配方法。PSM 方法基于可观测特征的匹配，能够有效减少选择偏差，提升实验结果的可靠性。

（2）验证实验前的匹配对照组。

为了直观展示匹配效果，这里通过分布图对比了实验组与合成对照组的配送时效分布。如图 11-7 所示，匹配后两组的分布形态已相当接近，初步验证了匹配的有效性。

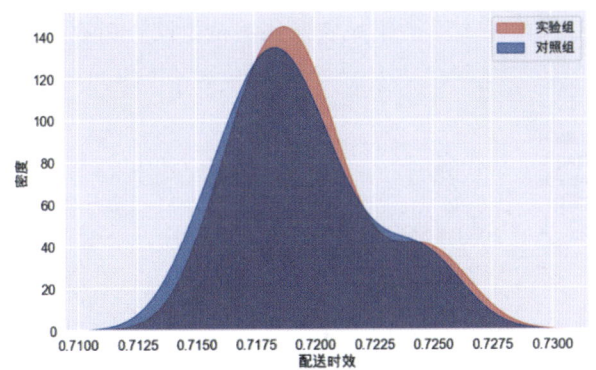

图 11-7　实验组与对照组配送时效分布

（3）确认选择合理性。

为了确保分析的严谨性，可以进一步采用等效性检验（TOST 检验）对匹配效果进行定量评估。当 TOST 检验的 P 值小于显著性水平 0.05 时，表明实验组与对照组在配送时效上不存在显著差异，从而证实匹配效果良好。

在实际操作中，可能会遇到匹配效果不理想的情况。针对这一问题，可以尝试多种匹配策略，例如卡尺匹配（Caliper Matching）等，通过调整匹配参数或方法，筛选出最优匹配结果用于后续分析。

11.4.4　结果分析

1. 小流量实验结果

1）数据分析

在完成合成对照组的合理性验证后，可以正式使用虚拟营业部的实验数据与真实营业部的实验数据进行实验后比较。图 11-8 展示了实验前后实验组和对照组的服务满意度的变化。

从图 11-8 中可以看出，实验前后以及两组之间，营业部和虚拟营业部的服务满意度均未发生明显差异。这表明游戏化等级机制并未对服务满意度产生负面影响，初步验证了该机制的安全性。

2）统计验证

尽管图示结果提供了直观的参考，但为了更加严谨地验证结论，可以进一步使用 T 检验进行实验后分析。最终计算结果显示，游戏化等级机制对服务满意度的影响不显著（T 检验的 P 值大于 0.05）。这一统计结果与图示分析一致，表明该机制在服务满意度维度上未产生显著变化。基于此，可以考虑在更大范围内推广该机制。

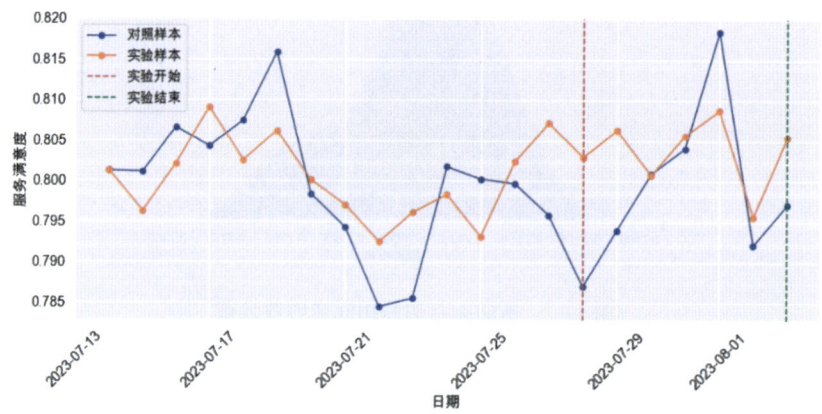

图 11-8　实验前后实验组和虚拟组的服务满意度变化

2. 放量实验结果

1）数据分析

在实验结束后，可以基于实验前的匹配结果，绘制实验组与对照组配送时效均值的日维度变化时序图，如图 11-9 所示。

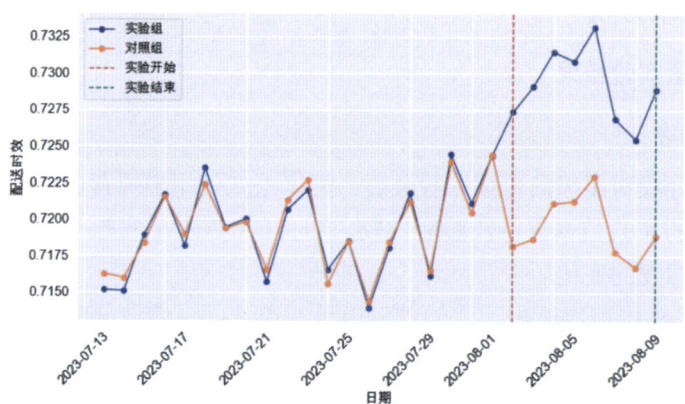

图 11-9　实验组与对照组配送时效均值的日维度变化

从图 11-9 中可以观察到，实验前两组的配送时效差异较小，而实验后实验组的配送时效提升了约 1%。这一变化表明，游戏化等级机制可能对配送时效产生了积极影响。

2）统计验证

为了验证这一提升是否具有统计显著性，这里使用 T 检验对实验效果进行评估。结果显示，配送时效的提升在统计上具有显著性（P 值小于 0.05），进一步证实了实验干预在提升配送时效方面的有效性。

基于这一实验结果，可以全面推广游戏化等级机制，以提升配送员的工作效率。此外，对于终端场景下的其他提效方法，大多数也可以通过类似的 A/B 实验方案进行效果验证，从而为业务决策提供科学依据。

11.4.5 结论

本次实验验证了游戏化等级机制在提升配送员配送时效方面的有效性。小流量实验结果表明，该机制对服务满意度未产生显著负面影响，确保了初步应用阶段客户体验的稳定性。在放量实验中，可以观察到配送时效有显著提升，这证明了该机制在大规模应用中的良好效果。进一步的统计分析支持了这些结论，T 检验结果显示配送时效的提升具有统计显著性。综合来看，游戏化等级机制不仅有效提升了配送时效，同时保持了高水平的服务满意度，实现了效率与体验的双重优化。

11.5 本章小结

本章深入探讨了"最后一公里"配送在物流和外卖行业中的关键角色及其面临的挑战。首先分析了行业背景，指出末端配送不仅影响客户体验，还对整体成本结构有着显著影响。

面对在配送场景下实施随机对照实验的挑战，本章提出了解决方案。小样本的统计有效性和区域异质性引发的混淆变量干扰是主要问题。本章通过合成控制法和反事实预测模型的应用，解决了传统 A/B 实验的局限性问题，确保了实验设计的科学性和结果的可靠性。

在数据处理方面，通过数据预处理和特征工程，构建了具有解释能力的数据框架。在实验设计中，采用了两阶段验证框架，通过小流量实验和放量实验，系统评估了游戏化等级机制对配送时效的影响。

最终，实验结果表明，游戏化等级机制显著提升了配送时效，同时保持了高水平的服务满意度。基于此，可以建议在更广泛的范围内推广这一机制，并建立持续的监测和反馈系统，以实现机制的长期优化和成功应用。本章提供了一个可复制的实验框架，为终端场景下的其他提效方法提供了有价值的参考。

第12章
CHAPTER 12

人：仓内人员排班

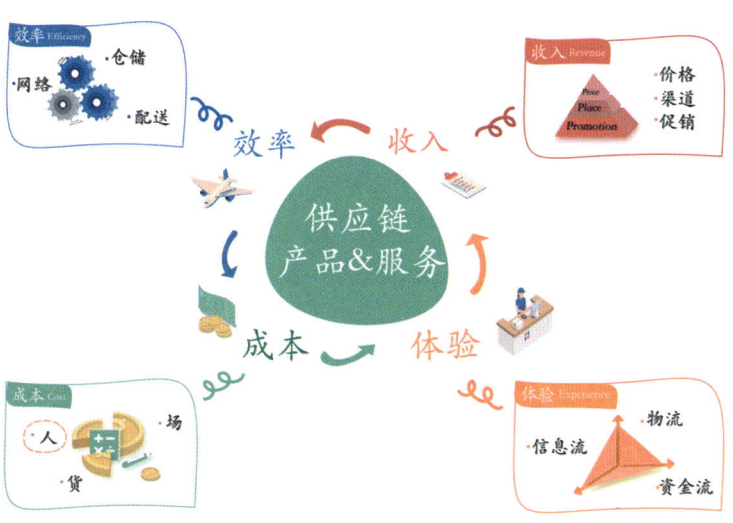

图 12-1　仓内人员排班

下面进入"成本"部分的"人"章节，如图 12-1 所示。本章以仓内人员排班为例，介绍如何通过数据科学的手段处理和分析数据，设计并建立运筹优化模型以合理安排人力资源。

12.1 背景介绍

在现代商业环境中,供应链管理能力已逐步成为企业的核心竞争力。在供应链管理的众多要素中,人员管理尤为关键,因为从采购、生产到物流和配送的各个环节,都有大量人员参与,人员成本也成为企业运营中的一项重大支出。

1. 仓储管理的挑战

以供应链中的仓储管理为例,随着社会的发展和生活水平的提高,社会对仓储物流行业的要求越来越高,这种要求不仅体现在时效上,还体现在对于服务的体验上。这种高要求也使得仓储物流人力资源短缺和人员成本升高的问题日益加重。

(1)人才供应不足:仓储管理的部分岗位需要预先培训,缺乏统一高效的培训会导致人才质量参差不齐,间接引起人才供应不足。

(2)人力资源冗余与浪费:仓储管理的工作强度大,不合理的工作时间安排,也导致人力资源的冗余与浪费,进一步凸显人才供应问题,以及人力成本增加问题。

2. 科学排班的重要性

制订科学、灵活的排班计划可以帮助企业降低仓储人力资源成本,并提升员工人效和工作质量。科学排班的关键在于建立兼具精益优化和动态灵活性的排班制度,以确保在不同市场环境下保持人力成本的竞争力。

以亚马逊为例,为了应对人力成本过高的问题,亚马逊依赖人工智能的手段,通过制订科学、灵活的排班计划和激励机制提升了员工人效和员工满意度,并降低了人力资源成本。这些措施帮助亚马逊在全球范围内保持了较高的运营效率和竞争力。

3. 排班的核心因素

要实现兼具精益优化和动态灵活性的排班策略,需要考虑以下核心因素:

(1)单量预测:保证产能是仓储运营最核心的指标之一,单量多少是影响排班的首要因素。通过数据分析和预测模型来准确预测业务单量,可以确保在单量高峰期有充足的人员配置,同时在低谷区避免资源浪费。

（2）人效管理：人效是指员工单位时间的生产能力，排班人数的多少由单量预测和员工人效共同决定。通过大数据的手段分析优化员工的人效，可以确保员工的工作时间和技能得到最大化利用，在整体上提高仓储生产力和竞争力。

（3）排班机制：排班机制是影响员工适应性和满意度的核心要素，科学的排班机制可以保证员工间工作量的公平性、工作与生活的平衡性，提升员工的满意度和忠诚度，减少人员流失。

通过本章的学习，读者将掌握如何利用数据科学的方法，优化仓储人员排班，提升企业的运营效率和竞争力。

12.2 问题描述

人员排班问题是一种经典的组合优化问题，涉及人员调度、资源分配等多个方面，具有复杂多样的目标和约束。从最初的经验管理逐步发展到复杂的数学建模和智能化解决方案，人员排班问题不仅在制造业中广泛存在，还在医疗、服务业等领域成为企业运营管理的重要组成部分。

人员排班问题的复杂性主要体现在以下几个方面：

（1）多目标优化：排班问题通常需要同时考虑多个目标，如提高运营效率、降低运营成本、提升员工满意度等。这些目标之间可能存在冲突，需要在优化过程中进行权衡。

（2）多样化的约束条件：排班问题受到多种约束条件的限制，如员工的工作时间、技能匹配、法律法规要求等。这些约束条件增加了问题的复杂性。

（3）动态需求：市场需求和业务环境的变化可能导致排班的波动，如季节性需求变化、突发事件等。这就要求排班策略具有一定的灵活性和适应性。

在这一背景下，在进行仓储人员排班时，首先明确优化的目标和限制因素，之后梳理排班所需的数据特征，如单量、工作时间、员工技能等，为优化模型提供基础支持，确保排班策略既高效又符合企业的实际需求。

以下罗列了常见的业务目标与对应的排班策略：

（1）以提高运营效率为目标：在竞争激烈的市场中，企业需要快速响应客户需求，这就需要在业务高峰期安排足够的人力资源，减少订单积压和延迟。

（2）以提升服务质量为目标：为满足客户高质量的服务需求，排班策略需要精准匹配单量和人力资源，确保在任何时候都有足够的人员来维持高水平服务质量。

（3）以降低运营成本为目标：排班策略需要通过优化人力与订单峰谷匹配，控制出勤人数，优化人员配置以节约成本。

（4）以提升员工满意度为目标：排班策略需要结合员工偏好，平衡和降低员工工作难度，提高员工的工作满意度和忠诚度。

（5）以灵活应对单量波动为目标：排班策略需要通过临时调整人力资源以应对单量变化。

通过以上分析可以看到，仓储人员排班问题不仅需要综合考虑多种业务目标和约束条件，还需要利用数据科学的方法进行优化。在接下来的章节中，我们将详细介绍如何利用数据科学的方法，设计并实现高效的仓储人员排班策略。

12.3 解决方案

在本章中，我们以降低运营成本、提高服务质量、提升员工满意度和灵活应对单量波动四个业务目标为例，介绍如何通过数据科学的方法构建相关特征数据，并搭建排班策略模型以提升对应业务指标。

1. 确定排班策略

从业务目标出发，确定适用于目标的排班策略。为了提升以上四个业务指标，本章主要采用以下三种策略：

（1）订单人力精确匹配：通过精确预测单量和评估员工的人效，实现人力资源与单量的最佳匹配。

（2）工作量均衡：通过分析历史出勤数据，确保员工工作量均衡，避免过度劳累或空闲。

（3）支援机制：通过灵活调整人力资源，如增加临时员工或支援员工，应对单量波动。

2. 确定特征数据

依据所选策略，确定相应的特征数据：

（1）订单人力的精确匹配和支援机制：需要将单量预测和人效评估共同作为输入。

（2）工作量均衡：主要依赖历史的员工出勤数据。

3. 数据收集

确定数据特征后,需要通过现有方法获取原始数据,主要包括历史单量特征、仓内个人数字助理(Personal Digital Assistant,PDA)的操作数据和员工数据。

4. 数据转化

从原始数据到特征数据的转化需要借助数据科学方法。本章中弱化了从历史单量特征到单量预测的内容,这部分内容可以参考《智能供应链:预测算法理论与实战》,常用的预测方法包括时间序列分析、回归模型和机器学习等,预测的颗粒度通常需要细化到小时。

图 12-2 是以业务目标为导向,从模型构建到数据收集的流程。本章侧重于多元人效评估,即如何结合员工技能与操作环节的熟练程度对人效进行分析,刻画员工人效画像,以实现订单人效的精细化匹配。

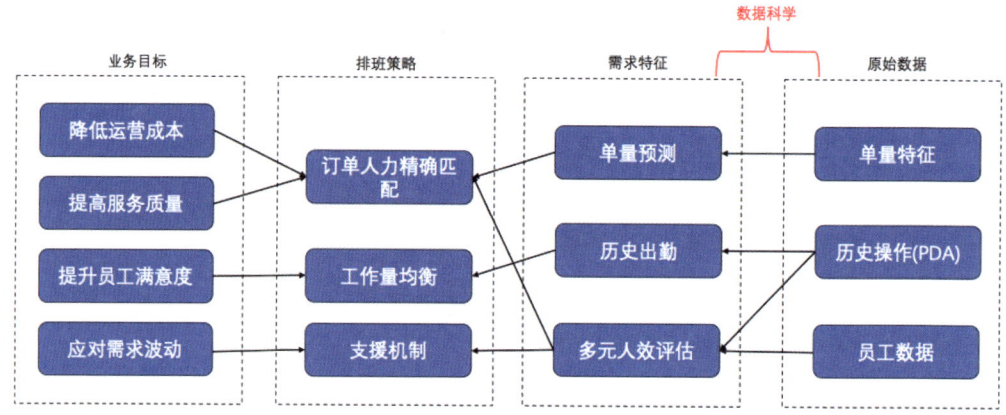

图12-2 从模型构建到数据收集的流程

首先介绍人效分析所需的数据,包括仓内可以直接获取的 PDA 数据和员工信息。其次使用数据清洗方法对原始数据进行处理,基于仓内数据特征,清洗方法主要包括空缺值处理、异常值处理和重复值处理三类。接着对清洗后的数据进行数据转换,针对连续型数据,可以采用数据离散化、数据缩放的转换方法;针对离散型数据,可以采用类别编码的转换方法。

仓内人员排班解决方案如图 12-3 所示。

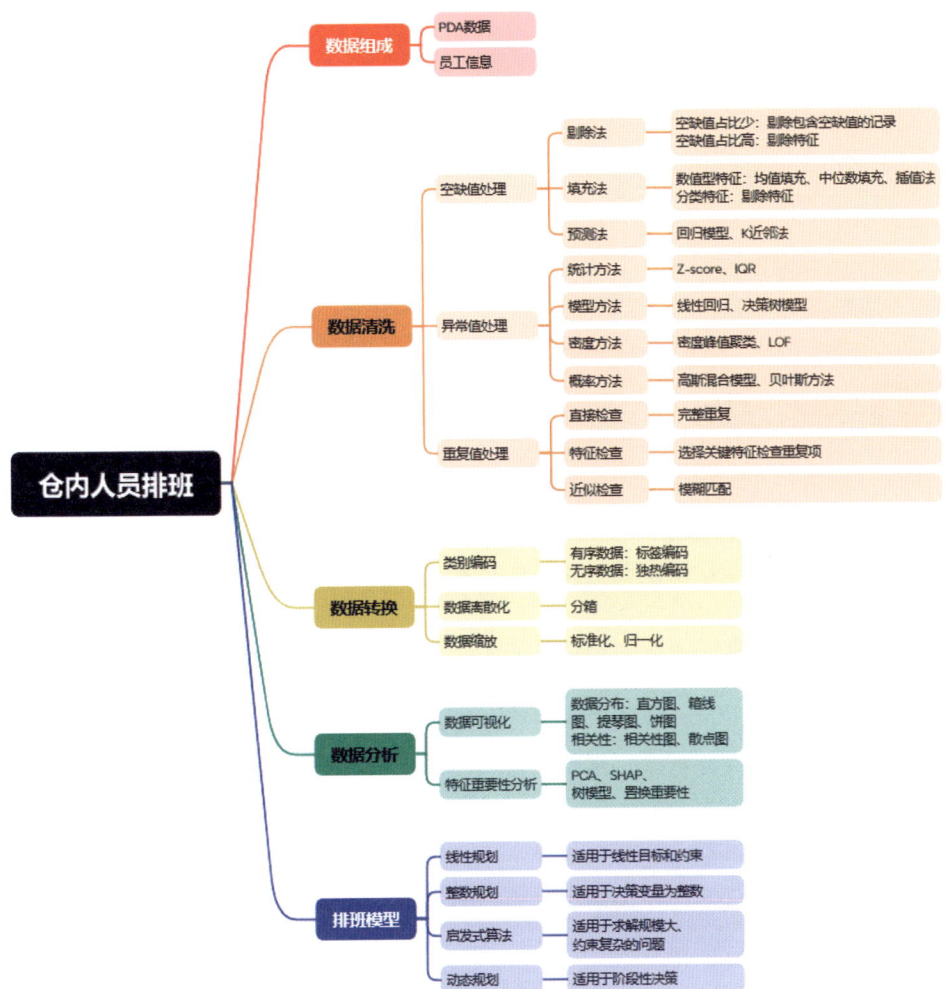

图12-3 仓内人员排班解决方案

至此已经得到人效分析所需的特征数据,接下来需要对这些特征做数据分析,以应用于后续的排班模型。特征选择是一个关键步骤,虽然我们已经基于经验收集了许多可能影响人效的特征,但并不是所有特征都对模型有帮助。过多的特征可能导致模型复杂性增加、误差增大。因此,合理选择和筛选特征是非常重要的。

在数据分析步骤中包含数据可视化和特征重要性分析两部分。数据可视化使用直观的方法对数据的分布和数据间关系进行定性化分析,在对数据有了初步的认知后,使用特征重要性分析识别人效数据中的潜在群组或模式。对人效进行特征重要性分析能够识别哪些特征在群组划分中起关键作用,从而在特征选择过程中优先考虑这些特征,进而理解不同人员或环节的人效差异,将具有相似特征的个体归为一类。这样不仅能减少特征冗余,还能在实现人效精细化的同时,减少进入排班模型的入参,提高模型的性能和计算效率。

通过以上步骤,我们可以构建一个高效、科学的排班模型,帮助企业实现降低运营成本、提高服务质量、提升员工满意度和灵活应对单量波动的业务目标。常用的排班模型根据目标和约束不同,可以建模为线性规划、整数规划、启发式、动态规划等模型。

12.4 案例分析

本节以某仓库的出库环节为例,介绍通过数据科学进行人效分析的方法和流程,并根据人效分析得到的数据结论,搭建多周期的运筹优化模型,实现降低运营成本、提高服务质量、提升员工满意度和灵活应对单量波动的业务目标。

12.4.1 数据组成

仓内作业环节众多,业务类型复杂,在数据准备阶段,需要获取不同环节和业务类型下的历史操作数据,用于进行后续的人效分析。

读者在实际分析人效的时候,可以选取更多与人效相关的数据特征,以涵盖更多业务场景,获得更好的分析效果。原始数据的具体构成和数据示例如表12-1所示。其中爆品商品通常使用单独的生产方式,会主动对爆品进行集单并分配任务,在出库流程上与普通模式一致。

表12-1 原始数据的具体构成和数据示例(出库人效分析原始数据)

特征名称	定义	数据实例
仓编码	仓储唯一编码	a
员工编号	员工唯一编码	user0
员工入职日期	员工入职日期,用于计算员工的在职时间	2024-01-05
操作时长	员工进行该次操作时的时间戳	2024-10-10 13:12:11
操作环节	该次操作的具体环节,为枚举值,包含打包、复核、拣货、一体化	拣货
商品件数	该次操作的商品件数	1

续表

特征名称	定义	数据实例
商品体积	该次操作的商品体积（dm^3）	15.7
商品重量	该次操作的商品重量（kg）	120
订单类型	该次操作的订单类型，枚举值，包含大宗、普通订单	普通订单
是否爆品	该次操作商品是否爆品	否
是否批次管理	该次操作商品是否批次管理，批次管理的商品依据生产日期、到货日期等批次属性分散在临近储位中	是

12.4.2 数据处理及清洗

本节将介绍如何对原始数据进行一系列数据处理和清洗，将其转换为可以用于人效分析的特征数据。

1．数据清洗

首先使用 pandas.info()方法查看数据信息，如图 12-4 所示。可以看出图 12-4 中包含了数据类型、整体数据量、非空数据量的信息，其中整体数据量有 4000 行，商品体积特征存在缺失值，这可能是商品数据的维护不足导致的。商品体积的缺失值占总数据的比例为 100/4000=2.5%，所占比例较低，即使直接删除，对数据整体也不会有较大影响。

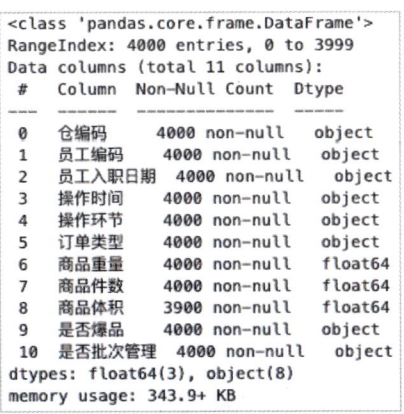

图12-4　数据信息

其余空缺特征值也可以根据空缺数据占比采用类似的处理方法，如果空缺值的占比较高，则直接删除空缺值后对结果的影响较大，则可以通过均值填充、拟合填充等方法对空缺值进行补充。

2. 异常值检测

在异常值检测中，主要对数值型数据进行检测，这里以操作时长和商品体积为例。使用 describe()方法可以对商品体积、操作时长的分布进行初步分析，如图 12-5 所示。

	商品体积	操作时长
count	3860.000000	3860.000000
mean	53.910288	213.130829
std	29.102644	175.039573
min	0.166393	29.000000
25%	28.406045	41.000000
50%	54.360283	182.000000
75%	78.574561	345.000000
max	165.934379	1162.000000

图12-5　操作时长和商品体积的分布

1) 操作时长异常值处理

在图 12-5 中，操作时长的最大值为 1162 秒，这与连续作业相悖，可能是员工在任务没有完成时离开了仓库，以至于很长时间才完成拣货任务，属于操作时长异常的数据。通过 Z-socre 方法，可以对操作时长的异常值进行检测。

使用 matplotlib 中的方法对检测结果进行可视化，如图 12-6 所示。可以看出，红色的点标出的数据就是操作时长异常的数据，需要对这部分数据进行删除操作。

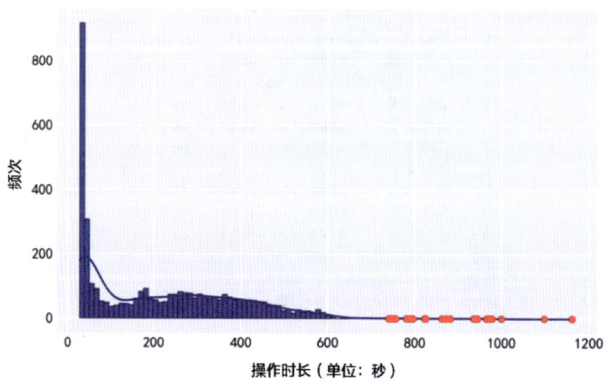

图12-6　操作时长的数据分布

剔除异常操作时长后，操作时长的数据分布如图 12-7 所示。通过处理异常操作时长，我们剔除了（3860-3837）/3860≈0.6%的数据。

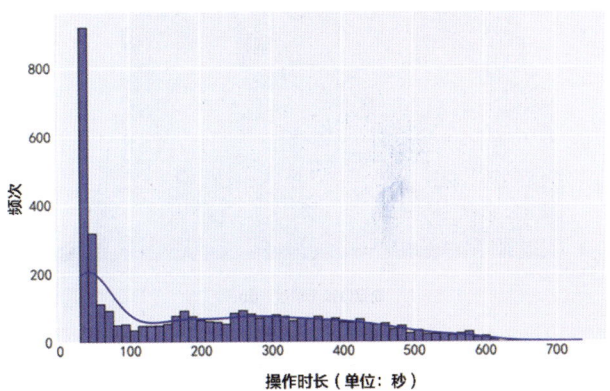

图12-7　剔除操作时长异常值后的数据分布

2）商品体积异常值处理

使用同样的方法可以对商品体积的异常值进行检测，部分商品体积的异常值分布如图 12-8 所示。

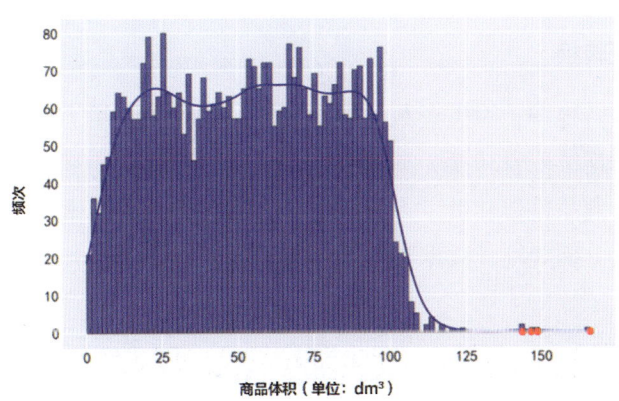

图12-8　部分商品体积的异常值分布

考虑到存在超大体积的商品，因此不对商品体积进行直接剔除处理，而使用平滑方法对其进行平滑处理。平滑处理后的部分数据分布如图 12-9 所示。

类似地，对其他数据进行异常值处理。其余常见的异常值处理方法还包括模型方法（线性回归、决策树模型）、密度方法（LOF、密度峰值聚类）、概率方法（高斯混合模型、贝叶斯方法）等。

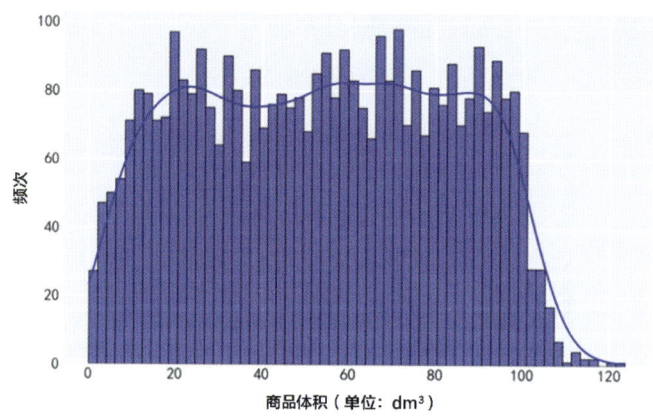

图12-9 平滑处理后的部分数据分布

3. 基础数据加工

在经过数据清洗和异常值删除后,对基础数据进行初步的特征加工,基础数据包括员工入职天数、是否本仓操作等。

12.4.3 数据转换

1. 数据类型转换

在数据类型转换中,对连续数据进行分桶(或称为分箱)是一种常见的预处理方法,可以将连续变量转换为离散变量,从而降低模型的复杂度或便于处理非线性关系。对于商品件数、员工入职日期、商品重量和商品体积,可以根据具体业务需求来定义分桶规则,数据类型转换规则示例如表12-2所示。

表12-2 数据类型转换规则示例

特征	枚举值	分桶规则
副本量(商品件数分桶)	0~5	0<商品件数≤5
	5~10	5<商品件数≤10
	10以上	商品件数>10
件型(商品重量&体积分桶)	小件型	商品体积≤0.5 m^3 商品重量≤3 kg
	中件型	商品体积≤1 m^3 商品重量≤5 kg,非小件型
	大件型	其他

续表

特征	枚举值	分桶规则
员工经验（入职天数分桶）	初级	入职天数≤10
	中级	10<入职天数≤90
	高级	90<入职天数

2. 数据编码

数据编码用于将原始数据转换为适合模型处理的格式，这一步在特征工程中非常关键，尤其是在处理分类变量时。需要进行数据编码的特征有操作环节、订单类型、是否爆品、是否序列管理、是否架构仓操作、副本量、件型和员工经验。

其中是否爆品、是否序列管理和是否架构仓操作三个特征的结果为"是/否"形式，使用标签编码的方式转换为 1/0 的形式。副本量、件型和员工经验者三个特征存在顺序关系，因此也可以使用标签编码的编码方式。而操作环节和订单类型两个特征属于无序的类别，如果使用标签编码将其直接转换为 0、1、2 之类的整数值，则会引入虚假的顺序关系，因此使用独热编码对其进行编码。数据编码特征及其对应方法如表 12-3 所示。通过编码，我们将分类变量转换为可量化的数字形式，直接供后续特征工程和建模使用。

表12-3 数据编码特征及其对应方法

编码方式	特征名称	原特征	编码特征
标签编码	是否爆品	否	0
		是	1
	是否序列管理	否	0
		是	1
	是否架构仓操作	否	0
		是	1
	副本量	0～5	0
		5～10	1
		10以上	2
	件型	小件型	0
		中件型	1
		大件型	2

续表

编码方式	特征名称	原特征	编码特征
标签编码	员工经验	初级	0
		中级	1
		高级	2
独热编码	操作环节	打包	1000
		复核	0100
		拣货	0010
		一体化	0001
	订单类型	普通订单	01
		大宗订单	10

12.4.4 数据分析

1. 人效数据加工

前面已经把数据特征进行了分类和编码，接下来需要加工不同特征下的人效数据。不同的业务场景和业务目标会影响人效的计算方式。本章使用 UPPH（Units Per Person per Hour）监控人效指标。UPPH 是指在单位有效作业时长下的每小时出库件数，计算逻辑为有效出库件数/有效作业时长。不同特征下加工得到的人效数据如表 12-4 所示。

表12-4 不同特征下加工得到的人效数据

是否爆品	是否序列管理	是否架构仓操作	副本量	件型	员工经验	操作环节	订单类型	平均人效
0（否）	0（否）	1（是）	0（0~5）	2（大件型）	0（初级）	0010（拣货）	01（普通订单）	6.3
0（否）	0（否）	1（是）	0（0~5）	2（中件型）	0（初级）	0010（拣货）	01（普通订单）	6.9

2. 数据可视化

前面的数据预处理已经对原始数据进行了初步的清理和加工。接下来，可以使用不同的可视化方法对数据进行定性的分析，在提升对特征理解的同时，针对异常数据进行进一步处理。

1）饼图

首先对特征中数据的组成和分布进行分析，这里以操作环节特征为例，使用饼图对其中的数据占比进行分析，如图 12-10 所示。通过饼图中操作环节的数据分布，可以得到以下定性结论：在操作环节特征中，四个环节的数据分布相对平均。

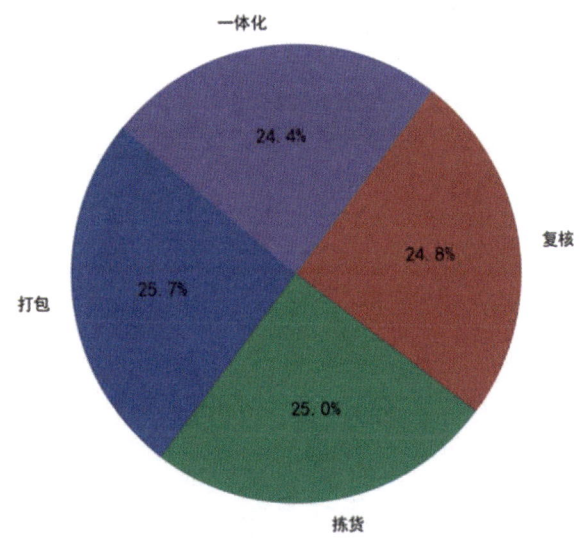

图12-10　操作环节饼图

这里给出的是对枚举值型特征绘制饼图的方法，对于连续型数据，也可以通过自定义数据分组，分析不同数据分组的占比。

2）箱线图

其次对离散特征的影响程度进行分析。箱线图可以直观地对数据的集中程度和离散程度进行分析，显示数据的对称性和偏态。我们以操作环节对操作时长的影响程度为例进行箱线图分析，如图 12-11 所示。

通过分析操作环节—操作时长箱线图，可以得到以下结论：

（1）一体化、复核、打包、拣货环节的中位数有明显差异，且四组箱线的重合率不高，这意味着不同操作环节下的操作时长差异显著。

（2）一体化、复核的箱线图存在较多异常值，可能因为操作时长本身具有较高的波动性，容易出现异常值；也可能说明在这三个环节中操作时长还受到其他因素影响，而这些因素在操作环节—操作时长的模型中没有被完全考虑到。

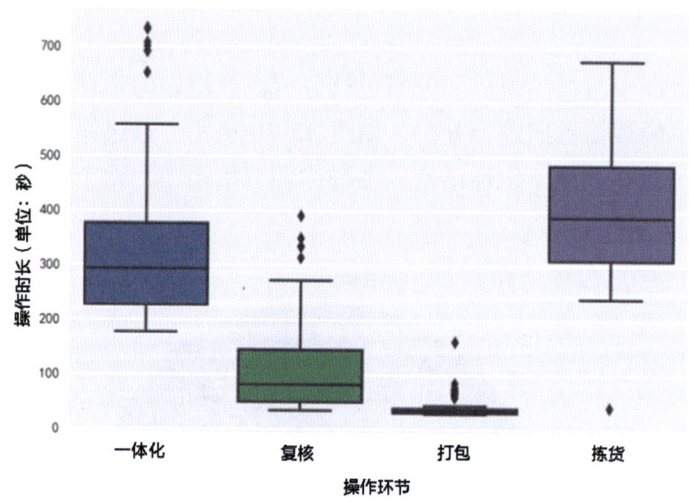

图12-11　操作环节—操作时长箱线图

3）散点图

针对偏连续的特征，本节使用散点图定性分析数据的相关关系（正相关/负相关）。以商品件数与操作时长的相关关系为例进行散点图分析，如图 12-12 所示。

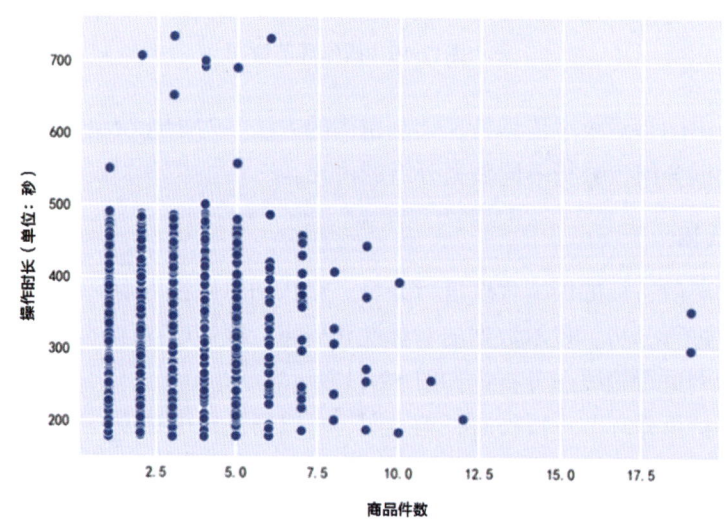

图12-12　商品件数—操作时长散点图

通过散点图中商品件数和操作时长的数据分布，可以得到以下定性结论：

（1）商品件数数据集中在0～10之间。

（2）商品件数与操作时长的相关关系不明显。

3. 人效特征重要性分析

经过数据清洗和数据可视化后，已经得到了可以直接用于排班建模的特征数据。但目前不同特征之间的人效有100余种组合。精细化的人效数据确实会带来更精细的排班结果，但也会增加单量预测和求解的难度。为了应对这一挑战，采用特征重要性分析的方式，保留对人效影响较大的特征，在保证优化精细化的同时降低模型复杂度。

本节选取XGBoost对人效特征进行重要性分析。XGBoost是一种强大的梯度提升算法，能够处理复杂的非线性关系，适用于大型数据集的分析。特征重要性如图12-13所示，操作环节特征对人效的贡献程度最高，其次是副本量。

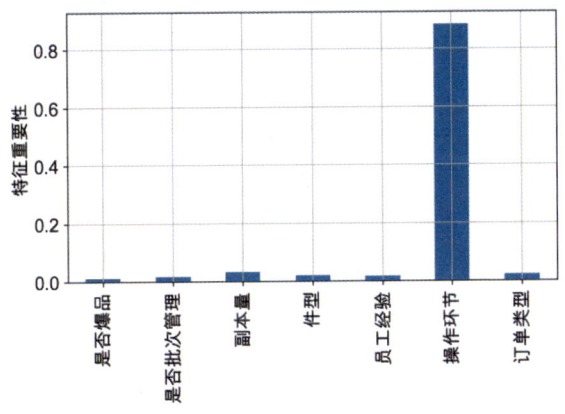

图12-13　特征重要性

12.4.5　排班模型建模

本节将介绍如何结合前面数据科学的分析过程，并以降低运营成本、提高服务质量、提升员工满意度、灵活应对单量波动为目标，搭建排班策略模型来提升对应的业务指标。

1. 参数定义

1）集合

- I：员工集合。
- S：班次集合。

- D：排班周期。
- N：小时集合。
- F：人效的特征集合。

2）参数

员工参数：

- $h_{0,i}$：员工i历史累计出勤时长，$i \in I$。
- c_f：员工在特征f下的人效水平，$f \in F$。

单量参数：

- $o_{n,f,d}$：预测第d天特征f在n小时的单量。

班次时间参数：

- l_s：班次s的出勤时长。
- $t_{n,s}$：当天班次s在n小时的在岗时长。
- $t'_{n,s}$：前一天班次s在n小时的在岗时长。

出勤参数：

- $\alpha_{0,i}$：员工i在第0天是否休息。
- $x_{i,0,s}$：员工i在第0天是否排班次s。

3）决策变量

班次分配：

- $x_{i,d,s}$：员工i在第d天是否分配到班次s。
- $e_{i,d,n,f}$：员工i在第d天的n小时分配给特征f的时间占比。
- $y_{d,s}$：第d天班次s的支援人数。
- $u_{d,n,f}$：支援员工在第d天的n小时分配给特征f的时间占比。
- c_f：员工在特征f下的人效水平。

出勤时间均衡：

- $h_{d,i}$：第d天结束员工i的累计出勤时间。
- $h_d^{\max}$：第d天结束所有员工出勤时间的最大值。
- $h_d^{\min}$：第d天结束所有员工出勤时间的最小值。

出勤参数：

- $\alpha_{d,i}$：第d天结束员工i是否休息。

- $\gamma_{d,i}$：第 d 天员工 i 是否均衡排班。
- $\beta_{d,i}$：第 d 天员工 i 是否均衡排班的辅助变量。

2. 目标函数

为了实现降低运营成本、提升员工满意度、灵活应对单量波动的业务目标，我们从保证完成小时单量、工作时间均衡、工作班次均衡三个角度进行策略建模。目标函数包含以下四部分。

（1）**最小化**出勤人数：如公式（12.1）定义，该目标是为了减少出勤冗余，进而减少运营成本。

$$\sum_{d \in D} \sum_{i \in I} \sum_{s \in S} w_d x_{i,d,s} \tag{12.1}$$

（2）**最小化**支援人数：当单仓出勤无法满足生产要求时，就会产生外仓支援。如公式（12.2）定义，该目标是为了减少冗余支援，进而减少运营成本。

$$\sum_{s \in S} \sum_{d \in D} w_d y_{d,s} \tag{12.2}$$

（3）**最小化**出勤时长差异：如公式（12.3）定义，该目标是为了让工作时间均衡。

$$\sum_{d \in D} w_d (h_d^{max} - h_d^{min}) \tag{12.3}$$

（4）**最大化**均衡排班奖励：如公式（12.4）定义，该目标是为了奖励排班均衡。均衡是指，由于消费者的购物习惯，晚间一般是仓库一天内生产压力最大的时间段，考虑到工作压力的均衡，需要让员工交替上夜班，但又不能频繁变动班次（例如，今天排早班，明天排夜班，后天又排早班）。因此这里通过将员工前一工作周期和后一工作周期进行班次交叉（前一工作周期一直上早班，休息一天，后一工作周期上晚班），实现排班均衡，这样既可以平衡员工的工作压力，又可以降低频繁换班造成的员工作息混乱和管理难度。

$$\sum_{d \in D} \sum_{i \in I} w_d \gamma_{d,i} \tag{12.4}$$

汇总后的目标函数如公式（12.5）所示。

$$\min(f_1 \sum_{d \in D} \sum_{i \in I} \sum_{s \in S} w_d x_{i,d,s} + f_2 \sum_{s \in S} \sum_{d \in D} w_d y_{d,s} + f_3 \sum_{d \in D} w_d (h_d^{\max} - h_d^{\min})$$
$$-f_4 \sum_{d \in D} \sum_{\in I} w_d \gamma_{d,i} \tag{12.5}$$

其中，f_1、f_2、f_3、f_4为该多目标优化问题的权重，权重的选择应当与业务目标优先级契合。w_d为天数衰减参数，一种可行的定义为$w_d = 1/d$。

3. 数学模型

1）保证小时单量完成

$$\sum_{f \in F} e_{i,d,n,f} \leqslant \sum_{s \in S} t_{n,s} x_{i,d,s} + \sum_{s \in S} t'_{n,s} x_{i,d-1,s}, i \in I, d \in D, n \in N \tag{12.6}$$

$$\sum_{f \in F} u_{d,n,f} \leqslant \sum_{s \in S} t_{n,s} y_{d,s} + \sum_{s \in S} t'_{n,s} y_{d-1,s}, \forall d \in D, n \in N \tag{12.7}$$

$$u_{d,n,f} c_f + \sum_{i \in I} e_{i,d,n,f} c_f \geqslant o_{n,f,d}, \forall n \in N, d \in D, f \in F \tag{12.8}$$

式（12.6）和式（12.7）表示每小时员工的人效分配，式（12.8）约束小时单量完成，依赖了分特征的小时单量和对应人效。员工可以在每小时内任意分配自己完成每个特征任务的时间，即$e_{i,d,n,f}$和$u_{d,n,f}$，分别表示本仓和支援的时间分配占比。仓库每小时的总产能包括支援员工的产能和普通员工的产能两部分，考虑支援员工是为了灵活应对仓内产能波动的情况，保证小时单量产能总是可以完成的。同时由于可能存在跨夜班次，因此需要加入 T-1（T 表示当天）的排班情况。

2）保证工作时间均衡

$$h_{d,i} = h_{d-1,i} + \sum_{s \in S} x_{i,d,s} l_s, \forall i \in I, d \in D, d > 1 \tag{12.9}$$

$$h_{d,i} = h_{0,i} + \sum_{s \in S} x_{i,d,s} l_s, \forall i \in I, d \in D, d = 1 \tag{12.10}$$

$$h_d^{\min} \leqslant h_{d,i}, \forall i \in I, d \in D \tag{12.11}$$

$$h_d^{\max} \geqslant h_{d,i}, \forall i \in I, d \in D \tag{12.12}$$

在工作时间均衡的建模部分，通过累计工作时长的极差来反映工作时长差异。其中式（12.9）和式（12.10）表示每天结束时员工的工作时长，式（12.11）和式（12.12）约束每天工作时长的极值。

3）保证工作班次均衡

$$\sum_{s \in S} x_{i,d,s} = 1 - \alpha_{d,i}, \forall i \in I, d \in D \quad (12.13)$$

$$x_{i,d,s} - x_{i,d-1,s} \leq \alpha_{d,i} + \alpha_{d-1,i}, \forall i \in I, d \in D, d > 1, s \in S \quad (12.14)$$

$$x_{i,d,s} - x_{i,0,s} \leq \alpha_{d,i} + \alpha_{0,i}, \forall i \in I, d \in D, d = 1, , s \in S \quad (12.15)$$

$$\beta_{d,i} \geq x_{i,d-2,s} + x_{i,d,s}, \forall i \in I, d \in D, d > 1, s \in S \quad (12.16)$$

$$\beta_{d,i} \geq x_{i,-1,s} + x_{i,d,s}, \forall i \in I, d \in D, d = 1, s \in S \quad (12.17)$$

$$\beta_{d,i} + \gamma_{d,i} \leq 2, \forall i \in I, d \in D \quad (12.18)$$

$$\gamma_{d,i} \leq \alpha_{d-1,i}, \forall i \in I, d \in D, d > 1 \quad (12.19)$$

$$\gamma_{d,i} \leq \alpha_{0,i}, \forall i \in I, d \in D, d = 1 \quad (12.20)$$

在考虑工作班次均衡的建模部分，主要采用"不排休则班次不变化和排休则班次尽量切换"的策略，避免同一员工长时间上同一班次，也避免刚上完晚班就连接早班的情况。其中，式（12.13）~式（12.15）约束"不排休则班次不变化"，式（12.13）表示所有班次和排休的关系，式（12.14）和式（12.5）分别表示第 1 天和其余天每个班次和排休的关系。式（12.16）~式（12.20）为排休就增加班次交叉的奖励，（12.16）和式（12.17）分别表示第 1 天和其余天排班交叉辅助变量和每个班次的关系，式（12.18）表示辅助变量和交叉奖励的关系，式（12.19）和式（12.20）分别表示第1天和其余天交叉奖励与排休的关系。

最终，排班策略的建模实现汇总如下。其中补充了一些常规约束，包括式（12.33）的唯一性排班和式（12.34）~式（12.35）的不连续排休。

$$\min(f_1 \sum_{d \in D} \sum_{i \in I} \sum_{s \in S} w_d x_{i,d,s} + f_2 \sum_{s \in S} \sum_{d \in D} w_d y_{d,s} + f_3 \sum_{d \in D} w_d (h_d^{\max} - h_d^{\min}) - f_4 \sum_{d \in D} \sum_{\in I} w_d \gamma_{d,i}$$

$$\sum_{f \in F} e_{i,d,n,f} \leq \sum_{s \in S} t_{n,s} x_{i,d,s} + \sum_{s \in S} t'_{n,s} x_{i,d-1,s}, \forall i \in I, d \in D, n \in N \quad (12.21)$$

$$\sum_{f \in F} u_{d,n,f} \leq \sum_{s \in S} t_{n,s} y_{d,s} + \sum_{s \in S} t'_{n,s} y_{d-1,s}, \forall i \in I, d \in D, n \in N \quad (12.22)$$

$$u_{d,n,f} c_f + \sum_{i \in I} e_{i,d,n,f} c_f \geq o_{n,f,d}, \forall n \in N, d \in D, f \in F \quad (12.23)$$

$$h_{d,i} = h_{d-1,i} + \sum_{s \in S} x_{i,d,s} l_s, \forall i \in I, d \in D, d > 1 \quad (12.24)$$

$$h_{d,i} = h_{0,i} + \sum_{s \in S} x_{i,d,s} l_s, \forall i \in I, d \in D, d = 1 \quad (12.25)$$

$$h_d^{\min} \leq h_{d,i}, \forall i \in I, d \in D \quad (12.26)$$

$$h_d^{\max} \leq h_{d,i}, \forall i \in I, d \in D \quad (12.27)$$

$$\beta_{d,i} \geq x_{i,d-2,s} + x_{i,d,s}, \forall i \in I, d \in D, d > 1 \quad (12.28)$$

$$\beta_{d,i} \geq x_{i,0,s} + x_{i,d,s}, \forall i \in I, d \in D, d = 1 \quad (12.29)$$

$$\beta_{d,i} + \gamma_{d,i} \leq 2, \forall i \in I, d \in D \quad (12.30)$$

$$\gamma_{d,i} \leq \alpha_{d-1,i}, \forall i \in I, d \in D, d > 1 \quad (12.31)$$

$$\gamma_{d,i} \leq \alpha_{0,i}, \forall i \in I, d \in D, d = 1 \quad (12.32)$$

$$\sum_{s \in D} x_{i,d,s} = 1, \forall i \in I, d \in D \quad (12.33)$$

$$\alpha_{d-1,i} + \alpha_{d,i} \leq 1, \forall i \in I, d \in D, d > 1 \quad (12.34)$$

$$\alpha_{0,i} + \alpha_{d,i} \leq 1, \forall i \in I, d \in D, d = 1 \quad (12.35)$$

12.4.6 结论

通过实际场景的落地应用，本节提出的排班模型在多个业务目标上展现了显著的优化效果。以下从降低运营成本、提升员工满意度和灵活应对单量波动三个方面进行详细分析，并结合某电商仓储中心的实际数据进行验证。在模型应用的三个月内：

（1）降低运营成本：模型优化了出勤人数和支援人员配置，显著降低了人力资源冗余。日均出勤人数从 120 降至 98，降幅达 18.3%。

（2）提升员工满意度：模型通过均衡排班的策略有效降低了员工疲劳度和高峰期的员工工作压力。员工周累计出勤时长的差异从 14.2 小时降至 7.8 小时，工作量公平性显著提升。

（3）灵活应对单量波动：模型通过支援机制有效增强了企业应对突发需求的能力。模型通过精确匹配小时颗粒度的单量预测与人效，动态调整各班次人员比例，临时工人数从 10 降至 5。

12.5 本章小结

本章详细介绍了如何通过多元人效评估实现订单人效的精细化匹配。从数据源的选择开始，重点介绍了仓内数据和员工信息的获取与处理方法。通过数据清洗，确保了数据的完整性和准确性，为后续分析奠定了基础。在数据转换过程中，针对不同类型的数据采取了适当的处理策略，如连续性数据的分箱和缩放、离散型数据的编码等。

特征选择作为关键步骤，可以在众多潜在影响因素中提炼出对模型最有价值的特征。本章强调了特征数量与模型复杂性之间的平衡，避免了因特征冗余导致的误差增大。通过数据可视化，对数据的分布和关系进行了定性分析，初步识别了可能影响人效的关键因素。随后，采用特征重要性分析理解不同员工或环节的工作人效差异，并为特征选择提供了重要依据，在实现人效精细化的同时，提高了排班模型的性能和计算效率。

最后，本章提出了一种以降低运营成本、提升员工满意度和灵活应对单量波动为目标的排班模型建模方式。这一模型为企业在复杂的运营环境中优化资源配置提供了可行的解决方案，其中的方法和策略为实现更高效的订单处理和更合理的员工调度奠定了基础。

第13章
CHAPTER 13

货：库存补货策略

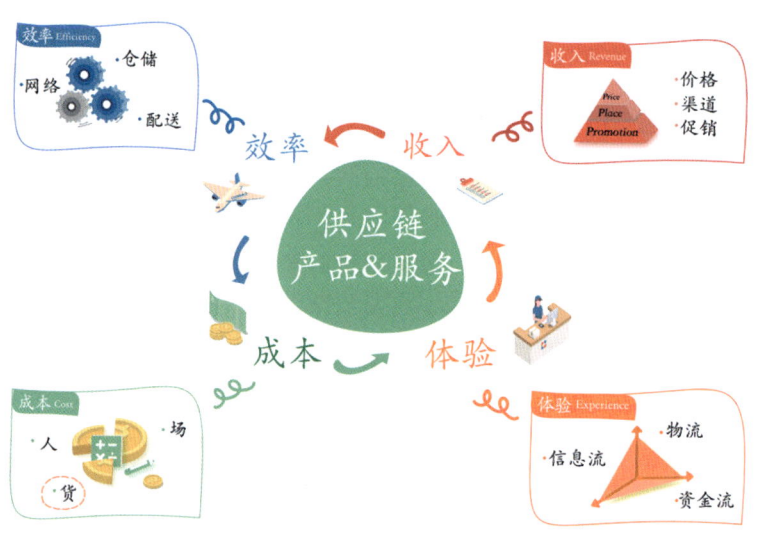

图 13-1 库存补货策略

下面进入"成本"部分的"货"章节，如图 13-1 所示。本章以库存补货策略为例，介绍在供应链库存补货业务场景中如何进行数据分析、建模，制定合理的补货策略，降低企业供应链的库存成本。

13.1 背景介绍

在供应链管理中，如何控制好各个环节的成本是每个管理者和经营者都需要深思的问题。供应链的成本贯穿原材料采购到成品交付的整个流程，包括采购、生产、库存、运输等多个维度的成本。但是，在这些成本中，库存成本的管理尤为重要，它不仅直接影响企业的利润，还影响定价、供应链运转的效率、质量控制等。

库存成本主要包括采购成本和仓储成本，是制造业和零售业中最主要的成本之一。有效控制库存成本能够显著提高企业的利润——通过不断改进补货策略，与供应商建立良好的伙伴关系，可以获得更优惠的采购价和更稳定的货物供应。

库存成本还会影响商品的定价策略。当今市场竞争愈发激烈，价格的高低是消费者选择购买与否的关键因素之一。如果库存成本较低，则企业可以设置更加低廉的价格来吸引客户，使企业能够在保持合理利润的同时，吸引更多的客户，增加市场占有率。

此外，库存成本也会影响供应链的整体效率。高效的供应链可以有效降低货物成本，提升企业的竞争力。例如，通过采用业界优秀的供应链管理方法，如大数据算法和物联网技术等，可以优化库存的布局，降低库存积压和缺货发生的概率。并且，柔韧的供应链也能帮助企业应对市场需求的不确定性，降低非必要的支出。

总之，库存成本在企业的运营成本中具有举足轻重的地位，其影响企业的利润、商品的定价和供应链网络的运转效率等多个方面。有效管控库存成本，不仅可以提高企业的利润率，还可以强化企业的市场竞争力，提高企业的品牌影响力。所以，企业应该使用科学有效的供应链管理方法，如库存补货策略来优化库存成本，以应对不断变化的自由市场和愈发激烈的竞争挑战。

13.2 问题描述

库存补货的核心在于动态调节仓储压力与客户需求波动之间的平衡，有许多难点需要解决。首先，客户的需求是极其不确定的。其次，市场需求的震荡、季节性的需求陡增/陡降和不确定的突发事件都会让预测变得更加困难，进而对补货的决策产生影响。最后，供应商准时交货率、运输货物的方式等因素，也会影响仓库的库存水位和客户履约率。仓库内库存过多会增加仓储成本，而库存水位不足则可能导致客户流失和客户回购意愿下降。

补货与库存成本的大小高度关联。高效、科学、灵活的补货策略可以在不降低客户满意度的情况下，压缩库存成本，而补货的复杂性在于需要精确预测需求并选择恰当的补货策略，以保证对客户需求的及时响应。高位库存会造成资金占用和商品潜在贬值，而库存不足则可能导致客户等待时间延长，进而影响客户对企业的信任与满意度。在传统库存管理模式中，经营者可能会依赖经验和直觉来判断补货时间和数量。这种方法的局限性在于缺乏精确的数据支持和科学的分析，导致无法有效管理库存成本。根据历史销售数据、预测模型来指导补货决策，选择恰当的补货策略及参数，较之依赖个人判断，明显能更合理地把握补货时机和数量。接下来详细介绍针对库存成本管理的解决方案。

13.3 解决方案

针对上述库存成本管理的问题，本节给出以下解决方案，分为四部分，分别是基础数据、数据挖掘、策略选择、参数推荐；基础数据包括历史订单数据、商品历史销量数据、商品基础信息数据；数据挖掘包括时序特征提取、销量天数分析、销售时间间隔分析、变异系数分析、SKU 分类等；策略选择包括库存模型和需求预测两部分；参数推荐包括对库存模型的参数进行推荐和选择。通过这四部分，可以得到针对每个商品的最优的补货策略及参数，经营者可以更好地管理和优化库存成本。

图 13-2 展示了解决方案的整体思路和流程，接下来重点介绍数据挖掘、策略选择、参数推荐中的相关流程及用到的方法。

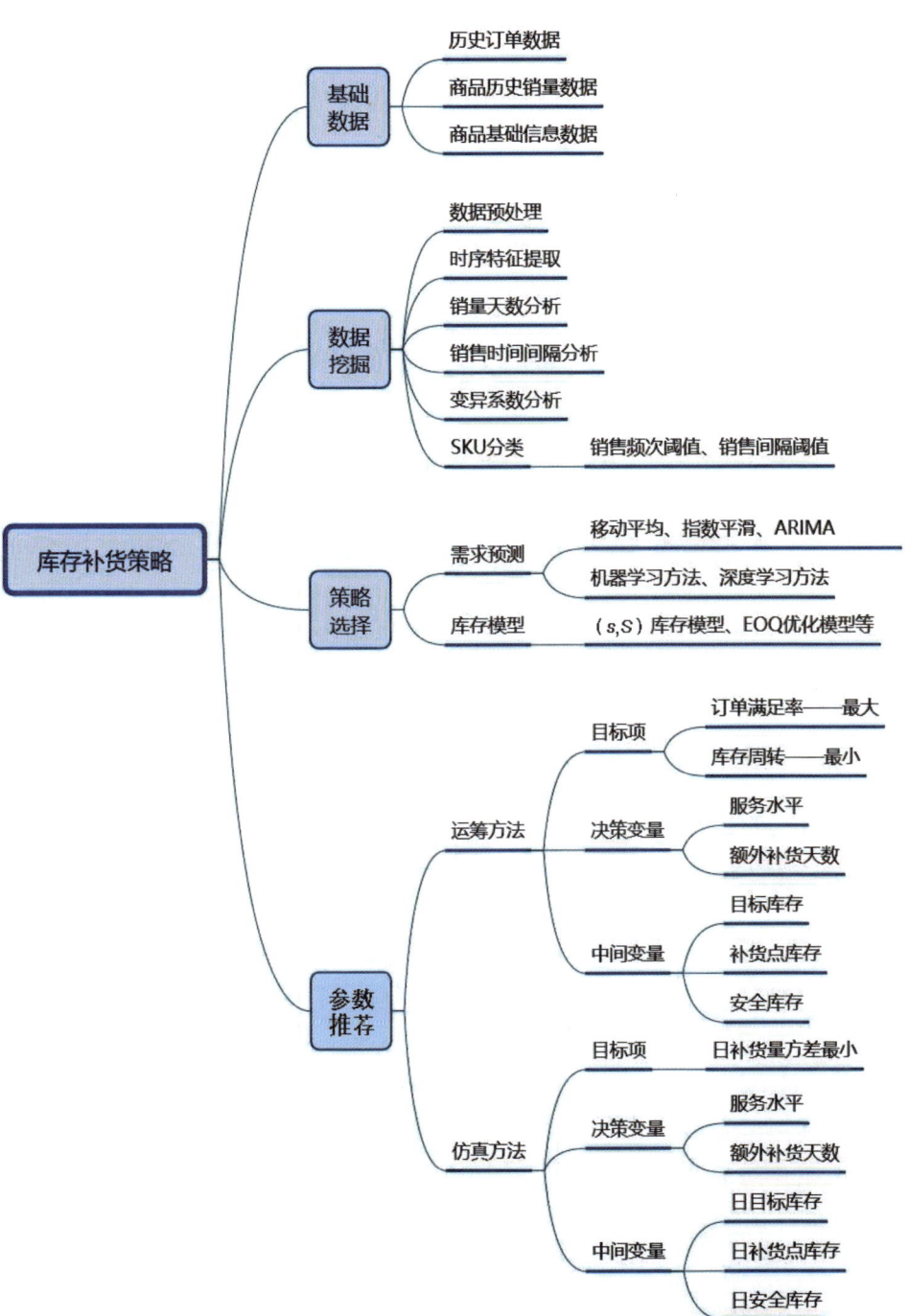

图 13-2　库存补货策略解决方案

13.3.1 数据挖掘

在数据分析实践中,每个商品单元都具备独特的市场表现特征,需要对不同的商品进行分类管理,可以按照商品流通速率、商品属性、季节性进行分类。通常针对流通效率可划分为高频流通商品、常规周转商品、低频滞销商品:高频流通商品因其持续的市场需求需要建立动态补货机制,常规周转商品需要保持稳定供应节奏,而低频滞销商品需要启动库存优化预案。这种分级管理机制有效地实现了因品施策,可以更好地管理库存成本。从商品属性的角度可分为导入期、成熟期、衰退期商品:导入期商品需要配置定向推广资源,成熟期商品通过营销激励维持市场活力,衰退期商品则实施库存出清策略。商品从季节性的角度可分为季节品和非季节品:针对不同季节属性的商品需要差异化运营,例如保暖类商品与户外运动装备分别对应不同季节的消费需求曲线。

多维分类体系为供应链决策提供了数据支撑,既保障了终端消费需求的响应能力,又可实现库存周转效率的最优平衡。其本质上是通过数据挖掘与建模构建商品与市场的动态适配机制,在满足需求与控制成本之间建立科学的决策模型。完成商品分类之后,接下来就要选择恰当的库存策略。

13.3.2 策略选择

在供应链优化实践中,其核心目标是实现供需关系的动态平衡——既要保障终端市场的响应能力,又要规避库存冗余带来的成本压力,为了做到这一点,需要恰当的库存策略作为支撑。

首先需要建立多维度的需求预测模型,通过历史销售数据挖掘、市场趋势分析和消费者行为研究,构建商品需求的概率分布,目的是更加精确地预测商品的需求,这是库存成本优化和库存策略选择的基石。完成需求预测后,接下来介绍库存策略控制机制。

在策略层面,常见的库存模型或者库存策略控制机制包括以下三种:

(1)缓冲储备机制:设立动态阈值的安全储备量,以应对突发事件引发的需求激增,这里的动态阈值通常被称为安全库存(Safety Stock,SS)。

(2)周期性库存维护:设立固定间隔的库存审查周期,这里的周期通常被称为补货周期(Next Review Time,NRT),使库存水位保持在基准库存水平。

(3)触发式补货机制:基于实时库存数据触发采购指令,当库存水位小于再订货点(Reorder Point)时,就触发补货,补到目标库存(Target Point)就结束。常见的三种库存策略有（s,S）库存模型、（r,Q）库存模型、（T,S）库存模型。上述三种策略都包含了前面的三种机制，不同的是，参数不同或者判断是否补货的阈值不同。了解策略的方法之后，接下来就要选择合适的策略，包括需求预测和库存模型。

1. 需求预测

需求预测通过对历史数据的分析，以及对业务逻辑的挖掘，输出多维度（时间维度、空间维度、品类维度等）的 SKU 需求量预估。典型的预测方法包含以下三类：

（1）时间序列方法，包括移动平均、指数平滑、自回归积分滑动平均模型 ARIMA 等。

（2）机器学习方法，包括随机森林、XGboost 和 LightGBM 等。

（3）深度学习方法：包括 LSTM、TFT 和 Transformer 等。详细的内容请参照《智能供应链：预测算法理论与实战》。

2. 库存模型

在供应链优化领域，常用的库存模型有以下五种。

（1）经济订货量（Economic Order Quantity，EOQ）优化模型：通过构建二次成本函数，求解使总运营成本（包含存储费用及采购支出）达到最小值的最优采购量。该模型需要满足需求量稳定、周期固定等前提假设。

（2）（s,S）库存模型：s 代表再订货点，S 代表目标库存，当库存水位降至预设阈值 s 时触发补货，补货至目标库存 S，平衡缺货风险与库存成本，适用于周期性检查的供应链场景。

（3）（r,Q）库存模型：r 代表再订货点，Q 是固定的补货量，当库存水位低于 r 时触发补货，补货量为 Q，通常 Q 是过去多天需求量的均值，适用于实时检查且需求量比较稳定的供应链场景。

（4）（T,S）库存模型：T 代表一定的周期，S 代表目标库存，每隔 T 个日期，当库存水位低于 S 时就触发补货，补货至目标库存 S。如果 T 较小，就会频繁触发补货，适用于缺货成本较高的供应链场景。

（5）销 N 补 N 库存模型：这种模型适用于销售间隔极大且不存在销售规律的供应链场景，销售 N，补充 N，无须储备和周期性核查商品，只需要实时检测商品是否存在销售情况即可，这样能极大地降低商品备货带来的库存成本。

13.3.3 参数推荐

无论在实际业务中采取上述哪种库存模型,都需要设置大量的参数,比如安全库存、订货点、目标库存等。尤其在管理大量 SKU 的库存补货时,操作尤为复杂,因此需要通过智能化的方法进行库存参数的自动推荐。以下有两种参数推荐方法:

(1)运筹方法:模型目标是最小化每日剩余库存件数总和,模型约束是订单满足率大于一定的阈值,决策变量包括服务水平和额外补货天数。利用 Gurobi 对模型进行求解,最终得到最优的服务水平、额外补货天数,以及每个商品的最优的目标库存、补货点库存、安全库存。

(2)仿真方法:利用仿真的方法找到使得日补货量方差最小的服务水平和额外补货天数,从而得到每个商品的最优的目标库存、补货点库存、安全库存。

13.4 案例分析

本节将基于 13.3 节介绍的方法,对供应链业务场景中的库存补货场景进行案例分析,更好地将理论应用于实践。通过对库存补货问题进行数据分析、商品分类、补货策略分析和补货参数优化,输出库存成本更优的方案。

13.4.1 数据集

本节分析使用的销量数据是某公开数据集,销量数据样例如表 13-1 所示,每一行有三个字段,分别是商品编码、销售日期、销量。

表 13-1 销量数据样例

商品编码	销售日期	销量
1	2021-01-01	4
2	2021-01-01	10
3	2021-01-01	7

13.4.2 数据分析

接下来对数据进行分析,包括数据预处理、时序特征提取、销售天数分析、销售时间间隔分析、变异系数分析。

第 13 章 货：库存补货策略

1. **数据预处理**

1）**缺失值填充**

针对原始数据，即从 2020 年 3 月 1 日到 2022 年 12 月 31 日共 1036 天的数据，没有销量的日期一般默认填零。图 13-3 是数据预处理之后的数据信息。

	商品编码	销量
count	5460.000000	5460.000000
mean	15.500000	8.460989
std	8.656234	10.133915
min	1.000000	0.000000
25%	8.000000	0.000000
50%	15.500000	5.000000
75%	23.000000	15.000000
max	30.000000	57.000000

图 13-3 数据预处理之后的数据信息

2）**异常值检测**

在异常值检测环节，采用标准化 Z-score 方法对商品销售数据进行校验，通过计算数据点与平均值的偏离程度进行异常判别。具体判定标准：当某数据点的标准分数（即该值与平均值的差除以标准差）的绝对值超过 3 倍标准差时，系统自动标记为异常值。此标准理论上可以覆盖约 99.7%的正常数据波动范围，有效识别了极端异常记录。如图 13-4 所示，其中红色的点是异常值，表示商品存在显著偏离正常范围的销售记录，最大偏离程度达到均值的 5.8 倍。该方法成功识别出占总数据量 0.3%的异常记录，为后续数据清洗提供了可靠依据，有效保障了建模数据的统计合理性。

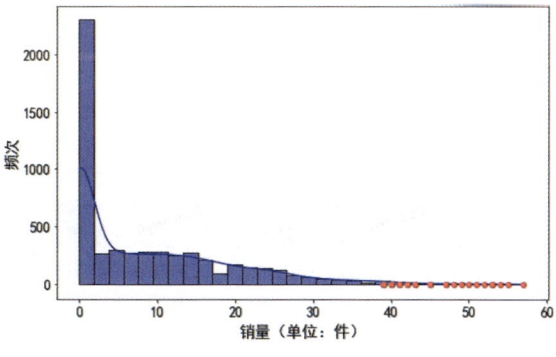

图 13-4 异常值检测结果

3）异常值平滑处理

对异常值处理的方法通常有两种方式：删除和转换，在当前商品的销量信息中，显然这些销量是真实存在的，可能是由于异常原因造成了该商品的销量陡增，不能简单地删除这部分数据，否则会损失这部分销量的信息，可以选择转换或者平滑来处理这部分数据。这样既可以保存这部分数据的信息，也能在一定程度上消除异常值带来的影响。

本案例采用窗口均值进行数据修正：对于异常数据点，同时截取该数据点前 14 个时间单位与后 7 个时间单位的有效观测值，计算两者的平均值并对异常值进行替代。通常这种非对称窗口设计既能保留足够的历史信息用于趋势推断，又能适度纳入短期未来波动特征。

实施效果显示，经过平滑处理的异常点数值收敛至邻近正常波动区间。窗口参数的设置可根据具体业务周期特征动态调整。

2. 时序特征提取

在对数据进行预处理后，接下来对数据进行时序特征提取，具体包含以下五个特征：

- 非零销量个数：统计指定时间段内产生实际销售记录的日期总数，反映商品的市场活跃程度。
- 非零平均销量：计算非零销售期间的平均日销量，建立基础需求水平评估指标。
- 非零销量标准差：通过非零销售量的标准差量化销售波动幅度，识别需求稳定性特征。
- 非零销量平均间隔：精确计算相邻两次有效销售日期的间隔天数。该指标有效反映了商品需求的间歇性特征，特别适用于识别低频但高价值的商品。
- 非零销量变异系数平方：通过非零销售量变异系数（标准差与均值的比值）的平方量化需求波动强度。

经过时序特征提取，得到的时序特征如表 13-2 所示。

表 13-2 时序特征

商品编码	非零销量个数	非零平均销量（件）	非零销量标准差（件）	非零销量平均间隔（天）	非零销量变异系数平方
1	110	13.71	9.34	1.65	0.46
2	115	13.84	9.76	1.59	0.49
3	110	13.4	9.31	1.8	0.48

续表

商品编码	非零销量个数	非零平均销量（件）	非零销量标准差（件）	非零销量平均间隔（天）	非零销量变异系数平方
4	111	13.18	8.83	1.76	0.44
5	116	13.41	10.5	1.62	0.61
6	110	14.7	10.17	1.77	0.47

3. 销售天数分析

接下来对上述数据进行频次分析，得到的 SKU 的非零销量天数分布如图 13-5 所示。可以看出，在 1036 天里，大部分商品的销售频次集中在 100~120 之间，说明商品存在间断性的低销甚至 0 销量的情况。

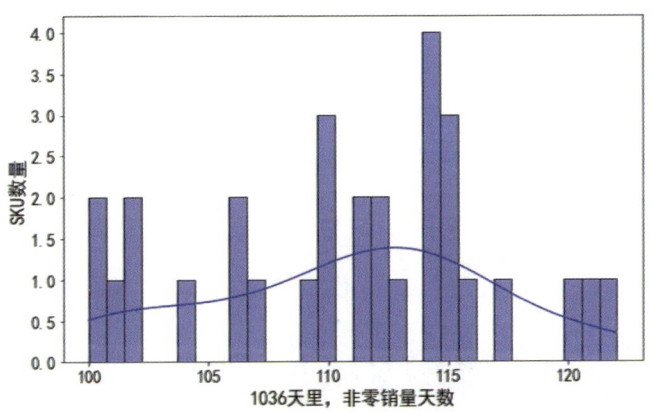

图 13-5 SKU 的非零销量天数分布

4. 销售时间间隔分析

接下来对销售时间间隔进行分析。如图 13-6 所示，纵坐标表示非零销量平均间隔，横坐标表示 1036 天里非零销量天数，共分成四个象限。其中，A 象限中的数据点代表销售天数多但销售时间间隔大的商品，即高销且不连续销售的商品，属于高销偏离散型商品；B 象限中的数据点代表销售天数少且销售时间间隔大的商品，即低销且不连续销售的商品，属于低销偏离散型商品；C 象限中的数据点代表销售天数少且销售时间间隔小的商品，属于低销偏连续型商品；D 象限中的数据点代表销售天数多且销售时间间隔小的商品，属于高销偏连续型商品。

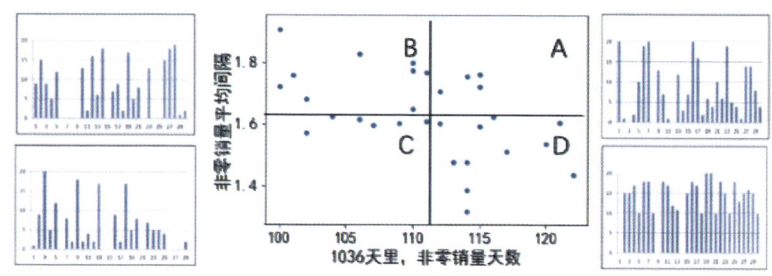

图 13-6　销售时间间隔与同非零销量天数的关系

5. 变异系数分析

为了分析商品销量的波动性，这里对商品销量的变异系数进行分析，SKU 的变异系数的分布如图 13-7 所示。变异系数越小，表示该商品销量的波动越小，比较平稳；变异系数越大，表示该商品销量的波动越大。从图 13-7 中可以看出，大部分商品的变异系数相对较小，销售比较稳定。而对于变异系数较大的商品，即销量波动不稳定的商品，需要单独去应对。

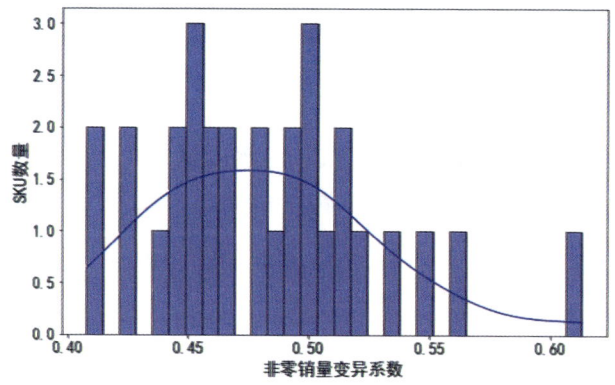

图 13-7　SKU 的变异系数的分布

13.4.3　商品分类

通过对历史销售数据的分析，可以对商品进行分类，从而制定更为精准的库存管理策略。本案例利用非零销量变异系数平方与非零销量间隔来对商品进行分类，总共分为四类：当非零销量变异系数平方小于 0.49 且非零销量间隔小于 1.32 时，商品为 Smooth 类别，当非零销量变异系数平方小于 0.49 且非零销量间隔大于 1.32 时，商品为 Lumpy 类别；当非零销量变异系数平方不小于 0.49 且非零销量间隔小于 1.32 时，商品为 Regular 类别；当非零销量变异系数平方不小于 0.49 且非零销量间隔大于 1.32 时，商品为 Slow 类别。商品分类结果如表 13-3 所示。

表 13-3 商品分类结果

商品编码	非零销量个数	非零平均销量（件）	非零销量标准差（件）	非零销量间隔（天）	非零销量变异系数平方	商品分类
1	110	13.71	9.34	1.65	0.46	Lumpy
2	115	13.84	9.76	1.59	0.49	Slow
3	110	13.4	9.31	1.8	0.48	Lumpy
4	111	13.18	8.83	1.76	0.44	Lumpy
5	116	13.41	10.50	1.62	0.61	Slow
6	110	14.7	10.17	1.77	0.47	Lumpy

13.4.4 补货策略分析

1. 需求预测

在经过数据分析和商品分类之后，接下来基于不同的商品分类选择不同的方法进行需求预测，包括移动平均、简单指数平滑、Croston 等方法。在本案例中，Regular 类型的商品使用移动平均进行需求预测的平均准确率更高；Lumpy 代表销量存在波动性，Lumpy 类型的商品使用简单指数平滑进行需求预测的平均准确率更高；Slow 代表慢销，Slow 类型的商品使用 Croston 进行需求预测的平均准确率更高。

2. 库存模型

在备件库的库存管理场景下，通常以优化库存成本为目标来选择库存模型。本案例对不同的库存模型的成本进行对比，发现使用 (s,S) 库存模型的库存成本最低，因此使用 (s,S) 库存模型作为最终的库存模型。图 13-8 是 (s,S) 库存模型的补货示意图，当库存水位低于 s 时，触发补货，补货量为 $S-y$，其中 S 是目标库存量，y 是实际库存量。但是该库存模型有参数需要确定，接下来确定 (s,S) 库存模型的参数。

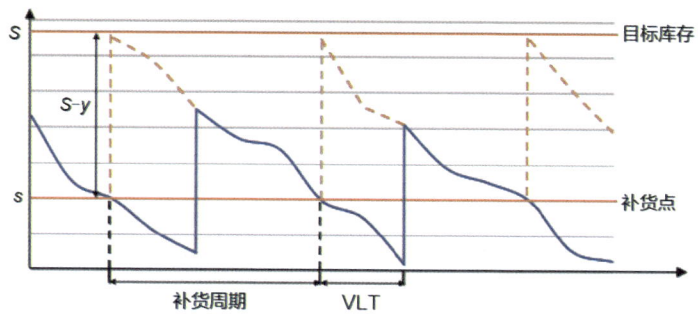

图 13-8 （s, S）库存模型的补货示意图

13.4.5 补货参数优化

在本案例中，补货参数优化分为两个步骤：首先，需要将补货参数初始化，本案例采用运筹模型确定最优补货参数；之后，根据实际运营情况采用仿真优化将参数进行迭代。

1. 初始化补货参数

在（s,S）库存模型中，模型的计算需要用到一些参数，例如在计算安全库存的时候，需要用到服务水平。其中安全库存（Safety Stock，SS）的计算公式为

$$SS = Z_k\sqrt{(\mu_{VLT} + NRT)\sigma_D^2 + \mu_D^2\sigma_{VLT+NRT}^2} \tag{13.1}$$

其中 k 为最优库存服务水平（通常指不会发生缺货的概率），取值在[0,1]之间，Z_k 为需求分布的k分位点。例如，当k=0.95 时，Z_k 为需求分布的 95%分位点，表示 95%的需求都能被满足。NRT 是补货周期，指的是补货的频率，如果每天都进行库存补货，那么 NRT=1。μ_{VLT}、μ_D 分别是供应商送货天数（Vender Leading Time，VLT）的均值和销量均值，σ_D、$\sigma_{VLT+NRT}$ 分别是销量标准差和（VLT+NRT）天数的标准差。当 VLT 和 NRT 的天数固定的时候，$\sigma_{VLT+NRT}$ 为 0，μ_{VLT} 是常数。

因此，除了需要对销量的μ_D和σ_D进行预测，不同商家对应的最优库存服务水平 k 也是一个影响安全库存计算的重要参数。本章建立优化模型进行最优库存服务水平k的求解，具体内容如下：

1）模型描述

目标函数是最小化库存成本，约束条件包含进销存相关约束和服务水平相关约束。

2）相关参数

元素集合：
- $I = \{1, 2, \cdots, m\}$：商品集合。
- $T = \{1, 2, \cdots, n\}$：周期集合。
- $I_{s,S} \subseteq I$：补货策略为（s,S）的商品集合。

常数和参数：
- l_i：第i种商品的补货提前期，$i \in I$。
- n_i：第i种商品的补货周期，$i \in I$。
- h_i：第i种商品的持有成本。
- k_i：第i种商品的订货成本。
- $d_{i,t}$：第i种商品在第t天的需求量。
- Q_i：第i种商品的订货数量，$Q_i = \sqrt{2 \times k_i \sum_{t \in T} \dfrac{d_{i,t}}{h_i}}$。
- $x_{i,0}$：第i种商品的初始库存，$x_{i,0} = \sum_{t \in T, t \leqslant l_i} d_{i,t}$。
- $\mu_{i,t}$：第i种商品在第t天的需求量均值。
- $\sigma_{i,t}^2$：第i种商品在第t天的需求量方差。
- α：现货率要求。

变量：
- $x_{i,t}$：第i种商品在第t期的期末库存量，$x_{i,t} \geqslant 0$。
- $y_{i,t}$：第i种商品在第t期的缺货量，$y_{i,t} \geqslant 0$。
- $q_{i,t}$：第i种商品在第t期的补货量，$q_{i,t} \geqslant 0$。
- $z_{i,t}^o$：0-1变量，表示第i种商品在第t期是否缺货。
- $z_{i,t}^r$：0-1变量，表示第i种商品在第t期是否补货。
- θ_i：第i种商品的服务水平k的分位数，$\theta_i = \Phi^{-1}(k)$。
- S_i：第i种商品的目标库存——中间变量。
- s_i：第i种商品的补货点——中间变量。

本案例假设需求服从正态分布，且正态分布的均值和方差可以通过历史数据求得；在发生缺货时不允许延期交货，而是失去销售机会，即失销；优化模型的目标为最小化有限周期内的库存持有成本。

3）构建目标函数

该模型以最小化总周期内持有成本为目标，其中h_i是商品持有成本，$x_{i,t}$是

商品在周期 t 内的库存。

$$\text{Min} \sum_{i \in I} \sum_{t \in T} h_i x_{i,t} \qquad (13.2)$$

4）提前期内库存水位约束

l_i 为商品 i 的提前期，当 $t \leqslant l_i$ 时，表示商品还在运输途中，还未到达仓库，所以这段周期内

$$x_{i,t} - y_{i,t} = x_{i,t-1} - d_{i,t}, \forall i \in I, t \leqslant l_i, t \in T \qquad (13.3)$$

5）模型公式

$$\min \sum_{i \in I} \sum_{t \in T} h_i x_{i,t}$$

$$x_{i,t} - y_{i,t} = x_{i,t-1} - d_{i,t}, \forall i \in I, t \leqslant l_i, t \in T \qquad (13.4)$$

$$x_{i,t} - y_{i,t} = x_{i,t-1} + q_{i,t-l_i} - d_{i,t}, \forall i \in I, t > l_i, t \in T \qquad (13.5)$$

$$x_{i,t} \leqslant M(1 - z_{i,t}^o), \forall i \in I, t \in T \qquad (13.6)$$

$$y_{i,t} \leqslant M z_{i,t}^o, \forall i \in I, t \in T \qquad (13.7)$$

$$\sum_{i \in I} \sum_{t \in T} z_{i,t}^o \leqslant |I| \times |T|(1 - \alpha) \qquad (13.8)$$

$$S_i = \mu_i(l_i + n_i) + \theta_i \sqrt{l_i + n_i} \sigma_i, \forall i \in I \qquad (13.9)$$

$$r_i = u_i l_i + \theta_i \sqrt{l_i} \sigma_i, \forall i \in I \qquad (13.10)$$

$$q_{i,t} = \begin{cases} 0, & \text{if } x_{i,t} \geqslant s_i \\ S_i - x_{i,t}, & \text{otherwise.} \end{cases}, \forall i \in I_{s,S}, t \in T \qquad (13.11)$$

$$x_{i,t} \geqslant 0, y_{i,t} \geqslant 0, q_{i,t} \geqslant 0, z_{i,t}^o \in \{0,1\}, \forall i \in I, t \in T \qquad (13.12)$$

$$S_i \geqslant 0, s_i \geqslant 0, \theta_i \in (0,8), \forall i \in I \qquad (13.13)$$

约束（13.4）：当 $t \leq l_i$ 时，补货量还未到达。

约束（13.5）：当 $t > l_i$ 时，补货量开始到达，当期库存量−缺货量=上一期的库存量+补货到达量−当期消耗量。

约束（13.6）和约束（13.7）：每一期的期末库存量和缺货量最多有一个为 0。

约束（13.8）：现货率约束。

约束（13.9）和约束（13.10）分别定义了目标库存和补货点。

其中，约束（13.11）对应（s,S）库存模型，约束（13.12）和约束（13.13）为变量取值范围。

由于以上模型中约束（13.11）是非线性约束，因此针对非线性约束的目标规划模型利用大 M 法，将 if-then 结构的非线性约束线性化。主要方法如下所示。

针对约束（13.11），引入 0-1 变量 $z_{i,t}^r$、大数 M，则约束（13.11）等价于公式（13.14）～（13.16）：

$$s_i - x_{i,t} \leq M z_{i,t}^r, \forall i \in I_{s,S}, t \in T \qquad (13.14)$$

$$s_i - x_{i,t} \geq M(z_{i,t}^r - 1), \forall i \in I_{s,S}, t \in T \qquad (13.15)$$

$$q_{i,t} = z_{i,t}^r (S_i - x_{i,t}), \forall i \in I_{s,S}, t \in T \qquad (13.16)$$

约束（13.14）～约束（13.16）用来判断 if 条件是否成立，如果 $z_{i,t}^s=0$，则约束（13.14）被松弛，$s_i - x_{i,t} < 0$，$q_{i,t} = 0$，约束（13.11）的 if 条件成立。如果 $z_{i,t}^s=1$，则约束（13.15）被松弛，$s_i - x_{i,t} > 0$，$q_{i,t} = z_{i,t}^s (S_i - x_{i,t})$，约束（13.11）的 otherwise 条件成立。

通过将模型中约束（13.11）进行转换，该模型可以等价转换为一个求解器可求解的线性规划问题。通过上述模型，可以得到每个商品的最优策略参数。接下来优化每天补货的商品个数，使得每天补货的商品个数差距不大。

2. 补货参数迭代

随着每天的商品销售出库，库存数量逐渐减少。当库存数量低于补货点 s 时，就需要进行补货。y 表示当前库存水平，补货量=$S-y$。而补货商品需要经过在途时长 VLT 对应的天数才会到货。R 表示盘点周期，可以理解为每过 R 天盘点一次库存数量，并根据当前的库存数量判断是否需要采购商品。

在实际的调研过程中发现，周六的日均补货商品个数与周一到周五的日均补货商品个数的差距较大，如表 13-4 所示。

表 13-4　周补货商品个数对比

星期几	日均补货商品个数	日均补货商品个数占比
一	1800	9%
二	1996	10%
三	2048	10%
四	2138	11%
五	2274	11%
六	9627	48%
日	0	0%
汇总	19784	100%

明显可以看到，周六的日均补货商品个数占比接近 50%，因此本节通过仿真的方式寻找合适的补货点 s，调整补货点与目标库存 S 的差距，从而增加周一至周五的补货次数，降低周六的补货次数。参数迭代后的周补货商品个数对比如表 13-5 所示，可以看出调整补货点后，周一到周六的补货数量趋于均衡。

表 13-5　参数迭代后的周补货商品个数对比

星期几	日均补货商品个数	日均补货商品个数占比
一	3617	21%
二	2877	17%
三	2709	16%
四	2706	16%
五	2743	16%
六	2683	15%
日	0	0%
汇总	17340	100%

13.4.6　结论

本案例展示了如何通过数据科学和运筹学的方法来解决库存补货的问题，并将该问题拆分为四个步骤，分别是数据分析、商品分类、补货策略分析和补货参数优化。利用数据科学的方法对商品进行分类，针对不同的商品使用不同的方法，最终输出各个商品最优库存策略下每天的补货件数。

13.5 本章小结

补货策略优化是确保库存水平在满足客户需求和最小化库存成本之间取得平衡的关键过程。有效的补货策略能显著提高供应链管理效率,减少缺货和过多库存现象导致的库存成本升高问题。

首先,需求预测是补货分析的基础。通过对历史销售数据、市场趋势和季节性因素的分析,可以准确预测未来需求,从而制订合理的补货计划。其次,库存管理技术如经济订货量(EOQ)和安全库存水平的设定,可以帮助企业在维持服务水平的同时,有效降低库存成本。现代补货策略还依赖相关技术的支持,如自动化库存管理系统和实时数据分析工具,这些技术能提供精准的库存状态和需求变化信息,支持及时补货决策。总之,科学的补货分析不仅能优化库存水平,降低库存成本,还能提升客户满意度和企业竞争力。通过综合运用数据科学的相关方法,企业可以实现高效、灵活的供应链管理。

第14章
CHAPTER 14

场：前置仓布局优化

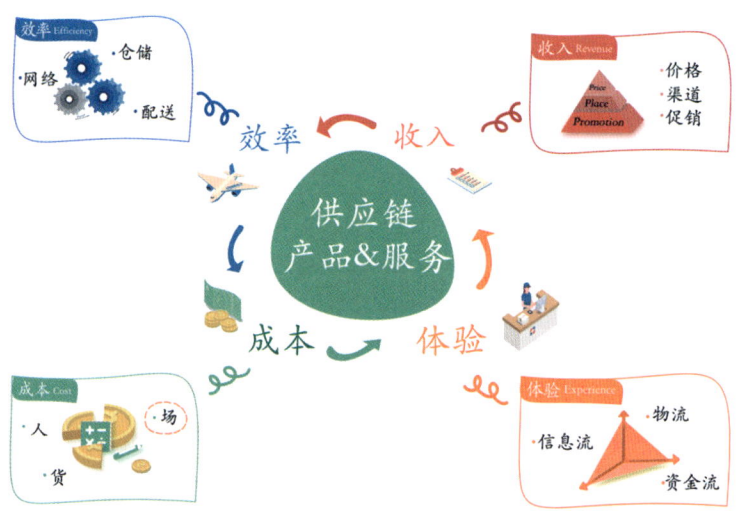

图 14-1 场：前置仓布局优化

下面进入"成本"部分的"场"章节，如图 14-1 所示。本章以前置仓布局优化为例，完整展示从数据采集、智能补全、模型验证到动态调优的全流程数据科学方法论，帮助企业在降本增效与服务升级之间实现最优平衡。

14.1 背景介绍

在数字经济深度重构商业生态的当下，供应链体系的战略价值已经突破传统物流范畴，演变为决定企业核心竞争力的关键要素。对于电商行业而言，全国性仓配网络布局正成为破解规模经济与消费体验矛盾的关键手段。特别是在畅销品供应链领域，这类支撑企业主要营收的核心品类，其仓网架构不仅需要应对高效处理海量订单的挑战，更要在广阔的地理空间内构建起平衡时效承诺与成本控制的精密网络，这对企业的可持续发展具有战略意义。

中国市场特有的地理规模与消费层级，使仓网布局面临独特挑战。虽然集中式仓储通过批量运输降低了单位物流成本，但难以应对跨区域配送的时效压力；分散式布点缩短了服务半径，却可能因库存碎片化推高运营成本。这种空间效率与时间竞争力的内在矛盾，要求企业突破传统经验决策模式，建立基于数据科学的网络规划方法论——既要考量基础设施的地理分布，又要统筹运输网络的成本结构，更要预判消费需求的空间演变。

基于数据科学的仓网布局的战略价值主要体现在三个维度：在成本控制维度，通过节点密度与服务半径的精准匹配，可以优化干支线运输比例，实现仓储资源利用率与运输规模效应的动态平衡；在消费体验维度，基于需求热力分布的智能分仓策略，可以有效压缩订单履约环节，构建分层递进的时效保障体系；在市场拓展维度，前瞻性的网络架构可以形成区域辐射优势，为业务扩张提供弹性支撑。三大战略维度的协同联动，最终实现企业盈利能力和市场竞争力的实质性提升。

实现这种系统化布局需要应对多重复杂性的问题。全国性仓网规划本质上是在地理空间、运输网络、库存配置、需求波动等多维坐标系中寻找最优解。每个决策节点都关联供应商分布、运输成本结构、区域消费特征等变量，传统基于行业对标或经验推演的规划方式，往往难以量化不同变量间的交互影响。这种复杂决策场景恰恰凸显了数据科学的价值——通过系统分析海量数据背后的关联规律，构建布局优化模型，在时效约束与成本目标之间建立量化平衡机制。

本章以电商企业的畅销品网络即前置仓网络为例，深入探讨如何运用数据科学的方法进行仓网布局。首先，通过数据可视化、数据补全等手段，分析和验证收集的销量、成本、时效等数据的合理性与可用性。然后，利用选址模型验证成本数据，识别可能忽略的因素。最后，运用灵敏度分析寻找成本与时效的最优平衡，确定最佳选仓方案。

14.2 问题描述

仓网体系的科学规划需要统筹和协调多个关键要素，在成本、效率与服务品质之间寻求最优平衡，实现企业盈利的最大化，而这一目标的达成高度依赖数据科学的深度应用。仓网规划考虑的因素如图14-2所示。

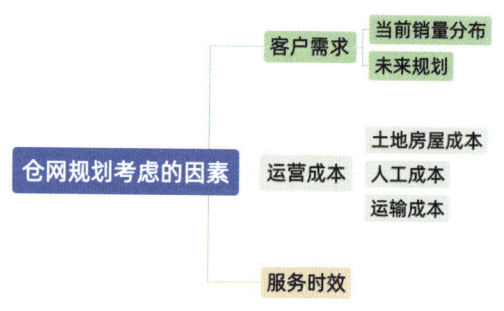

图 14-2　仓网规划考虑的因素

1. 客户需求

在仓网规划中，客户需求是核心因素之一。精准把握客户需求是仓网布局的基础。客户需求不仅包括商品数量需求，还涵盖时效、价格、质量等服务需求。借助数据科学的分析手段，企业可以深入挖掘海量数据，除了分析企业当前各地区的销量数据，还能运用相关性分析、回归分析等数据科学的方法，剖析销量与当地经济总量、常住人口数量、人均收入等因素之间的复杂关系。通过对这些数据的分析，企业能够精准定位具有销售潜力的区域，明确未来重点推广的市场方向，为仓网布局提供关键的需求端依据。

2. 运营成本

运营成本的精确把控同样重要。仓网规划涉及的土地房屋成本、人工成本、运输成本等，需要企业进行全面的分析和预测。以人工成本为例，对于电商仓储企业，尽管各地的工作效率的差异不大，但是各地的工资水平有较大差异，通过收集工资数据和企业运营数据，运用数据挖掘算法，企业可以建立模型来预测不同地区的人工成本。在运输成本方面，利用历史运输数据，结合运输规模、运输距离等因素，借助机器学习算法构建成本预测模型，帮助企业准确估算运输成本，为仓网规划中的成本核算提供科学依据。

3. 服务时效

服务时效的优化是仓网规划的重要目标，数据科学在其中发挥了关键作用。通过对运输数据、需求数据的整合与分析，运用数据可视化技术，企业可以直观地看到服务时效与运输距离、运输规模之间的关系。当销量较小时，通过数据分析可以判断采用零担运输资源是保证时效的最优选择；当需求量较大时，借助数据模型可以找到在保证时效的同时降低单位运输成本的最佳平衡点。

仓网布局本质上是一个运筹优化问题，在仓数量、时效等限制条件下追求全网物流成本最低。数据驱动的决策模型为解决这一问题提供了核心技术支持。由于仓网规划的数据来源广泛且准确性存疑，数据的清洗和验证技术就显得尤为重要。数据清洗技术能够去除噪声数据、纠正错误数据，确保数据质量。通过数据验证技术，如交叉验证、异常值检测等，可以提高数据的可靠性。同时，考虑到仓网规划并非一蹴而就，需要多轮迭代以确定各个仓的开设顺序和最佳规模，因此可以利用决策模型输出多个方案，并通过数据可视化工具绘制成本和时效随仓数量变化的曲线，为决策者提供直观、准确的决策依据。

综上所述，数据科学贯穿仓网体系构建的全过程，从需求分析、成本把控、时效优化到布局决策，为企业构建高效、经济的仓网体系提供了全方位的技术支持和数据保障。

14.3 解决方案

14.3.1 整体框架

仓网布局优化方案的设计需要以明确数据来源为首要前提。仓网规划涉及的数据类型复杂多元，既包括区域销量、仓内作业成本效率等运营数据，也涵盖运输线路报价、时效记录等物流数据。这些数据往往分散在不同系统中且格式不统一，采集和整合这些数据存在客观难度。因此需要实施两方面的数据治理措施：一是通过数据清洗技术识别异常值，借助可视化工具定位数据矛盾点，确保基础数据真实可信；二是结合外部公开数据（如城市商业地产租金、人口迁徙数据等），通过关联分析填补缺失字段，构建完整的数据支撑体系。

在完成数据治理后，需要将企业战略诉求转化为模型参数。由于现实业务场景存在多重复杂约束，因此建模过程需要保持动态优化：首先将企业战略目标（如成本优先或时效优先）量化为模型目标函数，再将资源限制、服务标准等条件转化为约束条件。通过对比模型计算结果与实际运营数据的偏差度，持续修正参数设置，直至模型能准确反映业务实质。

在方案验证阶段，首先通过逆向验证法检验模型可靠性——将现有仓网配置输入模型，对比输出的成本结构与实际发生值的一致性。鉴于企业战略目标往往存在动态调整的特点，当成本控制与时效要求存在冲突时，需要采用多维度敏感性分析：通过调整选仓数量和时效要求，观察仓网布局方案的变化趋势，最终确定符合企业现阶段发展需求的最优平衡点，形成兼具科学性与实操性的规划方案。

前置仓布局优化解决方案如图14-3所示。

图14-3　前置仓布局优化解决方案

14.3.2　数据准备

从数据类型的维度看，仓网规划需要重点采集四类核心数据：

（1）销量数据。企业可结合现有销售区域的常住人口规模、经济总量等经济指标建立与销量的关联模型，并将此模型应用于市场渗透率较低的新兴区域，推导出潜在销售预期。同时，可通过采集电商平台数据、行业报告等外部数据源，捕捉消费变化趋势，形成对内部数据的有效补充。

（2）土地房屋成本数据。这是仓网规划的重要支出项。在仓储模式选择上，企业通常面临自建仓库（需要承担土地购置、基建等固定投入）与租赁仓库（可灵活选择租期）的决策考量。若采取租赁模式，则需要系统收集各城市的仓库租金数据。但在实际操作中，部分城市的仓租租金数据存在获取障碍。此时可运用关联分析方法，通过研究商业地产租金、住宅价格等易得数据与仓租的联动规律，推算缺失区域的合理仓租水平。

（3）人工成本数据。该指标与区域经济发展水平强相关。企业可通过采集各城市社会平均工资数据，或基于现有分支机构的人员薪酬样本，构建区域工资预测模型，推算目标城市的人力成本区间。

（4）运输成本和时效数据。这是需要重点采集的数据。通过整合内部物流系统的历史运单数据，结合第三方物流报价信息，可以系统梳理各运输线路的单位成本与标准时效等数据。

完成数据采集后，需要进行严格的质量治理：首先运用数据清洗技术删除重复记录、修正异常数值；针对缺失数据，采用插值法、回归分析等统计方法进行合理填补；同时统一数据标准（如城市名称标准化、货币单位统一等），提升数据处理效率。在数据验证阶段，通过可视化分析识别数据分布异常，利用相关性检验排查逻辑矛盾，确保基础数据的统计合理性。

14.3.3 前置仓布局建模

企业在进行仓网架构设计时，需要依据商品特性选择适配的网络形态。例如，针对 SKU 丰富但单品销量有限的图书类商品，宜采用单层仓网结构并控制仓库数量；反观汽车制造及零部件供应企业，因其业务覆盖地域广阔且维修网络庞大，通常需要构建多级仓网体系——中央仓集中储备通用核心零部件，区域仓负责属地化高频件的周转与调配工作，本地仓则紧邻生产/维修终端储备常用急件，通过三级协同实现库存优化与敏捷响应。而对于生鲜果蔬、冷链食品等时效敏感性商品，则适宜采用单层仓网模式，通过供应链层级扁平化最大限度地压缩流通环节，实现从仓储端直达消费终端的极速履约，有效维持商品品质。

本章重点研究电商领域畅销品的仓网布局策略。该类商品适合采用前置仓模式——将仓库部署于邻近客户群的位置，专门存储高周转率商品。模型构建以最小化总物流成本为目标函数，约束条件包括仓库建设数量限制、当日达与次日达时效达标率、单仓日均出库量阈值，同时设定业务规则——每个仓库需要具备全品类存储能力，每个需求节点仅由单一仓库覆盖。具体建模参数与架构如下。

1. **集合**

- I：候选仓库集合。
- J：需求节点集合。

2. **参数**

- m_j：需求节点j的需求量。
- $c_{i,j}$：仓库i与需求节点j之间的件均运输成本。
- $d_{i,j}$：仓库i与需求节点j之间的距离。
- $a_{i,j}$：仓库i覆盖需求节点j是否能达到当日达时效，1为是，0为否。
- $b_{i,j}$：仓库i覆盖需求节点j是否能达到次日达时效，1为是，0为否，若$a_{i,j}=1$，则$b_{i,j}=1$。
- l_i：仓库i的最小出库量。
- s_i：仓库i所在城市的工资水平。
- u_i：仓库i所在城市的租金水平。
- h：商品在仓库中的平均处理效率。
- p：商品在仓库中的平均存储效率。
- v：商品在仓库中的平均周转天数。
- n：前置仓的数量要求。
- α：总体达到当日达时效水平的件数占比。
- β：总体达到次日达时效水平的件数占比。
- g：总需求量 $g=\sum_{j\in J}m_j$。
- M：一个非常大的常数。

3. **变量**

- $x_{i,j}$：0-1变量，需求节点j是否由仓库i覆盖，取值为1表示仓库i覆盖需求节点j，取值为0表示仓库i不覆盖需求节点j。

- y_i：是否选择仓库i，取值为 1 表示仓库i被选择，取值为 0 表示仓库i未被选择。

前置仓布局对应的数学模型为

$$\min \sum_{i \in I}\sum_{j \in J} m_j c_{i,j} x_{i,j} + \frac{\sum_{i \in I} s_i \left(\sum_{j \in J} m_j x_{i,j}\right)}{h} + \frac{\sum_{i \in I} u_i v \left(\sum_{j \in J} m_j x_{i,j}\right)}{p} \quad (14.1)$$

$$\sum_{i \in I} y_i = n \quad (14.2)$$

$$\sum_{i \in I}\sum_{j \in J} m_j a_{i,j} x_{i,j} \geqslant \alpha g \quad (14.3)$$

$$\sum_{i \in I}\sum_{j \in J} m_j b_{i,j} x_{i,j} \geqslant \beta g \quad (14.4)$$

$$\sum_{j \in J} m_j x_{i,j} \geqslant l_i y_i, \forall i \in I \quad (14.5)$$

$$\sum_{i \in I} x_{i,j} = 1, \forall j \in J \quad (14.6)$$

$$x_{i,j} \leqslant y_i, \forall i \in I, j \in J \quad (14.7)$$

$$x_{i,j} d_{i,j} \leqslant d_{k,j} + M(1 - y_k) + M(1 - x_{i,j}), \forall i, k \in I, j \in J, i \neq k \quad (14.8)$$

$$x_{i,j}, y_i \in \{0,1\}, \forall i \in I, j \in J \quad (14.9)$$

式（14.1）表示前置仓布局模型的目标函数是最小化总物流成本，其中 $\sum_{i \in I}\sum_{j \in J} m_j c_{i,j} x_{i,j}$ 为总运输成本，$\dfrac{\sum_{i \in I} s_i \left(\sum_{j \in J} m_j x_{i,j}\right)}{h}$ 为总仓内人工操作成本，$\dfrac{\sum_{i \in I} u_i v \left(\sum_{j \in J} m_j x_{i,j}\right)}{p}$ 为总仓租成本；式（14.2）表示前置仓的数量要求；式（14.3）表示全国维度的一日达时效应满足要求；式（14.4）表示全国维度的两日达时效应满足要求；式（14.5）表示若选择仓库i，则其覆盖的需求量必须满足最小运营件量；式（14.6）表示每个需求节点只能由一个仓库覆盖；式（14.7）表示只有仓库被选择了，其才能覆盖需求节点；式（14.8）表示需求节点应优先被更近的且被选择的仓库覆盖；式（14.9）表示变量的取值范围，$x_{i,j}$ 和 y_i 为 0-1 变量，取值只能为 0 和 1。

14.4 案例分析

本节从销量、仓储成本、线路成本和时效四个维度，系统阐述基于企业内外部数据的仓网规划方法论。首先解析销量在地理位置上的分布，识别区域市场渗透差异，结合区域经济总量指标预判战略发展重心，形成仓库宏观布局基准框架。针对企业现有仓储网络未覆盖区域的成本数据缺失问题，通过采集互联网公开的仓租、房价及人力成本数据，采用回归分析方法推算候选城市的单位运营成本。鉴于线路成本/时效与运输量/运输距离存在函数关系，基于企业历史运输数据构建机器学习模型。完成数据准备后，可以利用运筹优化方法得到最优的仓网布局。但企业更关注不同场景下的布局效果，因此需要进一步分析仓库数量与货量变化对成本和时效的影响，为未来提供更详细的规划方案。其实，在使用数据分析方法时，预先只有一个框架，并不知道具体要分析什么，都是一边分析一边展开思路。比如在运筹优化模型中，大部分情况下并不会考虑就近覆盖约束，而是在求解时发现添加仓库的最小出库量约束后可能导致较远覆盖的情况（比如为了保证武汉仓的出库量到达最小出库量要求，苏州市没有被上海仓覆盖，而是被距离更远的武汉仓覆盖），这时才会补充该约束条件。

14.4.1 销售数据分析和准备

这里收集了某企业 2024 年的销量数据，其中安徽省的销量数据如表 14-1 所示。

表 14-1 安徽省的销量数据

省份名称	城市名称	日均销量（件）
安徽省	铜陵市	3260
安徽省	黄山市	8099
安徽省	池州市	2080
安徽省	淮北市	2424
安徽省	马鞍山市	9167
安徽省	宣城市	14785
安徽省	淮南市	8262

1. 销量分布现状

1）各省份的日均销量与累计占比

首先对各省份的目的销量数据进行空间维度解析，如图 14-4 所示。通过柱状图呈现绝对销量对比，叠加累计分布曲线反映市场集中度特征。数据显示：经济强省占据销量前五中的四席，但湖南省的销量呈现显著性突破，需要深入探究该省的消费偏好、渠道布局等驱动因素。山东省 2024 年的经济总量为全国第三、人口基数为全国第二，可以将该区域列为重点潜力市场进行培育。

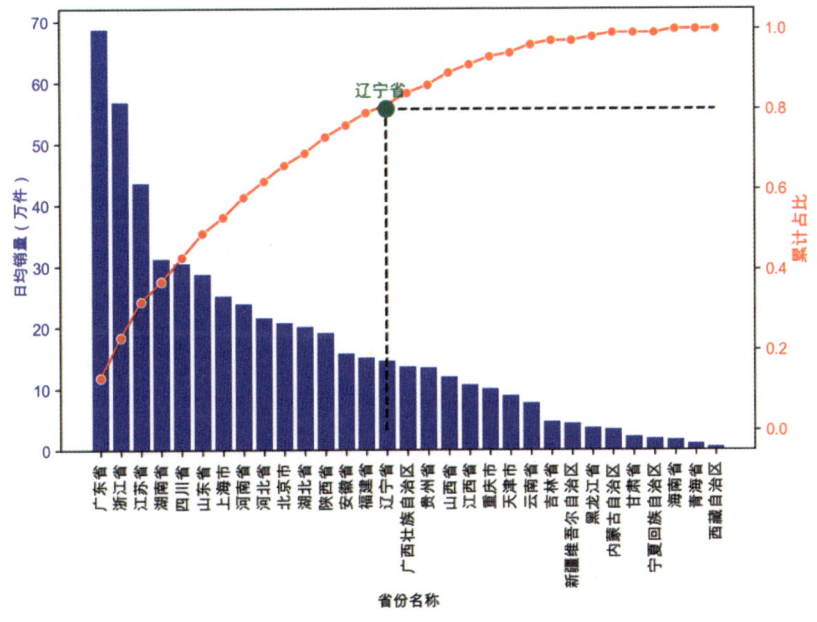

图14-4　各省份的日均销量

从市场集中度的维度看，销量前 15 的省份贡献了全国 80%的销售额，虽未达到典型二八分布，但揭示出西藏自治区、青海省等低密度市场的运营效率问题。基于战略柔性考量，若企业计划优化物流成本结构或实施产品线收缩策略，则可优先评估这些低效市场的业务存续价值，通过与第三方公司合作释放资源，聚焦核心区域运营。

2）销量在地理位置上的分布

除了按照省份进行销量统计，还需要考虑地理空间分布。热力地图作为核心分析工具，通过色阶梯度直观反映区域销量差异。如图 14-5 所示，销售热力带集中分布于我国偏东部的地区，由此可推导出仓储节点应遵循"东密西疏"的梯度分布原则。

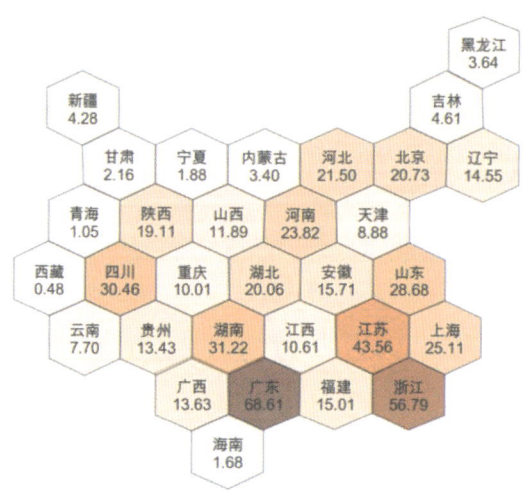

图14-5　销量在地理位置上的分布

下面分析山东省各城市的销售数据分布情况，并选取地理位置相邻且经济更发达的江苏省作为对比对象，由此评估山东市场的增长潜力。山东省和江苏省的销量分布如表 14-2 所示。青岛市、济南市和济宁市构成山东的主力销售区域，其中青岛市的销售贡献尤为突出；相比之下，江苏省各城市的日均销量更均衡，南通市的表现最佳。

表 14-2　山东省和江苏省的销量分布

省份名称	城市名称	日均销量（件）	省内排名	省份名称	城市名称	日均销量（件）	省内排名
山东省	青岛市	95896	1	江苏省	南通市	62001	1
山东省	济南市	58265	2	江苏省	南京市	59034	2
山东省	济宁市	30265	3	江苏省	扬州市	53010	3
山东省	潍坊市	26588	4	江苏省	泰州市	50989	4
山东省	烟台市	17053	5	江苏省	淮安市	48496	5
山东省	枣庄市	14893	6	江苏省	无锡市	45113	6
山东省	临沂市	11093	7	江苏省	盐城市	26496	7
山东省	滨州市	9213	8	江苏省	苏州市	25937	8
山东省	泰安市	5293	9	江苏省	徐州市	21776	9
山东省	日照市	5100	10	江苏省	常州市	20703	10

续表

省份名称	城市名称	日均销量（件）	省内排名	省份名称	城市名称	日均销量（件）	省内排名
山东省	德州市	3598	11	江苏省	连云港市	12518	11
山东省	淄博市	2957	12	江苏省	镇江市	6666	12
山东省	菏泽市	2944	13	江苏省	宿迁市	2930	13
山东省	东营市	2383	14				
山东省	聊城市	1038	15				
山东省	威海市	65	16				
合计		286644				435669	

2. 销量和经济总量、常住人口数量、人均收入的关系

1）数据清洗

这里通过公开渠道收集了各城市的经济总量、常住人口数量和人均收入数据，用于分析销量影响因素并制订销售计划。考虑到网络数据的准确性可能存在问题，首先需要检查数据完整性——比如使用 pandas.info()方法查看各个字段的数据类型、是否有缺失值。如图 14-6 所示，可以发现"省份名称"有 1 处缺失，"人均收入（元）"本应是数字却显示为文字。常见数据错误如图 14-7 所示，30757 被添加了一个小数点后变成了"30.757"，30504 被添加了其他数字变成了"10:30,504"。对于这些问题，可以根据政府网站或统计年鉴的公开信息，手工补充缺失的省份名称，同时把错误的人均收入数据修正为正确的数值格式，确保所有数据完整可用。

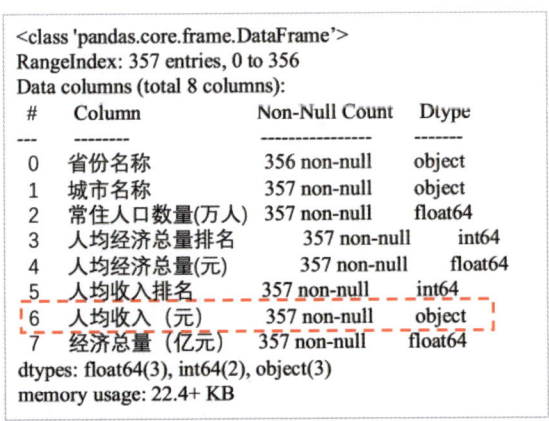

图14-6 各城市经济总量、常住人口数量、人均收入的数据摘要信息

省份名称	城市名称	人均收入（元）	经济总量（亿元）
广东省	汕尾市	30.757	1430.84
安徽省	安庆市	30745	2878.3
湖北省	天门市	30742	712.17
陕西省	铜川市	30556	510.63
云南省	曲靖市	30556	4048.91
湖北省	十堰市	30551	2359.03
四川省	广安市	30549	1512.5
内蒙古自治区	通辽市	10:30,504	1609

图14-7 常见数据错误

2）相关性分析

首先研究产品日均销量与城市经济指标之间的关系。如图 14-8 所示，日均销量与城市的经济总量的关联性最强，相关系数达到 0.87。同时日均销量与常住人口数量的相关系数为 0.77，与人均收入的相关系数为 0.62，均呈现显著关联。但需要特别注意的是，常住人口数量与经济总量之间的相关系数达 0.88，与人均收入的相关系数为 0.52。这意味着同时采用这三项指标建立分析模型，可能会因为指标间的相互关联影响，难以准确判断每个指标对日均销量的具体影响程度。

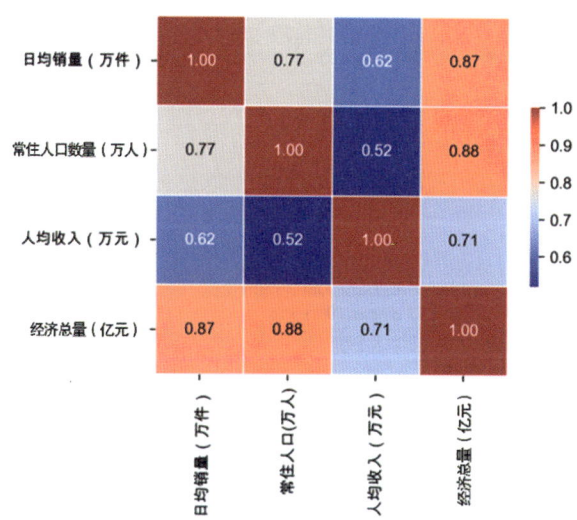

图14-8 日均销量与经济总量、常住人口数量、人均收入的相关性

根据多元回归分析结果（见图 14-9），常住人口数量与人均收入指标的 P 值均超过 0.05 的显著性水平，表明二者对销量无统计学意义上的显著影响，故从模型中删除。经优化后的单因素回归模型显示，F 统计量对应的 P 值<0.05 且调

整后R^2=0.758,证实模型具有良好的解释力。最终确立的回归方程为

$$\text{sale} = -0.2911 + 5.1326 \times 经济总量 \quad (14.10)$$

	coef	std err	t	P>|t|	[0.025, 0.975]	
const	-0.1916	0.380	-0.505	0.614	-0.938	0.555
常住人口数量(万人)	-0.0001	0.001	-0.239	0.811	-0.001	0.001
人均收入(万元)	-0.0274	0.109	-0.252	0.801	-0.242	0.187
经济总量(万亿元)	5.2499	0.428	12.264	0.000	4.408	6.092

图14-9 多元回归分析结果

实证分析表明,经济总量每增长 1 万亿元可带动日均销量 sale 增加约 5.13 万件。值得注意的是,部分经济发达地区(如山东省)的实际销量与模型预测值存在偏差。对此本节采取两阶段调整方案:第一阶段,将低于平均销量的地区的销售数据提升至均值水平;第二阶段,将当前实际销量与模型预测值的较高者作为规划基准。经过调整后,总销量调整为 677.11 万件,若未来三年保持 10%的年增长率,可直接按 10%的年增长率计算各年度的规划目标。

14.4.2 备选仓节点分析和准备

企业在仓网布局初期经常面临备选城市数据缺失的问题,需要通过采集外部数据来补充仓租、人工成本等关键参数。仓租数据取自行业报告与商业地产平台,覆盖 32 个城市;人工成本数据来自各城市统计局发布的社会平均工资数据;同步采集候选城市房价、人均收入及经济总量等经济指标数据,并提取企业现有仓库的日均操作量(520件/人/天)与仓储密度(110件/m²)作为效率基准。

1. 候选节点

在候选节点筛选中,基于 357 个城市的销量数据,并参考图 14-4 显示的聚集特征(销量前 15 省份贡献全国 80%的销量),通过取全国销量前 100 的城市与各省最高销量城市的并集,最终确定 105 个备选城市。该方法在保障市场覆盖率的同时,显著降低了模型求解复杂度。

2. 仓租成本

仓租成本建模采用多元线性回归方法,以房价(万元/m²)、人均收入(万元/年)为自变量预测仓租成本(元/m²)。式(14.11)为预测模型,其拟合优度

R^2 达 0.87，残差分布符合正态性假设（见图 14-10），可用此模型推算其余 73 个候选城市的仓租水平。

$$\text{rent} = 11.5074 + 2.6070 \times \text{price} + 1.9226 \times \text{income} \qquad (14.11)$$

截距项 11.5074 表示当房价和人均收入均为 0 时的仓租成本预测值（尽管现实中不存在此情况），其作用是确定模型的基准起点，使模型能更好地拟合数据；房价的系数 2.6070 表示当人均收入不变时，房价每增加 1 万元/m²，仓租成本增加 2.6070 元/m²，体现房价与仓租成本正相关；人均收入的系数1.9226表示当房价不变时，人均收入每增加 1 万元/年，仓租成本增加 1.9226 元/m²，说明人均收入与仓租成本也呈正相关。

3. 人工成本

人工成本直接用各城市的平均工资替代，这部分数据需要进行数据清洗，经过缺失值删除与异常值修正（如负值数据）后，单位统一为"元/人/月"。整理后的候选城市的平均工资的频次分布如图 14-11 所示，可以发现，除了个别城市的工资较高，其他城市的平均工资的分布近似正态分布。

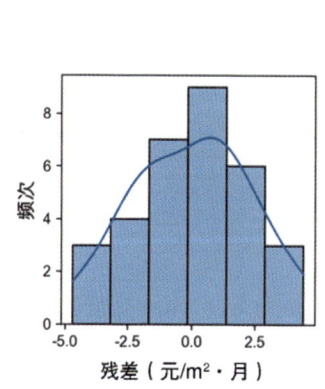

图14-10　仓租预测模型残差分布

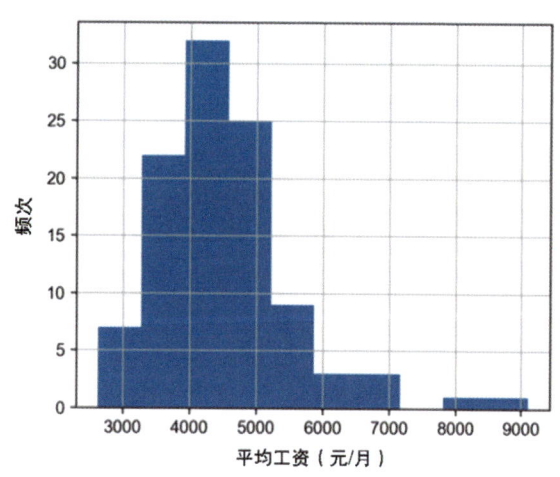

图 14-11　平均工资的频次分布

至此，候选仓相关数据准备完成，为了方便计算，将成本和效率的单位都转化为天维度，如表 14-3 所示。

表 14-3 候选仓的基本信息

省份名称	城市名称	平均租金（元/m²/天）	平均工资（元/人/天）	操作效率（件/人/天）	存储效率（件/m²）
湖北省	黄冈市	0.617	87	520	110
河南省	南阳市	0.623	101	520	110
湖北省	宜昌市	0.688	105	520	110
辽宁省	鞍山市	0.664	106	520	110

14.4.3 线路数据分析和准备

1. 运输时效

运输时效受运输距离（distance）与区域销量（sales）的双重影响，为此构建决策树回归模型来解析变量间的交互作用。如图 14-12 所示，不同颜色分别代表不同时效的占比，比如浅绿色代表一日达，对应数据标签中的 class 0，在原始数据中的占比为 35.47%。模型特征重要性分析表明：当目的城市与仓库的距离小于 397.5 km 时，运输时效稳定实现一日达，销量变化对时效无显著影响；当距离超过 397.5 km 的阈值时，销量成为显著协变量，高销量区域可以通过规模效应提升运输效率。完成运输时效拟合后，基于该模型输出候选仓至各目的城市的时效预测值。

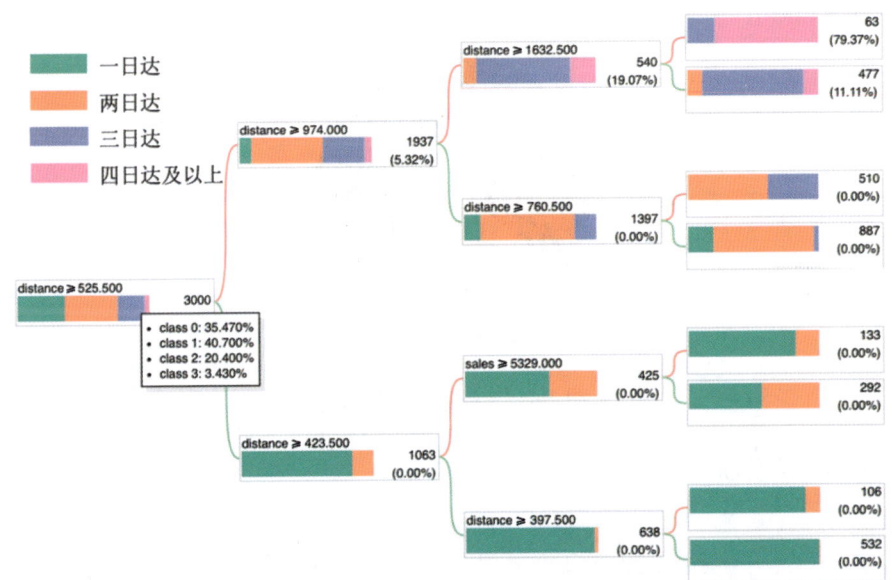

图 14-12 运输距离和区域销量对运输时效的影响

2. 运输成本

采用同源数据集构建随机森林回归模型，量化运输距离与运输货量对件均运输成本的影响，并预测出不同运输线路的件均运输成本，整理完成后的运输线路信息如表 14-4 所示。

表 14-4 运输线路信息

始发节点名称	目的节点名称	运输距离（km）	运输天数	件均运输成本（元/件）
候选仓_淄博市	销售地_白银市	1420	4	6.80
候选仓_北京市	销售地_拉萨市	3440	4	14.15
候选仓_内江市	销售地_桂林市	920	3	2.82
候选仓_济南市	销售地_常德市	1140	3	3.14
候选仓_曲靖市	销售地_淮南市	1850	4	6.38

14.4.4 模型求解和结果分析

1. 数据和模型的合理性检验

将现有仓网配置输入选址模型并求解，各项成本的占比如图 14-13 所示。人工成本占比为 37%，运输成本占比为 36%，仓租成本占比为 27%，与实际运营数据高度吻合，验证了数据质量的可靠性，可以进一步进行灵敏度分析。

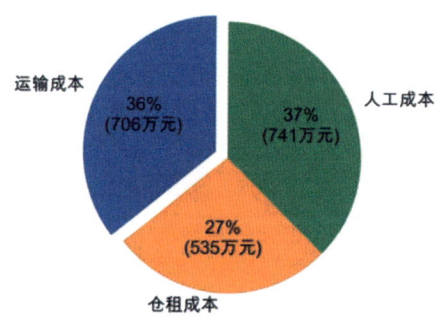

图 14-13 各项成本的占比

2. 灵敏度分析

图 14-14 呈现了当选仓数量为 8～19 时的优化效果。其中，蓝色折线体现了件均成本与选仓数量之间的关系：随着选仓数量的增加，件均成本呈波动下降态势。当选仓数量为 8 时，件均成本处于最高值；当选仓数量增加至 10～12 时，

件均成本显著下降；当选仓数量为 12～18 时，件均成本出现先降后升的波动情况。红色折线展示的是一日达满足率的变化：在选仓数量为 8～10 时，一日达满足率呈上升趋势；当选仓数量为 10～16 时，一日达满足率转而下降，这是因为这个选址模型将时效作为约束条件，最小化成本作为目标，在满足时效约束的情况下，模型更倾向于寻找成本更低的方案，因此可能会出现选仓数量变多、时效反而变差的情况；当选仓数量为 16～18 时，一日达满足率又呈现先升后降的走势。由于模型将时效设定为约束条件，致使一日达满足率并未随着选仓数量的增加而持续上升。件均成本会随着选仓数量的增多而降低，不过当选仓数量超过 12 之后，件均成本变化逐渐趋于平缓。

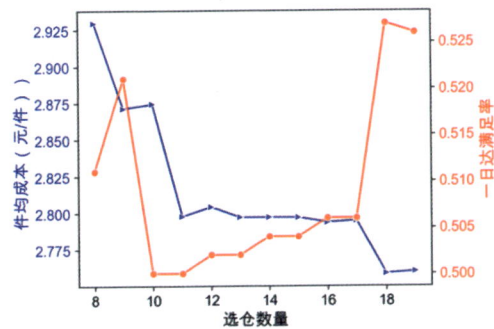

图 14-14　选仓数量与时效和成本的关系

14.4.5　结论

本案例系统验证了数据科学在仓网优化中的核心价值，通过多维度数据分析与建模技术，构建了可复制的决策框架。基于全国 357 个城市的销售数据与经济指标，分析了销量分布的空间异质性：经济强省占据主导地位，形成"东密西疏"的布局原则。

针对 73 个候选城市的仓租数据缺失问题，建立多元线性回归模型（$R^2 = 0.87$），通过房价与人均收入预测仓租成本。人工成本数据经 Shapiro-Wilk 正态性检验清洗后，识别出北京、上海、广州、深圳为显著离群点，将该部分数据作为异常数据删除。在运输时效建模中，构建决策树回归模型确定了 397.5 km 为时效突变阈值，短途运输（<397.5 km）可以实现稳定的一日达。

在模型验证阶段，逆向测算现有 8 仓方案的成本结构（人工成本占比为 37%，运输成本占比为 36%，仓租成本占比为 27%），与实际运营指标基本一致，证实了数据体系的可靠性。灵敏度分析揭示了仓网规模与运营指标的动态平衡：当选仓数量增至 11 时，件均运输成本较现状降低了 4.5%，此后边际收益递减；时效达标率因模型约束呈现非单调变化，反映了网络密度与覆盖效率的博弈。最终与现状仓网对比，确定 11 仓方案为当前最优解，在成本可控范围内实现 50%的一日达覆盖率。

14.5 本章小结

仓网布局优化作为长期战略工程，其决策的科学性取决于数据质量与模型构建的适配精度。本章系统阐述了前置仓布局优化的数据基础架构与选址模型构建体系：首先确定核心数据要素，包括客户需求、运营成本、服务时效等；其次针对数据缺失场景，提出基于机器学习的智能补全策略；继而将现状网络输入模型，验证模型输出的成本结构的合理性，增强模型的可信度；最终借助灵敏度分析，揭示选仓数量与成本、时效的动态平衡规律。该体系支持企业通过销量模拟实现仓网动态迭代，为持续优化提供科学路径。

第15章
CHAPTER 15

物流：时效能力提升

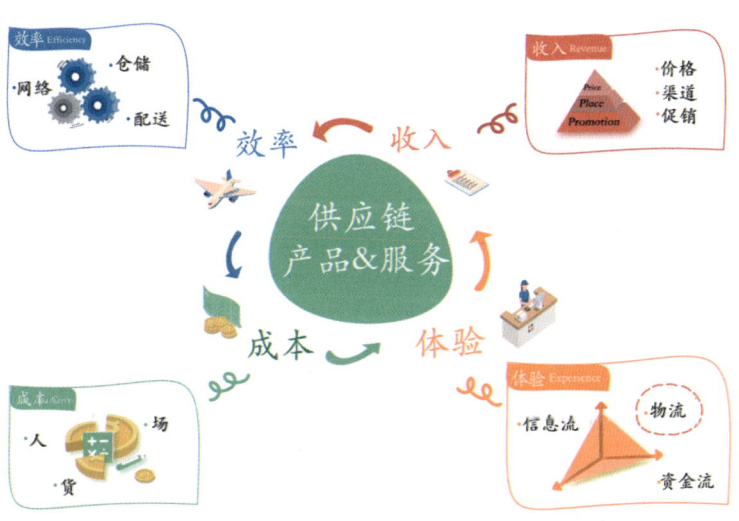

图 15-1　时效能力提升

下面进入"体验"部分的"物流"章节，如图 15-1 所示。本章以时效能力提升为例，介绍如何利用数据挖掘和机器学习提升时效能力，并利用 A/B 实验验证优化措施的效果。

15.1 背景介绍

15.1.1 物流的客户体验

随着消费者需求的不断升级,物流行业的客户体验已成为企业竞争力的关键因素之一。物流企业必须持续优化客户体验,以满足不断升级的消费者需求。

物流的客户体验是指在整个物流过程中,客户从下单到收货的所有链路中的体验,包含诸多影响因素。首先,物流的客户体验始于下单。一个简单、直观的下单流程可以大大提升客户的购物体验。例如,提供多种支付方式、多语言交互界面、精准预计送达时间等功能都可以使客户更容易完成下单。其次,物流的客户体验也包括订单跟踪和实时更新。客户可以随时自主查询订单状态,包括发货、运输、配送等环节。再者,物流的客户体验还涉及包装和交付。良好的包装不仅可以保护商品在运输过程中不受损坏,还可以给客户带来愉悦的开箱体验。同时,及时、准确交付商品也是非常重要的。物流企业应该尽力确保商品按时送达,并提供灵活的交付选项,如指定时间、指定地点等,以满足不同客户的需求。此外,物流的客户体验还包括售后服务。如果出现任何问题,例如商品损坏、丢失或延迟交付等,物流企业应该快速响应并解决问题。提供 24 小时客服支持、在线申诉系统等都可以帮助客户更方便地解决问题。

总之,物流的客户体验是一个复杂的概念,涉及下单到售后服务的每一个环节,任何一个环节降低客户体验都会导致客户的流失。

15.1.2 物流时效

在影响物流客户体验的诸多因素中,时效是决定客户体验的重要因素,其定义可表述为订单或货物从始发地到目的地完成配送所需的实际时间。从商业价值的角度分析,时效对物流企业的重要性主要体现在客户满意度和平台信任度两方面。

首先,时效直接影响客户满意度。在数字经济时代,随着电子商务的快速发展,消费者对物流时效的期望值呈现指数级增长,越来越多的消费者将配送时效作为选择物流服务商的首要考量因素。在此背景下,"当日达""半日达"乃至"小时达"等时效标准,已成为衡量物流企业核心竞争力的重要指标。

其次,时效显著影响平台信任度。物流时效的稳定性与可靠性直接关系到客户的品牌忠诚度。持续稳定的优质时效服务能够显著提升客户复购率，从而形成正向的业务增长循环。

然而，物流时效的提升往往伴随运营成本的显著增加，这一过程涉及多重因素的权衡与优化。影响物流时效的关键要素主要包括：物流网络的覆盖密度、运输工具的选择策略、仓储设施的区位布局，以及终端站点的数量分布等。基于不同的市场定位和战略目标，物流企业会采取差异化的时效策略。例如，A 物流企业采用成本导向型策略。通常采用订单预约制，并据此优化车辆调度，实现集约效应来控制成本。然而，这种模式往往会导致时效的降低。与之形成鲜明对比的是 B 物流企业，其采用时效优先型策略，通过快速揽收和及时投递来提升客户体验，但这种方式不可避免地会增加运营成本。

因此，在物流企业的战略规划中，时效的优化应被视为提升客户体验、增强市场竞争力的核心抓手。若物流企业能够在减少成本投入前提下，给客户承诺一个更快、更准的时效，并及时响应市场的变化，那么将有助于提升客户满意度，增强物流企业的市场竞争力。

15.2 问题描述

物流网络包含分拣中心、终端营业部（简称营业部）、运输线路等核心要素，可以根据配送员上门揽件至营业部、跨城市之间的运输、目的城市妥投等环节的计划执行时间来计算物流的时效，该时效为静态时效。静态时效代表物流企业将货物从 A 地址配送到 B 地址的基础运营能力。然而在实际执行过程中，由于各种外界因素（如异常天气、交通拥堵），以及运输资源和人力资源的波动，经常出现实际到达时间与计划到达时间不符的情况。而从揽收包裹到妥投包裹的时效被称为实际动态时效。若静态时效与实际动态时效不符合，则客户的时效体验会下降，导致客户流失。因此，物流企业会设置一个对外承诺时效，即向客户承诺的包裹最晚到达的时间。

对外承诺时效往往是在静态时效的基础上拓展而来的。如果对外承诺时效快于计划静态时效，也就是做出了超出自身时效能力的承诺，则可能导致部分订单无法按时送达，降低客户的时效体验，导致未来单量减少；如果对外承诺时效大量慢于静态时效，也就是太过于保守，没有将自身时效能力透传给客户，则可能导致对外时承诺效弱于友商，竞争力降低，同样导致未来单量减少。因此，物流企业需要提供一个合理的对外承诺时效来兼顾自身时效能力与透传给客户的预期，从而达到最优的客户时效体验。

15.3 解决方案

物流企业提升时效能力解决方案如图 15-2 所示。

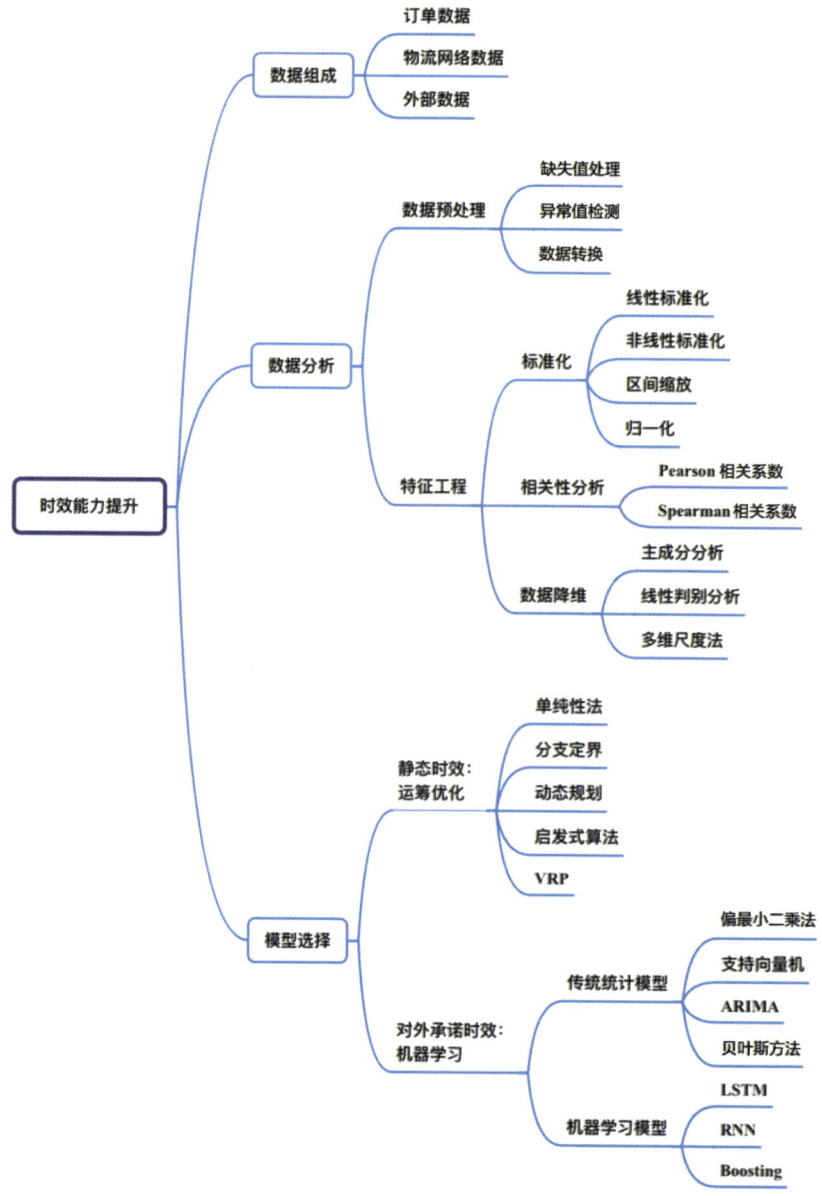

图 15-2 物流企业提升时效能力解决方案

15.3.1 数据组成

当客户通过前端应用程序输入寄件地址和收件地址时，系统会生成一个预计送达时间（即物流企业向客户展示的对外承诺时间），客户据此决定是否使用该物流服务。

客户确认下单后，系统将订单分配给指定的配送员，配送员需在计划揽收时间内完成揽收。配送员将包裹送达营业部后进行验货、装车、封车后从营业部运送至分拣中心，在分拣中心经历解封车、卸货、装车、封车等环节，送达下一个分拣中心或目的营业部。到达目的营业部后，配送员按照计划妥投时间将包裹送达客户。

整个流程中的关键环节均会产生时间和位置等数据，这些数据需要通过后续的数据分析来确定是否对建模有用。因此，在数据选择的初期，应尽可能广泛地收集各类数据，以确保后续分析的全面性和准确性。

15.3.2 数据分析

在实际环境中采集的数据往往无法直接用于数据分析，其中可能包含大量不完整的、异常的数据，有些数据的类型并不适合直接输入模型，直接使用会影响数据分析所用的模型的性能。所以，在建模之前需要对数据进行清洗并利用特征工程方法对数据进行处理。

1.数据预处理

数据预处理主要包括缺失值处理、异常值检测和数据转换等步骤。

在系统生成的数据中，缺失值是最常见的异常问题。针对缺失值的处理，可以根据数据缺失情况和模型需求选择不同的方法，主要包括删除法和插补法。删除法通过移除缺失样本来保证数据完整性，但可能导致数据量减少和特征维度缺失，因此除非缺失严重，一般不推荐使用删除法。插补法包括替换法、最近邻插补法和插值法等，具体方法需要根据数据特征进行选择。

异常值是不合理的数据点，也被称为离群点，其处理方式与缺失值类似，但更需要关注检测方法。常用的异常值检测方法包括简单统计量分析、3σ准则和箱型图分析等。

实际数据不仅包含数值型数据，还可能包含文本型数据，建模前需进行数据转换。例如，物流时效受揽件速度、运输速度和派件速度的影响，而这些因素又受大促和季节的影响。数据集中"月份""是否大促""季节"等特征通常为字符型，需要转换为数值型才能用于模型训练和预测。

2. 特征工程

随着物流行业信息化和数字化的深入发展，业务运营过程中产生了海量的数据。然而，并非所有数据都是有效的，冗余数据不仅会增加算法复杂度，还可能降低模型性能。此外，现有属性可能不足以训练出符合预期的模型。因此，特征提取与选择成为数据挖掘中最耗时且关键的环节。物流企业需要根据数据特点有针对性地选择不同的特征工程。

标准化是常用的数据预处理技术，旨在将不同尺度或单位的特征转换为统一尺度，便于算法处理和比较。通过消除量纲影响，标准化使特征可直接比较，并提升某些机器学习算法的性能。

相关性分析用于衡量变量间的关系强度和方向，有助于特征选择，减少数据规模。对于连续、满足高斯分布且为线性关系的数据，可采用 Pearson 相关系数来分析相关性；否则，可使用 Spearman 相关系数分析相关性。

当相关性强且有用的数据过多时，数据降维方法显得尤为重要。数据降维旨在减少特征数量或维度，同时尽可能保留原始数据特征。降维可减少冗余和不相关特征，提升模型性能，降低复杂度，减少过拟合风险。主成分分析（Principal Component Analysis，PCA）是一种无监督的线性降维方法，不需要样本标签。线性判别分析（Linear Discriminant Analysis，LDA）则是一种有监督的降维方法，兼具降维和分类功能，但需要样本标签。此外，还有多维尺度法和自编码器等方法，需要根据数据特征选择合适的方法。

15.3.3 模型选择

如 15.2 节所述，物流企业一般存在两种时效：静态时效和对外承诺时效。静态时效问题适合使用运筹优化的模型，对外承诺时效问题适合使用基于机器学习的方法。

物流企业的运输能力是时效体系的基础，静态时效尤其依赖这一能力。物流企业可以通过调整运输路线、制定集散货规则、优化场地选址及规划配送路线等措施提升计划静态时效。这类问题与运筹优化方法高度契合，通过设定合理的目标函数、约束条件和决策变量，可以实现目标的最优化。如何利用运筹优化方法提高时效可以参考《智能供应链：运筹优化理论与实战》。

对外承诺时效不仅依赖运输网络能力，还受实际运输执行能力和竞争对手时效表现的影响。因此，物流企业需要基于运输配送过程中产生的大量实际数据，挖掘关键特征，并利用机器学习构建数据驱动的时效竞争力模型，以实现时效竞争力的提升。机器学习模型根据适用场景和区分标准可分为多种类型。如图15-2所示，主要分为两类：一类是传统统计模型，如偏最小二乘法、支持向量机（SVM）、差分自回归移动平均模型（ARIMA）和贝叶斯方法等，适用于数据集较小的场景；另一类是机器学习模型，包括 RNN 和 LSTM 等，这类模型依赖大量数据，能够处理复杂任务。

在实际运输中，物流时效会受到揽件速度、车辆运输速度和配送速度的影响，同时大促活动和季节变化也会对物流时效产生显著影响。例如，冬季的冰雪、夏季的洪水和高温可能导致道路封闭或航班延误，从而延长物流时效；春节期间物流时效因运营能力不足而延长；电商大促期间物流时效因订单激增而受到影响。因此，在模型中需要考虑大促、季节等因素。

ARIMA 是一种广泛应用于时间序列预测的模型，适用于分析具有时间序列特性的数据。当处理带有季节性成分的时间序列时，可采用季节性自回归积分滑动平均模型（Seasonal Autoregressive Integrated Moving Average，SARIMA），该模型在 ARIMA 的基础上增加了季节性参数，可以更好地捕捉周期性特征，具体方法可以参考《智能供应链：预测算法理论与实战》。

15.4 案例分析

15.3 节介绍了基于数据的预测模型如何进行数据选择、数据预处理、特征工程和模型选择。下面以时效竞争力模型为例，介绍具体建模的过程。通过该模型可以得到具有竞争力的对外承诺时效，提升客户时效体验，增加单量收入。

15.4.1 时效竞争力模型

对外承诺时效由三部分组成：揽收时效（从客户下单至配送员揽收的时长）、运输时效（从配送员揽收至包裹到达目的营业部的时长）和配送时效（包裹自目的营业部送达客户的时长），代表了物流网络的三个环节。三部分的数据挖掘方法是相同的，本章以揽收时效优化为例介绍时效竞争力模型的数据分析和建模过程。

在时效系统中有一个揽收截单时间，用于控制揽收时效。当客户在揽收截单时间之前下单时，意味着当天配送员可以揽收包裹；若客户在揽收截单时间之后下单，则表示配送员当天无法揽收包裹，客户在前端界面看到的对外承诺时效会晚一天。以寄件城市是"济南市"的订单为例，对"下单时间""揽收时间"

"发车时间"特征利用 matplotlib.pyplot 绘图库绘制订单时间分布概览图,如图 15-3 所示。

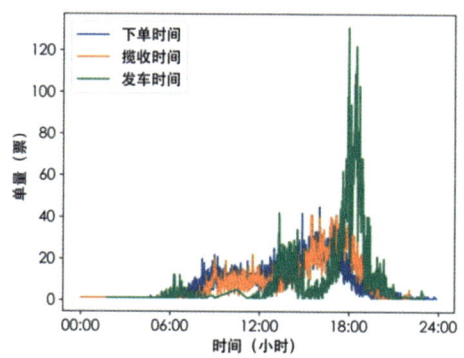

图 15-3 订单时间分布概览图

从图 15-3 中可以看出,客户下单时间集中在 16:00,配送员揽收时间集中在 17:00,发车时间集中在 18:00。若该地址系统的揽收截单时间为 16:00,那么客户在 16:00 后下单,在客户端看到的配送时间会晚一天。但从图 15-3 中可以看到,实际发车时间为 18:00,配送员依然可以揽收并在当天成功送出,实际送达时间会比之前要早。对于这种情况,表明公司的实际时效能力并没有完全展现给客户,容易导致客户流失。因此需要根据实际订单数据挖掘揽收能力,打造时效竞争力模型,制定合理的揽收截单时间。

15.4.2 数据预处理

1. 缺失值填充

使用 Pandas.info()函数可以快速查看数据的缺失情况,如表 15-1 所示。

表 15-1 数据缺失情况

序号	数据类型	单量(票)
1	下单时间	10543
2	特征渠道 A 揽收时间	3530
3	特征渠道 B 揽收时间	7013

从表 15-1 中可以看到,下单时间的订单数据为 10543 票,特征渠道 A 揽收时间有数据的为 3530 票,特征渠道 B 揽收时间有数据的为 7013 票,特征渠道 A 揽收时间和特征渠道 B 揽收时间两个特征数据均存在缺失,且比例很大。按照

传统做法是删除该特征,但物流订单数据有其本身特性,揽收时间特征数据缺失的原因是订单类型不同造成的,不能简单做删除处理。结合物流订单数据的特征,可以选择将特征渠道 A 揽收时间和特征渠道 B 揽收时间相互填充进行缺失值处理并作为订单的揽收时间。

表 15-2 为填充数据缺失值后的情况,通过数据填充前后缺失值的对比可以看到,填充后的数据没有缺失值。

表 15-2 填充数据缺失值后的情况

序号	数据类型	单量(票)
1	下单时间	10543
2	揽收时间	10543

2. 异常值检测

箱型图能够比较直观地观察到异常值,同时不像 3σ 准则要求特征服从正态分布。下面以订单的下单时间至配送时间的全程时效为例,使用 seaborn 的 boxplot()函数绘制箱型图。

通过 whis 参数可以改变异常值判断的范围,whis 参数为 1 和 3 的时效箱线图如图 15-4 所示。当 whis=3 时,异常值的范围会更大,异常值更少。实际建模时可以根据实际建模效果选择 whis 参数。

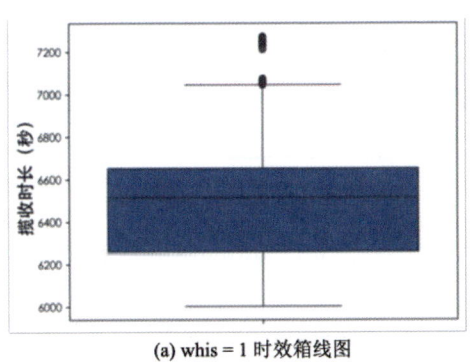

图 15-4 时效箱线图

15.4.3 相关性分析

基于业务经验和认知,季节和大促等因素对物流时效的影响是明确的。实际数据中包含揽收时间、运输时间和配送时间等信息,但季节具体影响哪些数据及其影响程度尚不清晰。因此,可以通过相关性分析,利用相关系数热力图识别相关性较高的变量，删除不必要的数据，从而减少模型输入数据的维度。

Spearman 相关系数矩阵表明，揽收时长与月份呈现较强的相关性，但与揽收时间和下单时间的相关性较弱，如图 15-5 所示。因此，在后续建模过程中，可以考虑删除与揽收时间和下单时间相关的变量，以优化模型输入并提升预测准确性。

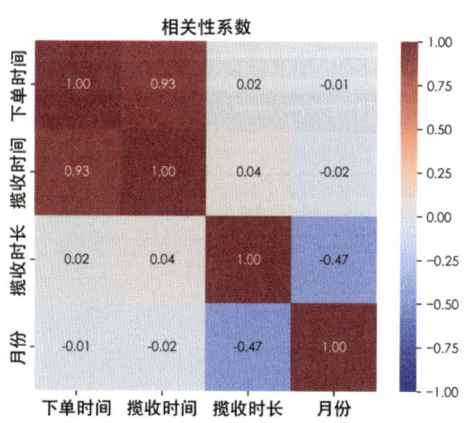

图 15-5　Spearman 相关系数矩阵

15.4.4　模型选择

受限于 SARIMA 模型的要求，我们需要检验模型数据的平稳性和白噪声。对于非平稳数据，可以通过差分方法把数据转换为平稳数据；白噪声数据说明数据只有随机扰动，无可用信息，需要舍弃该数据。在检测确定使用的数据序列后，即可采用网格搜索法确定模型参数，再使用 statsmodels 中的 SARIMAX 函数建立截单时间预测模型。本案例主要倾向于讲解数据预处理过程，不再详述模型建模过程，具体建模过程可参考相关的文献。

基于 2020 年至 2024 年的数据对从下单时间到揽收时间的揽收时长进行预测，其中 2020 年至 2023 年的数据为训练数据，2024 年的数据为预测数据。使用 statsmodels 中的 SARIMAX 模块和训练数据拟合揽收时长，拟合参数为 SARIMA（1，1，0）（0，2，1，12）。预测效果如图 15-6 所示，SARIMA 模型预测数据如表 15-3 所示，1-WMAP 为 99%，使用 SARIMA 模型可以很好地拟合带有季节性特征的数据。

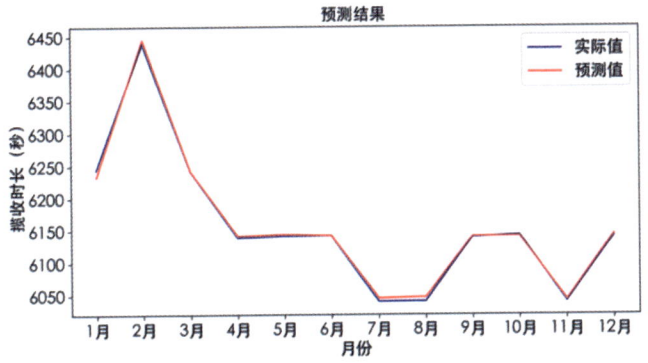

图 15-6 预测效果

表 15-3 SARIMA 预测数据

月份	实际值（秒）	预测值（秒）	月份	实际值（秒）	预测值（秒）
1月	6244	6233	7月	6040	6045
2月	6439	6444	8月	6040	6046
3月	6241	6241	9月	6139	6140
4月	6139	6141	10月	6142	6141
5月	6141	6143	11月	6040	6042
6月	6142	6142	12月	6141	6143

15.4.5 效果验证

本案例针对揽收截单时间进行优化，通过时效竞争力模型选取最优截单时间，以提升该地址的时效竞争力，最终通过提升客户时效体验的方法，带来单量的增长。为了验证模型的应用效果，选择行业常用的 A/B 实验作为实验验证方法。A/B 实验分为两步：分流打标和实验结果分析，下面分别进行介绍。

1. 分流打标

本次 A/B 实验的对象为某地址的订单量。在实验组选取方面，A 组为揽收截单时间经算法优化后的地址；B 组为未进行截单时间算法优化的地址。

1）倾向得分匹配

在本实验中，因为实验组已被提前指定，且实验组和对照组不可比。因此，使用倾向得分匹配方法，基于订单中的"单均体积""单均重量""单均包裹量"

"订单量""地址数量"特征完成实验组与对照组的重新匹配,以实现两组样本可比。

2)分流合理性检验

实验前两组样本在关键特征上没有差异,说明两组可比;实验后,两组样本在"订单量"特征上有差异,说明差异是由截单时间优化带来的,而不是两组样本不可控的干扰因素带来的。通过倾向得分匹配方法分流后共有 1550 个样本,其中实验组有 890 个,对照组有 660 个。使用倾向得分匹配方法时采用可重复匹配,即 1 个对照组样本可以对应多个实验组样本。

分流合理性检验结果如表 15-4 所示。使用成对样本的非参等效性检验、T 检验的方式,证明了实验组与对照组可比,时效竞争力模型可以通过分流合理性检验。"单均体积""单均重量""单均包裹量""地址数量""订单量"五个特征的等效性检验的 P 值均小于 0.05,显著性检验的 P 值均大于 0.05,说明分流后的 A 组和 B 组是可比的。

表 15-4 分流合理性检验结果

分组名称	单均体积（cm³）	单均重量（kg）	单均包裹量（个）	地址数量（个）	订单量（票）
实验组	24915	5.8	3.9	13.4	56.4
对照组	26740	6.1	4.1	12.4	55.9
等效性检验的 P 值	0	0	0	0	0
显著性检验的 P 值	0.06	0.19	0.26	0.08	0.85
是否可比	是	是	是	是	是

2. 实验结果分析

前面通过倾向得分匹配方法为实验组匹配了合适的对照组,确保了实验组和对照组的差异是非显著的,可以分析优化方案落地后的效果。由于该实验指标存在随时间自然变化的趋势,为了消除时间效应带来的影响,下面采用双重差分法(Difference-in-Difference,DID)分析实验效果。双重差分法的介绍见 5.3.2 节。

首先进行平行趋势检验,实验前共有四个月订单数据,对比后三个月相对于第一个月的变化趋势是否一致,生成三组样本。由表 15-5 可知,实验前三组样本的 P 值均大于 0.05,是非显著的,可以进行双重差分检验。

表 15-5 平行趋势检验结果

分组名称	影响系数	P值
第一组	−0.0027	0.91
第二组	0.005	0.98
第三组	0.012	0.86

双重差分检验结果如表 15-6 所示。订单量在实验前后差异显著（P 值 <0.05），上述特征的实验效果回归系数为 0.16，证明截单时间后延可以提高对外承诺时效。该优化方法不仅提升了客户的时效体验，订单量也增加了 16%。

表 15-6 双重差分检验结果

分组名称	实验前均值（票）	实验后均值（票）	订单增长量	P值
实验组	18.7	20.3	16%	0
对照组	18.6	18.2		

15.4.6 结论

在本节中，首先通过对订单实际运输过程中产生的数据进行处理和挖掘，解决了订单类型不同造成的数据缺失问题，确定了揽收时长与月份和季节呈现较强的相关性。然后采用 SARIMA 模型进行建模，建立时效竞争力模型，优化揽收截单时间。最后利用 A/B 实验方法对 1550 个样本的落地效果进行了验证，实验效果表明，截单时间后延可以带来 16% 的订单增长量。

15.5 本章小结

时效对一个物流企业的客户体验非常重要，合理的时效可以增加订单量和提升企业收入。本节从数据挖掘的角度，以时效竞争力模型为例介绍了如何从大量的订单数据中利用数据预处理方法和特征提取方法获取并分析有用信息，并利用机器学习建立时效竞争力模型。本章还通过 A/B 实验验证了时效竞争力模型具有良好的应用效果，可以有效提升客户的时效体验。

第16章
CHAPTER 16

信息流：客服进线量分析

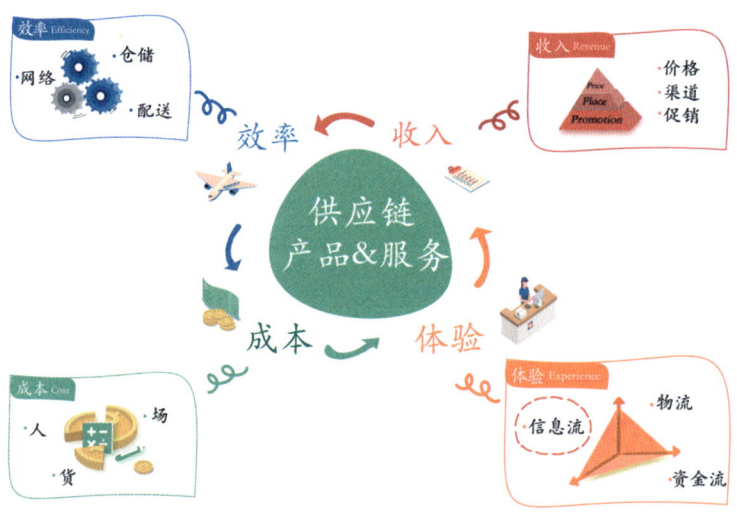

图16-1 客服进线量分析

下面进入"体验"部分的"信息流"章节，如图16-1所示。本章重点阐述如何利用数据科学的方法分析客服进线量。通过挖掘历史数据与运营指标的关联性，构建预测模型，有效提升客服进线量的预测精度。

16.1 背景介绍

信息流作为供应链管理中的三大要素之一，在数据的快速传递与智能处理方面具有独特的优势。因此在客服场景下，信息流可以通过实时数据监控和感知数据波动规律，从而及时洞察业务的变动情况，帮助物流企业在服务质量、资源调度等方面进行决策优化，从而改善客户体验。

从客户体验的角度来看，客服的人力安排决定了服务质量。一方面，如果客服人力过多，则会导致资源浪费；另一方面，如果客服人力配置不足，则可能导致用户进线无法接听，服务水平下降。因此客服进线量预测对人力安排显得尤为重要。

传统的业务管理方式主要依赖历史进线量的分析，采用环比、同比等方法预测未来的需求。然而，这种方法存在明显局限性：进线量往往受到季节性波动、促销活动、突发事件等外部因素的显著影响，因此难以捕捉到影响进线量的复杂因素，预测准确率提升困难。

为了解决这一难题，物流企业可以通过数据科学的方法，构建更加精准的进线量预测模型。这种模型不仅能够捕捉进线量波动的规律，还能整合历史服务数据、运营情况及外部变量（如促销活动、天气因素等），为客服人力安排和体验优化提供科学依据。

本章将深入讲解客服进线量分析的技术框架与实践方法，重点揭示如何挖掘影响进线量的因素，运用时间序列分析与机器学习构建预测模型。通过完整呈现数据分析、特征构造、模型搭建的全流程，为读者提供可复用的解决方案。

16.2 问题描述

在客服进线量的预测问题上，预测的客服进线量与真实的客服进线量应该尽可能接近，如果预测的客服进线量偏高，人力安排过多，则会造成人力成本浪费；若预测的客服进线量偏少，人力安排过少，则可能导致客服进线无法被接听，客户体验不佳。在实际业务中，天维度的客服进线量真实值与客服进线量预测值的比值在 90% 到 110% 之间均为可以接受的范围，行业内称之为可达成。因此本章定义预测准确率为总天数中可达成天数的占比。

16.3 解决方案

在客服场景中,通常将客服进线量当作时间序列来进行预测,即使用历史的客服进线量来预测未来的客服进线量,这里直接使用《智能供应链:预测算法与实践》中提及的时间序列预测方法。

但最终得到的结果并不令人满意,经过回测分析(将模型的预测结果与真实的历史数据进行对比)发现,时间序列模型在预测峰值时的表现相对较差。在一些平稳时间段,时间序列模型预测的准确率 1-MAPE 可以达到 85% 以上,但是在一些促销活动期间,例如双 11 期间的准确率就会降低到 70% 左右,其原因是促销期间的进线量会发生突增,而时间序列模型倾向于预测平稳的时序结果,这会导致预测的准确率降低。因此,直接使用时间序列模型并不是合适的解决方案。

在调研了业务场景和实际的案例后,决定引入运营相关的指标特征与历史进线量共同进行预测。其原因主要有两点:

(1)客服的进线多数与运单相关,例如运单不及时等情况,而运营指标直接影响了进线量,因此期望使用运营指标来找到更多影响进线量的因素,进而提升预测的准确率。

(2)在客服的运营过程中,业务人员也会分析相关的运营指标,以便提前做出响应。

客服进线量分析解决方案如图 16-2 所示,整体分为数据分析、特征构造和模型搭建三部分。

第 16 章 信息流：客服进线量分析

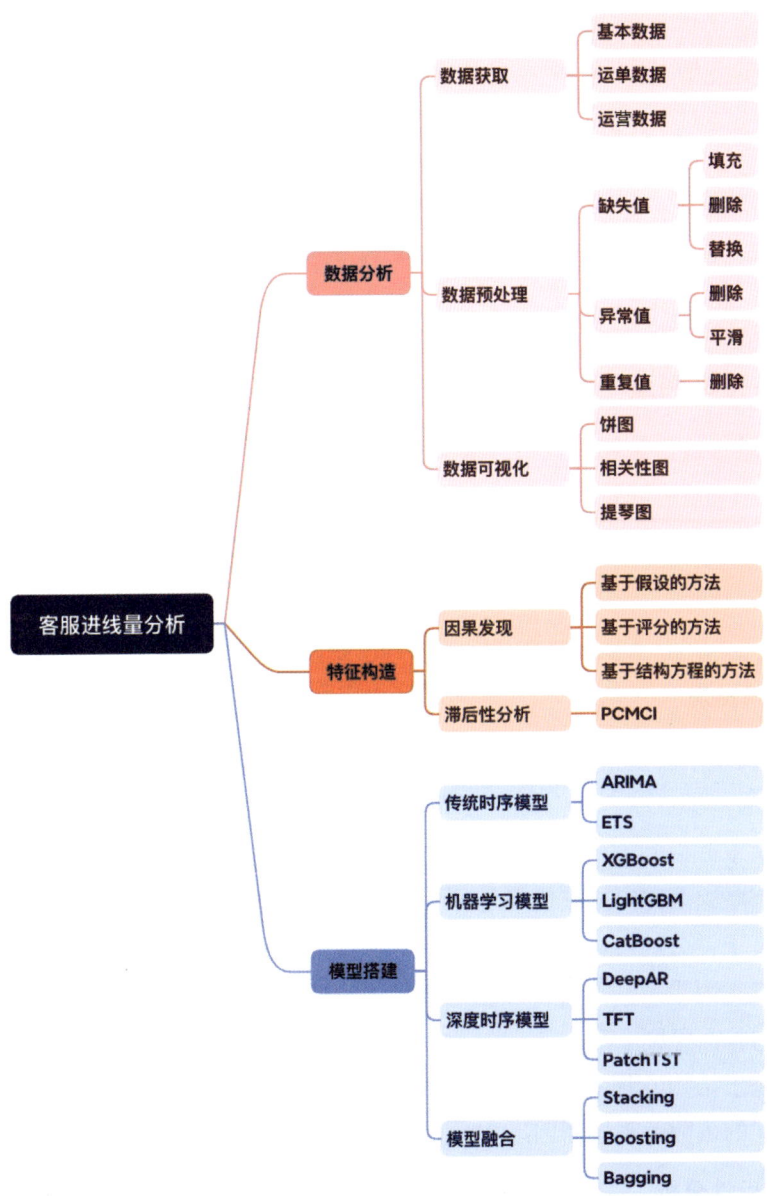

图 16-2 客服进线量分析解决方案

16.3.1 数据分析

在数据分析部分，在基础数据上增加了运营数据和运单数据，通过一些预处理和数据变换，找到数据之间的关联关系，再将这些数据作为特征来建立模型。

数据清洗是数据预处理的第一步，通常在获取到数据后，数据会有一些噪声或分布有偏的情况，如果对这种数据直接建模，那么得到的模型也会是有偏的模型，因此需要对数据进行清洗。正如第 2 章所提及的内容，通常会对数据进行缺失值、重复值、异常值的判断和修正，然后对其进行分布和数值的变换，同时会基于数据的量级来对数据进行增删。此外，还会进行一些数据分布的可视化处理，例如通过一些图像或统计变量来确定数据本身的一些特性，这些图像包括饼图、相关性图、提琴图等。

16.3.2 特征构造

在客服进线量预测场景中，从数据的角度考虑，直观上很难发现这些指标性的特征对于客服进线量的预测有非常直接的影响，即无法用某些模型直接拟合出客服进线量，那么就需要一种更直观的方法找到对于客服进线量预测更有用的特征。因此，这里将使用因果发现算法，通过寻找特征之间的因果关系，找到导致客服进线量变化的变量，在建模时对于具有因果性的特征增加其相关的系数。

1.因果发现

因果发现主要是指通过因果发现算法找到存在因果关系的特征，因果发现算法主要分为三类：

- 基于假设的方法：这类方法依赖预先设定的假设或约束，通过统计检验判断因果方向。其优点是可解释性强，但对假设的准确性敏感。
- 基于评分的方法：通过优化评分函数评估不同因果结构的拟合度，搜索最优因果图。这类方法适用于小规模问题，但计算复杂度会随着变量数增长而急剧上升。
- 基于结构方程的方法：假设数据生成过程符合特定函数模型，利用变量间的函数关系推断因果方向。

2.滞后性分析

从业务的角度来看，积压、揽收等指标都具有一定的滞后性，即当某天发生了积压或者积压数量达到了一定阈值后，并不会当时就转化为进线，而是有一定滞后性。例如，某件商品在分拣场地发生了积压，导致没有按时到达终端进行配送，那么客户在等待很久后才会打电话投诉，造成了进线的增加。针对这种存在滞后性的情况，需要先分析滞后性到底有多大，即到底几天前的特征会影响进线，而不是全部使用当天的特征来进行因果发现。出于这个考虑，这里使用 PCMCI 算法来找到影响滞后性的特征。

PCMCI 算法找到滞后性特征的原理是通过将时间序列分解为当前和滞后变量，利用条件独立性检验分析变量间的直接因果关系，并依据时间顺序规则确定滞后变量的因果方向，从而排除虚假关联。

16.3.3 模型搭建

客服进线量预测常用的模型主要有传统时序模型、机器学习模型、深度时序模型。其中，传统时序模型适用于比较平稳、强周期性的数据，常见的有 ARIMA、ETS 等。机器学习模型能够根据特征的变化进行预测，例如 XGBoost、LightGBM、CatBoost 等。而深度时序模型能够捕捉复杂的数据表现形式，常用的有 DeepAR、TFT、PatchTST 等。

16.4 案例分析

客服部门的主要成本是由人工成本带来的，如何精准决策物流企业所需要的客服人员数量就成为首要问题。客服人员数量和客服进线量紧密相关，因此本案例重点讨论客服进线量的预测问题。

16.4.1 数据收集

本案例选取某物流企业公开的数据集，除了获取历史进线量，还包含时效类、积压类、丢损类等多个类别的业务指标数据，将其作为特征用于客服进线量的预测，如表 16-1 所示。

表 16-1 业务指标及其定义

类别	指标名	定义
时效类	揽收及时率	快递揽收及时率
	分拣及时率	分拣发货及时率
	转运发货及时率	转运发货及时率
	运输及时率	公路到达准点率
	配送及时率	妥投及时率

续表

类别	指标名	定义
积压类	分拣积压运单量	分拣积压时长为 x 天的运单量
	揽收积压运单量	揽收积压时长为 x 天的运单量
	发车积压运单量	发车积压时长为 x 天的运单量
	妥投积压运单量	妥投积压时长为 x 天的运单量
丢损类	丢失单量	上报丢失的单量
	破损单量	客户签收之前发生的破损单量
运单类	妥投量	按照规定时间和地点妥投的单量
	自提上架量	放到快递柜的单量
	拒收量	拒收的单量
	下传仓取消量	客户下单后，还没有下达生产的单量
	客户原因预约揽收再取量	由于客户原因需要再次揽收的单量
	客户原因预约妥投再投量	由于客户原因需要重新配送的单量
	暂停时长	客户下单后，在系统里暂停的时间
	预测运单	未来一个月的运单量
日期类	节假日	节假日标识
	促销	促销活动标识
	是否周中	周中/周末标识
	政府活动	政府活动标识
产能类	分拣一线排班人数	分拣场地一线排班总人数
	分拣提报用工计划	分拣场地用工总和
	分拣算法推荐人数	算法推荐分拣场地未来 N 天所需用工人数
	分拣实际出勤人数	每天各分拣场地出勤人数
	分拣场地人效	预测单量/分拣提报用工计划
	仓内出库及时率	每天、全国所有仓平均出库及时率
	仓内历史出勤	每天、全国所有仓出勤人数
天气类	大风蓝色预警天气	全国风力等级为 6 级、7 级的城市数量
	低冻天气城市数量	可能导致道路结冰的低温天气
	高温预警天气城市数量	温度高于 35℃ 可能导致生鲜损坏的天气
	其他极端天气	包括气象台发布的全部灾害天气
	极端天气	上述极端天气的城市数量总和
	正常天气	不处于极端天气的城市数量

16.4.2 数据分析

1. 数据预处理

1）缺失值填充

受限于篇幅，本节以部分特征为例展示缺失值的填充过程。填充缺失值前的统计信息如图 16-3 所示。可以看到，"仓内历史出勤"的缺失率达 100%（数据总量为 1437，非缺失数量为 0），缺失比例过大，因此将该特征删除。"仓内出库及时率"的缺失率为 50%（数据总量为 1437，非缺失数量为 723），对这一特征选择均值进行填充。

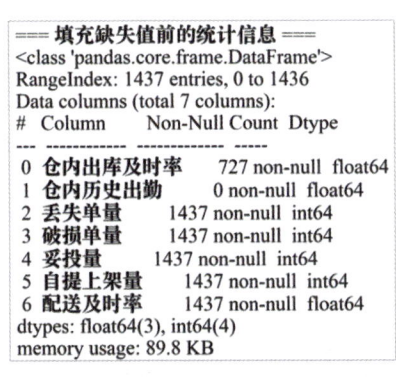

图 16-3　填充缺失值前的统计信息

填充缺失值后，重新检查这部分数据的情况，如图 16-4 所示。

图 16-4　填充缺失值后的统计信息

2）数据量级转化

在对数据进行清理后，接着需要观测数据的分布，考虑是否需要对数据进行数值变换和处理。在观察数据后，发现"分拣积压运单量"和"发车积压运单量"的数据量级远大于其他特征，如表16-2所示。

表16-2 原始数据量级

	其他极端天气	分拣积压运单量	发车积压运单量	分拣及时率	高温预警天气城市数量	极端天气
count	1437	1437	1437	1437	1437	1437
mean	2.71	115281.84	105518.44	0.94	1.71	2.61
std	2.37	18937.86	19469.62	0.02	1.89	2.32
min	0	80000	70000	0.88	0	0
25%	1	100000	90000	0.93	0	0
50%	2	120000	110000	0.94	1	2
75%	4	130000	120000	0.95	3	4
max	11	180000	170000	0.98	9	12

考虑到该特征数值具有比较意义，因此不能使用归一化类的方法，这里使用对数变换进行转化，转化后的数据量级如表16-3所示。

表16-3 转化后的数据量级

	其他极端天气	分拣积压运单量	发车积压运单量	分拣及时率	高温预警天气城市数量	极端天气
count	1437	1437	1437	1437	1437	1437
mean	2.71	11.71	11.62	0.94	1.71	2.61
std	2.37	0.16	0.18	0.02	1.89	2.32
min	0	11.39	11.25	0.88	0	0
25%	1	11.59	11.48	0.93	0	0
50%	2	11.76	11.67	0.94	1	2
75%	4	11.84	11.75	0.95	3	4
max	11	12.14	12.08	0.98	9	12

3）编码

接下来观察是否有需要编码的数据，即判断是否有类别特征需要进行编码。在观察了全部数据后，发现上述特征中的几个日期类特征都是分类特征，例如"是否促销"，其取值为"是"和"否"。那么就需要把它们转化为数值类型的特征，方便后续计算。

在此使用顺序编码方法对"是否周中""节假日""促销""政府活动"几列特征进行编码，统计特征转化后各类别的个数，编码结果如图 16-5 所示。

```
基本统计报告
=== 分类变量统计 ===
是否周中 列的值计数：
(0, 411)
(1, 1026)

节假日 列的值计数：
(0, 1152)
(1, 285)

促销 列的值计数：
(0, 1222)
(1, 215)

政府活动 列的值计数：
(0, 1371)
(1, 66)
```

图 16-5　编码结果

4）标准化

在预测客服进线量时，如果使用神经网络模型，例如 DeepAR，则需要对输入的数据进行标准化处理。这是由于如果输入数据的量纲处于不同量级，那么在使用梯度下降的方法更新权重的时候，大量级的数据会把梯度拉大，出现梯度爆炸的情况，因此需要对输入数据进行标准化处理。在这个场景下，所有的连续型数据都可以作为模型的输入，这时可以简单地通过判断列的类型来进行数据转换，如果该列是 float 型的数据，就可以将其进行转换。原始数据如表 16-4 所示，可以看到其中的特征都是非标准化的。

表 16-4　原始数据

	其他极端天气	正常天气	大风蓝色预警天气	低冻天气城市数量	高温预警天气城市数量	极端天气
count	342	342	342	342	342	342
mean	2.619883	2.605263	0	5.716374	1.763158	2.520468
std	2.248874	2.351583	0	5.500597	1.941834	2.346368
min	0	0	0	0	0	0
25%	1	0	0	0	0	0
50%	2	2	0	4	1	2
75%	4	4	0	9.75	3	4
max	10	11	0	22	8	10

经过标准化处理后的数据如表 16-5 所示。可以看到，float 型的数据，例如某种天气的城市数量已经转化为[0，1]之间的数值，完成了标准化的处理。

表 16-5 经过标准化处理后的数据

	其他极端天气	正常天气	大风蓝色预警天气	低冻天气城市数量	高温预警天气城市数量	极端天气
count	342	342	342	342	342	342
mean	0.261988	0.236842	0	0.259835	0.220395	0.252047
std	0.224887	0.21378	0	0.250027	0.242729	0.234637
min	0	0	0	0	0	0
25%	0.1	0	0	0	0	0
50%	0.2	0.181818	0	0.181818	0.125	0.2
75%	0.4	0.363636	0	0.443182	0.375	0.4
max	1	1	0	1	1	1

2. 数据可视化

在完成数据的预处理后，使用可视化方法对数据进行分析。

1）直方图

通过绘制直方图来分析"配送及时率"的分布情况，如图 16-6 所示。可以看出，"配送及时率"集中于 0.92 到 0.99 附近，且分布存在一定的偏斜。

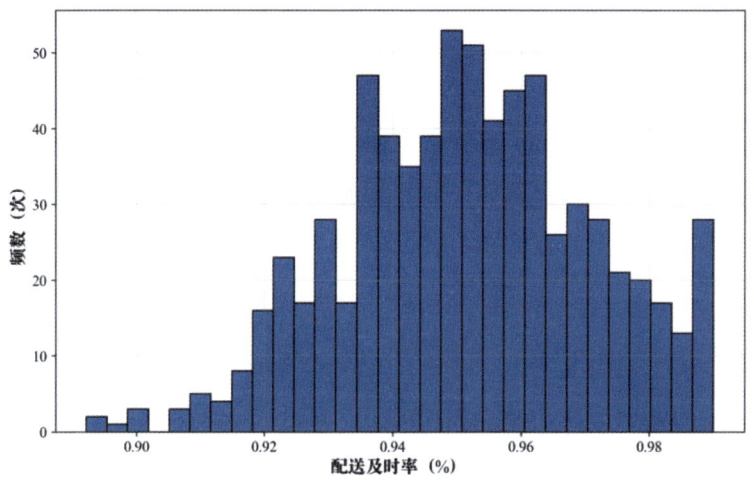

图 16-6 "配送及时率"直方图

2）散点图

通过绘制散点图来分析"分拣积压量"的分散程度，如图16-7所示。

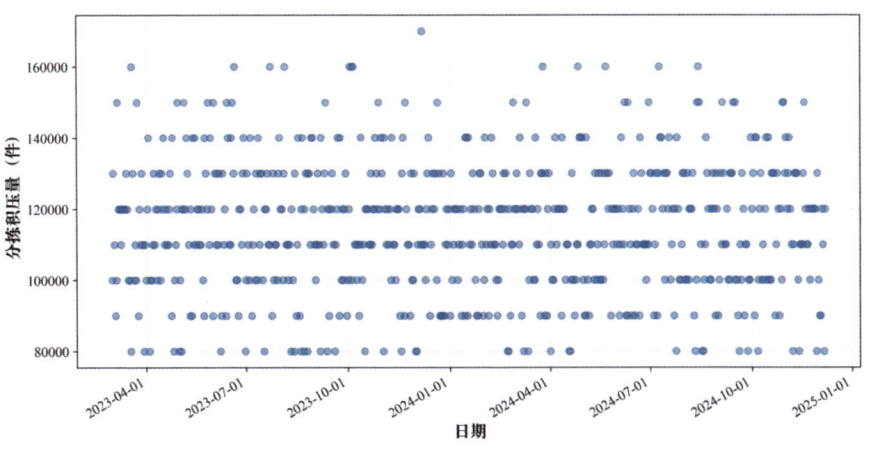

图16-7 "分拣积压量"散点图

可以看出，"分拣积压量"的分布相对集中，大部分处于80000到160000之间。此外，随着时间的推移，积压量发展趋势平稳，没有出现上升或者下降趋势。

3）提琴图

通过绘制提琴图来分析"破损单量"的分布情况，如图16-8所示。可以看出，"破损单量"集中分布在75到95之间。

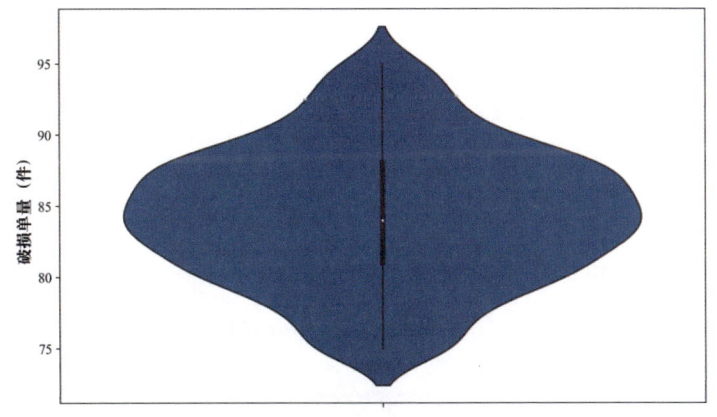

图16-8 "破损单量"提琴图

4）饼图

通过绘制饼图来分析日期中节假日的占比，使用的特征是"是否节假日"，如图 16-9 所示。可以看到，非节假日的数量远多于节假日，因此在节假日占比较大的情况下，就需要对该列数据的权重进行调整。

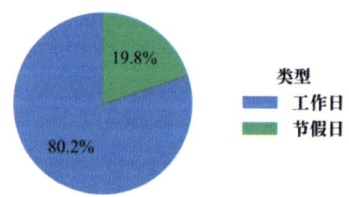

图 16-9　日期中节假日的占比饼图

16.4.3　特征构造

在完成数据分析后，需要进一步探究运营质量与客服进线量之间的关系。通常来讲，当日的运营指标会影响未来几天的进线量，具有一定滞后性。因此，需要通过滞后性分析和因果发现来进行特征构造，为后续建模做准备。

1. 滞后性分析

本节以"配送及时率""妥投积压单量""客服进线量"为例，使用 PCMCI 算法进行滞后性分析。滞后性分析的结果如图 16-10 所示，其中每个节点表示特征在某天的取值，t 表示当天，$t-1$ 表示前一天，$t-2$ 表示前两天，箭头表示两个节点之间的因果关系。可以看出，前一天的妥投积压单量会影响当天的客服进线量。这有助于在建模时构造具有滞后性的特征，更好地让模型学习到特征之间的关系，提高预测的准确率。

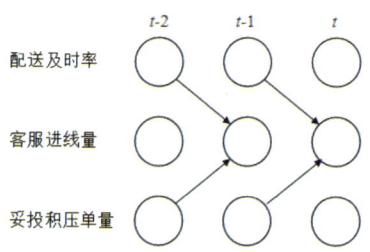

图 16-10　滞后性分析的结果

2. 因果发现

为了让预测白盒化，本节使用因果发现的方法探究影响客服进线量的因素。

由于特征之间存在滞后性关系，这里使用滞后性特征进行因果发现，简单来说就是通过 shift 方法将特征按滞后天数平移。以下使用 FGES（Fast Greedy Equivalence Search）作为因果发现的算法。FGES 是一种高效的贝叶斯网络结构学习算法，通过贪婪搜索和评分函数优化，从数据中推断变量间的因果关系。它基于"得分—搜索"框架，逐步添加或删除边以最大化模型评分，支持处理高维数据并识别因果方向的等价类，适用于因果发现和复杂系统建模。FGES 发现影响进线量的因素包括前一天的妥投积压运单量、前一天的配送及时率、前三天的破损单量等。

16.4.4 模型搭建

在完成数据分析和特征构造之后，本节融合深度学习模型和机器学习模型进行客服进线量预测，其中深度学习模型选择使用 TFT，机器学习模型选用使用 XGBoost。TFT 输入特征为滞后性特征及未来已知特征，目标为客服进线量；XGBoost 输入特征为未来已知特征，目标为客服进线量。

在完成 TFT 和 XGBoost 的模型搭建后，选择一段时间的进线量进行回测，可以分别获得上述两类模型的准确率指标，再根据不同时间点的准确率指标计算权重并进行模型融合。例如，需要预测的时间段是 2024-04-01 到 2024-04-30，那么选择 2024-03-01 到 2024-03-31 的时间段作为回测时间段，即预测该部分时间段的进线量。然后与真实的进线量进行比较，使用 MAPE 来作为评价指标，得到各类模型在回测区间的准确率，并以准确率作为权重对模型预测结果做加权平均，作为客服进线量预测结果。该模型在数据集上将准确率提升至 91.76%。

16.4.5 结论

相较于使用纯时间序列预测的方案，本章提出的方案有两方面的优势。首先是将预测白盒化，通过滞后性分析和因果发现，充分挖掘影响客服进线量的因素，如揽收/积压等，并将其作为预测模型的输入。此外，通过将深度学习模型和机器学习模型融合的方式，提升了预测准确率。

16.5 本章小结

本章从物流的信息流角度出发，通过数据科学的方法，探究运营质量与客服进线量等多个业务信息流之间的关系。具体来说，以实际运营指标为特征，并考虑指标滞后性，通过因果发现，明确影响进线量的核心特征。最终采用模型融合的方法进行客服进线量预测，提高了预测准确率。

第17章

CHAPTER 17

资金流：理赔服务升级

图 17-1 理赔服务升级

下面进入"体验"部分的"资金流"章节，如图 17-1 所示。本章以理赔服务升级为例，介绍在供应链理赔业务场景中如何进行算法设计及建模，提升客户的理赔体验。

17.1 背景介绍

随着互联网和电子商务在过去 20 多年的高速发展，物流行业迎来了前所未有的增长机遇。在追求时效提升和成本优化的同时，物流企业也逐步将竞争重心转向服务质量的提升，客户体验成为物流行业的核心议题。一方面，行业整体服务水平的提升使消费者对包裹安全、准确、快速地送达抱有更高的期待；另一方面，物流中转环节中的不可控因素导致丢件、破损等问题时有发生，造成企业服务质量与客户预期之间的差距。仅黑猫投诉平台上，关于包裹丢失的投诉就达 14 万条，破损投诉近 19 万条。

在此背景下，建立完善的赔付机制、实现快速响应与合理赔付，已成为保障企业信誉的关键举措。不当的理赔处理将严重影响客户体验，削弱企业竞争力。优质的理赔服务不仅能增强客户黏性，提升企业品牌形象，还能促进业务增长，形成正向现金流的良性循环。然而，企业也需要谨慎平衡收入与理赔成本，避免陷入"赔本赚吆喝"的困境，更要防范黑灰产和"羊毛党"的恶意索赔，确保业务健康发展。

17.1.1 物流行业差异化保价和理赔服务

为了平衡收入和理赔成本，自 2022 年起，各大物流企业纷纷推出差异化的保价和理赔产品。客户通过支付更高的保价费用，即可享受快速赔付、足额赔付等优质服务。

以某头部物流企业推出的保价产品为例，当货物出现丢失或全损等异常情况时，物流企业将在保价范围内进行足额赔偿。通过专人专线处理和大模型智能审核，大幅缩短理赔等待时间。据统计，该产品上线后，99%的理赔案件从发起申请到完成打款均在 24 小时内完成。

这类差异化产品的推出对消费者而言，相当于为货物安全增加了一道"意外险"，对物流寄递服务更放心；对企业而言，则是提升服务满意度和客户体验的有效途径。同时，通过精细化服务，企业能够更好地控制理赔成本，在成本支出与服务满意度之间找到平衡点。

17.1.2 保险行业精细化理赔运营

保险行业的基本职能是风险分散和经济补偿，其理赔业务相对成熟，对于物流理赔具有非常重要的借鉴意义。随着保险市场的不断发展，为了进一步提升运营的精细化程度、控制理赔风险敞口，企业将大数据挖掘、人工智能技术应用于保险的售前、事中及事后的理赔环节。

1. 售前差异化定价

售前综合考虑多种因素对于出险率的影响，进而确定保险定价，售前差异化定价有助于提升保险公司定价的公平性，促使自身健康且可持续发展。

蚂蚁金服向全行业公开车险分的数据，为保费提供了人的因素的参考。车险分主要基于人的行为进行数据挖掘和计算，数据体系包括职业特性、身份特质、信用历史、消费习惯、驾驶习惯和稳定水平六大标签，基于这六大标签进行综合评定得出 300~700 不等的分数，分数越高，风险越低。车险分的引入，意味着更精准的保费计算方式可以让守信的驾驶者享受到更优惠的保险价格。

2. 事中风险减量

保险公司通过保障中风险提前发现并进行干预，实施风险减量管理，一方面帮助客户规避风险，另一方面降低保险公司的理赔成本，实现双赢。

人保财险在与民生保障密切相关的领域，依托物联网、大数据、人工智能技术，提供风险监测、预警、分析和处置的全流程物联监控预警服务。2024 年上半年，人保财险为法人客户发送物联预警 7.02 万次，完成预警处置 6.15 万次，预警处置率 87.6%，降低了社会风险发生率，保障了消费者的生命财产安全。

3. 事后理赔定损

在事后理赔服务中，保险公司需要评估事故的严重程度，进一步核定损失赔偿。传统人工处理十分耗时，保险公司通过智能理赔定损来提升服务的效率，真正实现"闪赔"。

2019 年平安产险上线"智能闪赔"服务，客户上传照片后，依托图像算法精准识别受损情况，进一步运用后台庞大的知识图谱，确定修理方案和费用等。最后结合理赔风控规则算出理赔总价，为客户提供高效便捷的理赔体验。

17.1.3　物流理赔服务升级思路

尽管保险行业和物流行业的运作模式不同，但是从理赔服务保障、过程风险控制的角度来看，二者的底层逻辑是一致的。近年来，物流企业也逐步落实事前、事中、事后的精益管理举措，提升物流服务质量，降低理赔事件的发生率。

- 事前：在物流的售前环节，结合客户、托寄物判断此单的出险情况，向客户推荐保价服务及包装服务，为寄递服务提供更好的保障。
- 事中：在包裹流转过程中，结合托寄物、网点、线路信息推断事故发生率。在揽收、分拣、配送环节通过加固包装、贴易碎标签等方式进行特殊保障，通过 IoT 设备实时拍照，及时定位风险。
- 事后：进入售后服务环节，综合客户、索赔金额、赔付商品、事故类型等，精准评估客户索赔诉求的合理赔偿范围，辅助企业进行快速的理赔决策。

本章聚焦在事后的售后服务环节，通过实际案例演示如何使用数据科学的方法帮助企业评估理赔的赔偿方案，为企业理赔的精细化运营提供有效依据。

17.2 问题描述

在物流理赔场景中，当客户提交索赔诉求后，企业需要综合索赔商品、事故原因及严重程度，以此来判断客户的索赔诉求是否合理。具体而言，企业的服务策略如下：

（1）如果客户索赔诉求合理，那么与客户达成赔偿方案后，通过智能审核替代人工审核，实现理赔款项的快速到账。

（2）如果客户索赔诉求偏高，则需要客户提供相关证据，客服团队将与收件方、寄件方、运营人员及配送员共同核实具体情况，最终协商赔偿方案。

（3）如果客户索赔诉求严重超额，存在恶意索赔嫌疑，那么企业将采取更严格的谈赔标准，上门核实具体情况，并向保险公司投保，由保险公司介入并核实价格。

因此需要一套科学的方法将客户索赔诉求划分为"索赔合理""索赔偏高""索赔严重超额"三个层级，从而对应上述三种服务策略，为企业谈赔的决策提供支撑。

为了解决这个问题，我们做一个合理假设，对于已完成谈赔的运单，索赔金额和实际赔付金额的差异可以反映索赔诉求的合理性。举个例子，客户申请理赔一箱水果，索赔了 1000 元，最终谈赔员经过讨价还价，只赔了 100 元，这说明客户开始要价高了，索赔不合理。在这样的假设下，可以基于索赔金额、实际赔付金额两个指标，对历史理赔的运单进行索赔诉求合理性的分层设计。

但在客户申请理赔时，对赔付结果还未知，我们如何去做分层设计呢？很容易联想到，通过建模能够从历史的理赔单中学习一些特征组合模式和谈赔决策之间的关系，构建好的模型可以对未来的理赔进行分层。

17.3 解决方案

首先对索赔金额（用户申请理赔时索要的金额）、赔付金额（谈赔员最终赔付的金额）进行分布可视化，并结合分布情况设计分层标注方案，从而将理赔分层转换成有监督的建模问题。考虑到本问题中模型的选择会影响数据预处理的方式，因此先确定模型选型，再介绍数据预处理的方式。此外，由于用户索赔诉求分层可能存在分布不平衡的问题，所以还需要关注如何选择合适的损失函数，最后确定最优的超参数组合。理赔服务升级解决方案如图 17-2 所示。

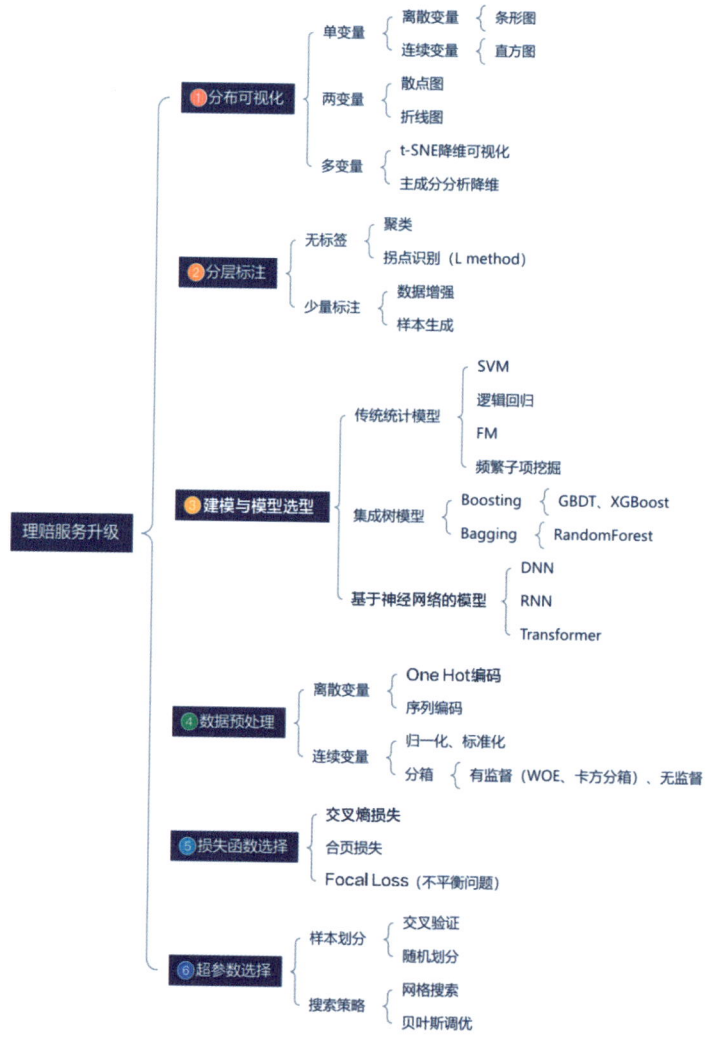

图 17-2　理赔服务升级解决方案

17.3.1 分布可视化

首先从单个变量入手,对索赔金额和赔付金额进行分布可视化。由于这两个变量均为连续变量,所以本案例使用直方图观测其分箱内的频数分布。从图 17-3 中可以看出,赔付金额和索赔金额均呈现长尾分布。赔付金额在低金额段更加集中,而索赔金额分布则较为"松散",这表明客户的索赔存在超额不合理的情况。

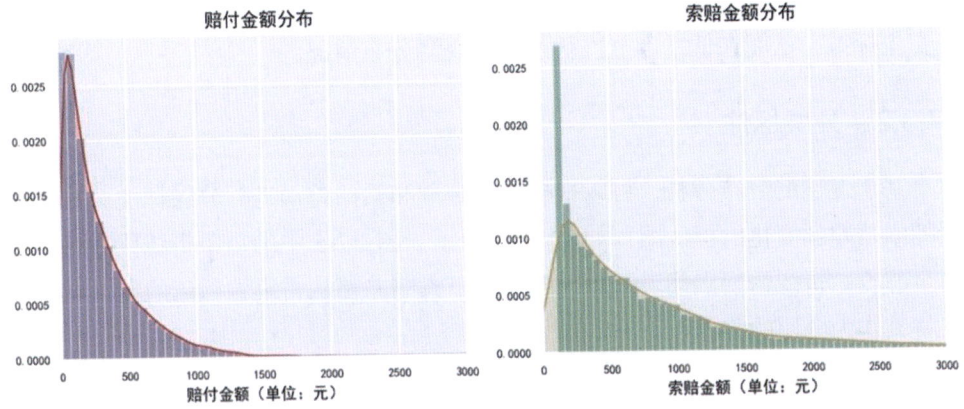

图 17-3　赔付金额和索赔金额的分布直方图

进一步结合索赔差额(索赔金额-赔付金额)和赔付金额对索赔诉求进行分层,绘制散点图观测索赔差额与赔付金额的联合分布,以便观察两个变量在不同区域的密度分布。

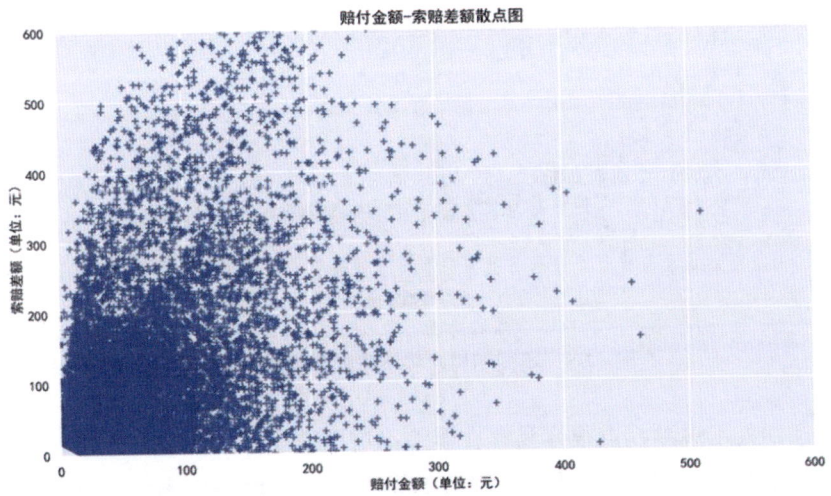

图 17-4　赔付金额-索赔差额散点图

图 17-4 中显示了不同赔付水平下索赔差额的分布差异较大。同时在同一赔付水平下，索赔差额越大，分布越稀疏。从密集到稀疏的临界点，代表高于该索赔差额的发生概率较低，存在索赔偏高甚至超额的风险，可以作为分层的依据。

除散点图外，还可以基于热力图对两个变量进行可视化。若待观测的变量多于两个，则可以通过概率建模将高维数据映射到二维或三维空间，如使用降维技术 t-SNE 实现数据映射，或者基于主成分分析将高维数据投影到方差最大的低维正交坐标系，从而在低维度上进行绘图来观测分布情况。

17.3.2 分层标注

基于上述的分布分析，可以根据赔付金额和索赔差额进行分层标注，绘制单量随索赔差额变化的折线图，如图 17-5 所示。图 17-5 中的每条折线代表一个赔付金额段，折线的拐点代表该赔付金额段下索赔差额从密集到稀疏的变化点，可以将其作为分层的临界点。

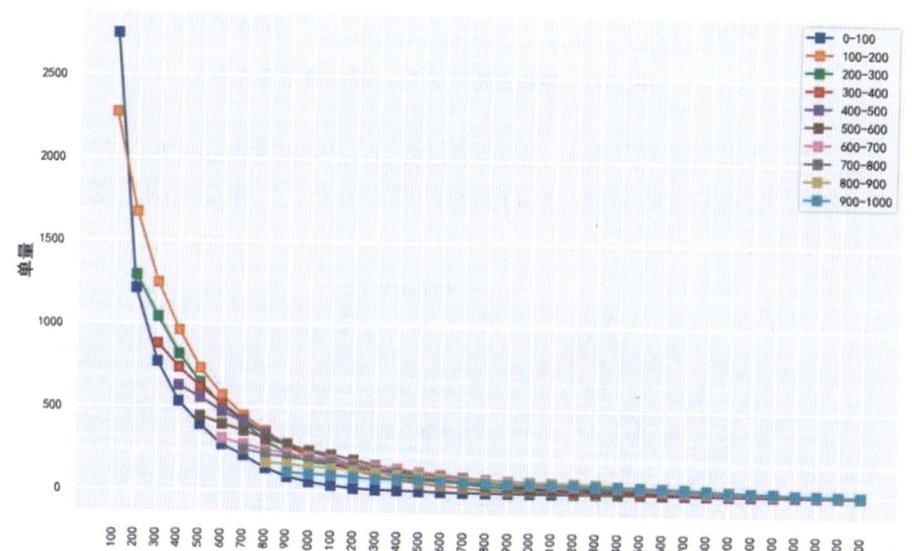

图 17-5　不同赔付水平下索赔差额—单量折线图

考虑到人工观测拐点很容易存在误差，这里基于 L method 将这个过程自动化。L method 的底层逻辑是拐点两侧的序列可以通过两条直线有效地逼近。通过在候选点两侧分别拟合一条直线，根据左右两侧的拟合程度能够确定最优拐点位置。L method 识别单拐点的伪代码如下：

```
Algorithm 1  L method 算法伪代码
Input: 待识别序列 x;
Output: 拐点的索引 optInd;
1:   初始化 ind = 1, optRMSE = +∞;
2:   for ind ≤ len(x) − 1 do
3:       候选点将序列切分成 x_l = x[:ind] 和 x_r = x[ind:] 两部分;
4:       统计切分序列中的点数 n_l = ind, n_r = len(x) − ind;
5:       拟合左侧直线 ŷ_l = w_1 × x_l + b_1, 计算 RMSE_l;
6:       拟合右侧直线 ŷ_r = w_2 × x_r + b_r, 计算 RMSE_r;
7:       计算加权误差 RMSE_avg = (n_r/n) RMSE_l + (n_r/n) RMSE_r;
8:       if RMSE_avg ≤ optRMSE then
9:           optInd = ind;
10:      end if
11:      ind = ind + 1;
12:  end for
```

对于识别多个拐点的情形，只需要根据上一个最优拐点位置将序列截断，在后半段递归寻找下一个拐点即可。此外，从业务场景出发，我们期望赔付水平越高，索赔差额的分层边界越大。为了保证这一单调性，在识别第 i 个拐点时，从上一个赔付金额段的第 i 个最优拐点位置向后搜索最优候选点。

若实际场景中存在少量高质量标注样本，则可以充分利用这些样本进行建模，例如借助数据增强技术或生成类模型（如 CTGAN）生成更多样本，以增加可学习样本的数量。

17.3.3　建模与模型选型

1. 建模方案

下面按照 17.2 节介绍的思路，开始索赔诉求分层的建模，在建模目标选取上，有两种可行的方案：

（1）拟合赔付金额，即先预估赔付金额，再根据分层标注方法对客户索赔诉求进行分层。

（2）拟合分层标注，即直接预估诉求分层结果。

由于方案 1 基于回归模型，因此需要使用 RMSE 作为损失函数，对噪声或异常值较为敏感，优化难度较大。此外，回归模型对样本数量的需求较大，建模样本未必能够很好地泛化到全量样本上。因此本案例采用方案 2，通过拟合"平滑"的标签来减少噪声的影响。

2. 模型选型

至此，索赔诉求分层问题可转化为常规分类问题，分类模型大致可分为传统统计模型、集成树模型及基于深度神经网络的模型。传统的机器学习方法（如 SVM、贝叶斯估计、决策树、Logistic 回归、FM 等）适用于决策变量与目标变量关系相对简单的情形。集成树模型（如基于 Boosting 的 GBDT、XGBoost，以及基于 Bagging 的 RandomForest）是主流的预测模型，能够充分利用多个基学习器，达到较好的预测效果，但其缺点是不适用于处理高维稀疏问题，容易过拟合。基于深度神经网络的模型（如 DNN，或适用于时序数据预测的 RNN、Transformer 等）能够对决策变量与目标变量之间的复杂关系进行建模，学习能力上限高，但其主要问题是具有"黑盒"属性，可解释性较差。

综合各类模型的特性，本案例使用了推荐领域点击率预估的常用模型 DeepFM 进行建模。顾名思义，DeepFM 模型由 Deep 部分（DNN）和 FM 部分构成。

FM 模型非常擅长处理稀疏的类别特征，尤其适合对特征之间的交互作用进行建模。尽管 ID 化的类别特征相比数值特征缺少实际意义，但它们通过交互作用能够对最终决策产生贡献。比如在物流场景中，寄件人寄某些品类时经常发生"索赔超额"的情况，通过 FM 模型中的交叉项就能够反映其对结果的影响。

DNN 相比 FM 模型具有更强的表征能力。谈赔员在决策赔付金额的时候，需要综合考虑事件的各种特征来进行复杂的决策，DNN 利用高度非线性的结构优势，能够充分挖掘这种特征和决策之间多样的关系。

一般来说，DeepFM 模型用于解决二分类问题，本章适当对输出维度进行改造，改造后的 DeepFM 模型用于解决三分类问题。改造后的 DeepFM 模型的结构如图 17-6 所示。

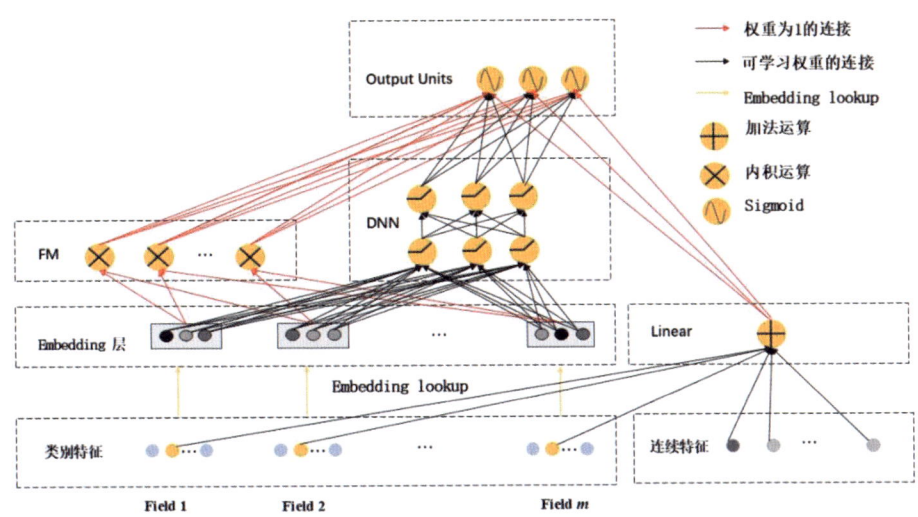

图 17-6 改造后的 DeepFM 模型的结构

17.3.4 数据预处理

尽管 DeepFM 模型具有较强的表达能力，但为了确保训练过程的稳定性和模型性能，仍然需要对输入数据进行适当的预处理。一般来说，数据进入模型前常见的预处理思路有以下 3 个。

1）连续变量标准化/归一化

对于神经网络或者线性模型，需要将连续变量标准化或归一化，避免某些特征因数值范围过大而主导模型训练。相反，对于树模型一般不需要标准化或者归一化，因为树模型是根据变量的阈值切分的，只关心变量取值的相对大小。

2）特征分箱

对连续变量进行无监督（等频、等距）或有监督的分箱（WOE 分箱、卡方分箱）也是预处理的常见思路。变量经过分箱处理后输入 Logistic 回归等对异常噪声比较敏感的模型中，能够降低异常样本对模型的影响，引入分箱后的离散化特征还能让线性模型的表达能力更强。

3）类别型变量编码

多数机器学习模型不接受文本类型的输入，需要将类别型变量转换为数值形式，常用的方法有两种：一是序列编码，将类别映射为连续的序号；二是 One Hot 编码，将类别转换为二进制向量，适用于无序类别特征。本节对连续型变量做了归一化处理,对连续型变量进行了序列编码。

17.3.5 损失函数选择

模型的训练过程非常依赖于损失函数的选择,模型在每一轮迭代的过程中,都需要基于损失函数的梯度进行参数更新。

多分类建模的损失函数常用交叉熵损失(Cross Entrypy)和合页损失(Hinge Loss)作为损失函数,这类损失将每个类别的样本同等对待,一般适用于处理类别比较均衡的情况。但在本节的场景中,索赔诉求的分层是不均衡的,绝大多数的客户索赔诉求都在合理范围内。

类别不平衡带来的问题是,使用一般的损失函数训练模型,模型将倾向于把待预测样本预测为多数类。常用的解决思路是给予不同类别的样本不同的惩罚,通常使用Focal Loss(FL)作为损失函数,其公式定义为

$$\mathrm{FL} = -\sum_{i=1}^{n}\sum_{c=1}^{k} y_{i,c} \log(1-p_c)^{\gamma} p_c \qquad (17.1)$$

在式(17.1)中,n代表样本数量,k代表类别数,y_{ic}代表样本i类别为c的标签,p_c代表模型将待预测样本预测为类别c的概率,γ是超参数。当$\gamma = 0$时,Focal Loss退化为多分类的交叉熵损失。当$\gamma > 0$时,样本越容易分类,p_c越大,对应的损失权重$(1-p_c)^{\gamma}$越小;反之,样本越难分类,p_c越小,对应的损失权重$(1-p_c)^{\gamma}$越大。通过调整难分和易分样本的权重,提升模型对难分样本的关注度,进而缓解类别不平衡的问题。

17.3.6 超参数选择

在模型训练开始前,需要确定一些超参数[3],包括Focal Loss损失函数中控制惩罚程度的指数γ,以及模型的超参数,即类别型特征Embedding的维度和DNN的网络结构。

通常情况下,模型需要基于验证集选择超参数,在测试集上测试最终的效果。划分验证集常用的方法是交叉验证:将训练样本分成几份,每次留一份用于验证模型效果,其余的样本用于训练。相比于只做一次划分进行效果验证,交叉验证由于兼顾了模型在每份样本上的表现,消除了随机选择样本带来的影响,能够更好地评估模型的泛化能力。当样本量较小时,通过交叉验证进行参数选择是必要的。

---

3 超参数是模型训练前需要指定的参数,和模型训练中更新的权重值或者决策树的划分边界需要区分开。

在搜索策略上，如果模型的参数组合数比较少，则常用网格搜索的方式，即将每个参数的候选集和其他参数候选集进行组合，遍历所有可能的组合。如果参数组合数比较多，则参数调优的时间开销和计算资源开销非常大，借助贝叶斯调优，根据历史搜索空间推断后验最优的搜索方向，可以大大提升搜索效率。

17.4 案例分析

本节基于一批理赔运单数据，将 17.3 节的建模过程逐步实现，对样本收集、分层标注及观测、模型训练展开介绍。

17.4.1 样本收集

本节收集了国外某物流企业网站上的公开脱敏数据集，共涉及 13959 条已经谈赔完成的运单。这些运单是从该企业各谈赔组织按照单量比例分层抽样得到的，具有一定的多样性和代表性。数据集中的特征可以分为运单特征、客诉特征、行为特征三大类。建模特征概览如表 17-1 所示。

表 17-1 建模特征概览

特征类型	细分类型	特征中文名	数值型/类别型	说明
运单特征	运单属性	线路类型	类别型	线路类型 ID
		是否为 c2c	类别型	0/1 标识
		是否生鲜妥投及时	类别型	0/1 标识
		保价金额	数值型	运单保价金额
	寄收信息	始发城市	类别型	始发城市 ID
		目的城市	类别型	目的城市 ID
		寄件人账号	类别型	寄件人账号 ID
		收件人手机号	类别型	收件人手机号 ID
		寄件是否内部	类别型	0/1 标识
	运输情况	配送超时时长	数值型	实际配送时间-预计配送时间
		异常原因	类别型	物流运输过程中员工提报异常，枚举包括 Pickup Error、Suspected Lost、Damage 等

续表

特征类型	细分类型	特征中文名	数值型/类别型	说明
客诉特征	客诉属性	进线渠道	类别型	枚举包括 Call、Internal Software、Mini Program 等
	商品信息	商品类型	类别型	枚举包括 Fresh、Electronic Product、Jewelry、Appliance 等
		新旧程度	类别型	0/1/2 标识,代表未知/全新/二手
	进线人信息	进线人身份	类别型	枚举包括 Consiner、Receiver、Staff
		寄件 B/C	类别型	B、C、Staff、Not Known
行为特征	网点统计特征	始发网点发单量	数值型	始发网点近半年发单量
		始发网点万单理赔率	数值型	始发网点近半年发货理赔率×10000
		始发网点赔付比例	数值型	始发网点近半年赔付占索赔比例
		目的网点发单量	数值型	目的网点近半年发单量
		目的网点万单理赔率	数值型	目的网点近半年发货理赔率×10000
		目的网点赔付比例	数值型	目的网点近半年赔付占索赔比例

建模样本中共有 14 个类别型特征、10 个连续型特征。其中,始发城市、目的城市、寄件人账号、收件人手机号都是分布极其稀疏的类别型特征。

17.4.2 分层标注及观测

1. 拐点拟合

根据 17.3.2 节中介绍的方法,不同赔付水平下 L method 拟合拐点的结果如图 17-7 所示。作为参考,图 17-7 展示了赔付金额分段在 0~100、100~200、200~300、300~400 内的拟合结果。蓝色线代表不同赔付水平下单量随索赔差额的变化,红色线代表在拐点两侧拟合的直线。红色线间的交界位置为识别的拐点位置。

不同赔付水平下的拐点识别结果如表 17-2 所示。以赔付金额在 0~100 元之间为例,索赔差额在 0~600 元之间的运单被打标为"索赔合理",在 600 元~1200 元的运单被打标为"索赔偏高",高于 1200 元的运单被打标为"索赔严重超额"。这里考虑到赔付金额在 1000 以上的运单非常稀疏,将索赔差额的边界指定为同一水平。

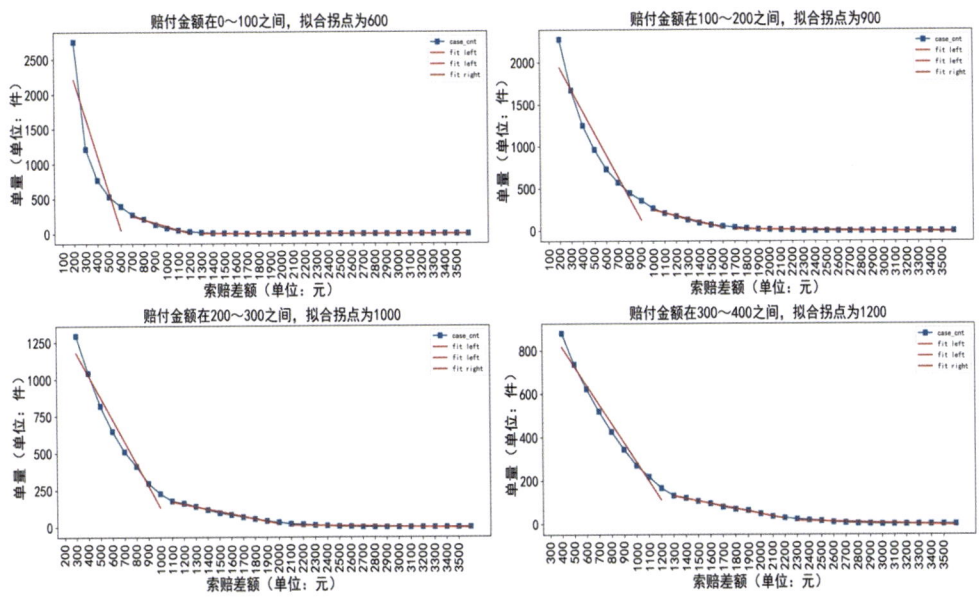

图 17-7　不同赔付水平下 L method 拟合拐点的结果

表 17-2　不同赔付水平下的拐点识别结果

赔付金额分段	拐点 1	拐点 2
0~100	600	1200
100~200	900	1600
200~300	1000	2000
300~400	1200	2200
400~500	1300	2400
500~600	1600	2700
600~700	1900	2900
700~800	2000	3000
800~900	2100	3100
900~1000	2200	3200
1000 以上	2200	3200

2. 分层结果合理性验证

为了验证分层结果是否合理，下面观测分层后的标签分布情况。标签分布统计结果如表 17-3 所示，可以看到，90.0%的运单被打标为"索赔合理"，8.2%的运单被打标为"索赔偏高"，1.8%的运单被打标为"索赔严重超额"，这和预期是一致的。在理赔服务中，企业期望保障大多数索赔诉求合理的客户的理赔体验，但同时对于少量存在高索赔嫌疑的运单谨慎处理，从而保证企业业务的健康度。

表 17-3　标签分布统计结果

类别标签	单量	单量占比	单均索赔差额
索赔合理	12564	90.0%	371.3
索赔偏高	1147	8.2%	1554.65
索赔严重超额	248	1.8%	2784.68

进一步，根据类别标签给图 17-4 的散点图标记上颜色，重新绘制如图 17-8 所示的散点图。可以看到，分层的边界确实是密集到稀疏的临界点。

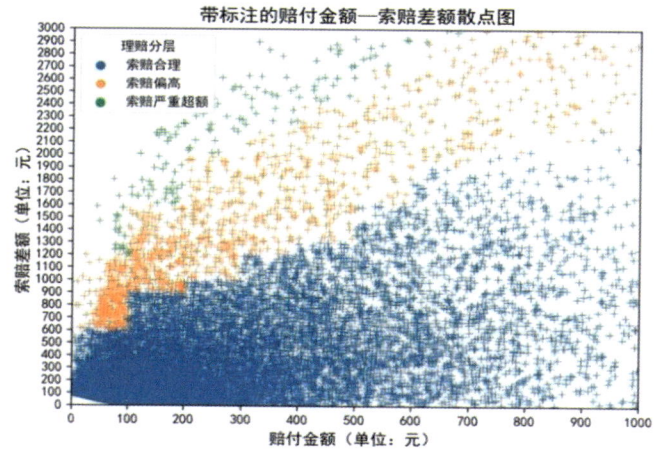

图 17-8　带标注的赔付金额—索赔差额散点图

17.4.3　模型训练

1. 模型 baseline

开始训练前，将样本按照 80%、20%的比例随机划分为训练集和测试集，测试集在训练过程中始终不可见。

优化器选择使用 Adam，学习率设置为 0.001，训练轮次（epoch）为 50 次，batch size 设置为 1024。为了防止过拟合，模型训练设置了早停，根据多分类的平均 macro-F1 指标提前停止训练过程；同时根据损失情况，自适应调控学习率，当损失不下降时，学习率下降到原来的 0.5 倍。

作为 baseline，损失函数使用交叉熵损失，基于一组超参数进行效果测试。这里的 Embedding 维度设置为 4，DNN 三层神经元的数量为（256，128，64）。

训练过程使用 5 折交叉验证，即将训练集基于标签分层采样成 5 份，每次用一份数据进行效果验证，并将训练过程中的损失（loss）和 macro-F1 变化绘制出来。图 17-9 是训练过程中的指标变化。可以看到，随着迭代轮次（epoch）的增加，训练集和验证集的损失都在下降。训练到 20 轮左右，损失收敛，性能提升逼近上界，到 35 轮的时候早停。

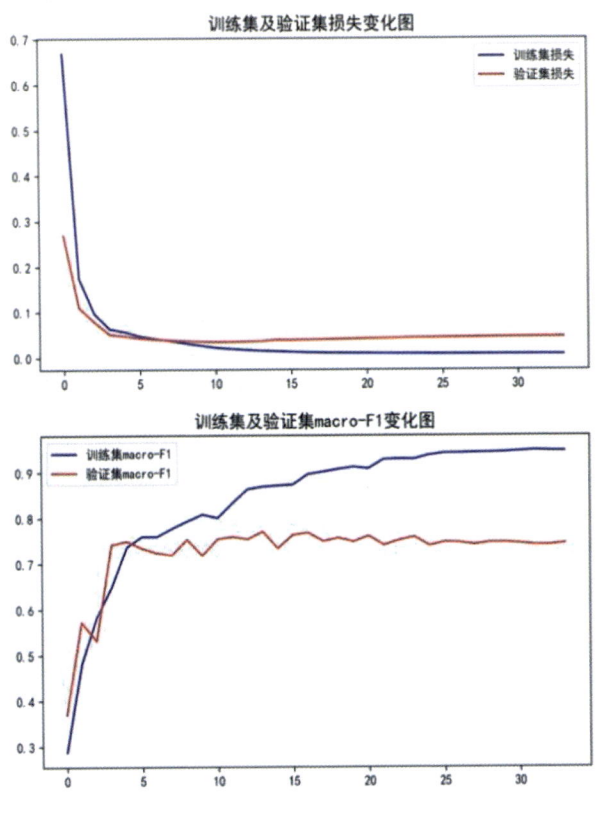

图 17-9　训练过程中的损失及 macro-F1 指标变化

每次训练都根据验证集的效果将模型的最优参数保存下来，分别在训练集、验证集、测试集上预测不同分层的概率，并将 5 次的预测结果取平均值。在表 17-4 中，c0、c1、c2 分别代表类别 0（索赔合理）、类别 1（索赔偏高）、类别 2（索赔严重超额），相应地，Precision c0、Precision c1、Precision c2 分别代表类别 0、类别 1、类别 2 的精度，Recall c0、Recall c1、Recall c2 分别代表类别 0、类别 1、类别 2 的召回率。可以看到，模型对于多数类 c0 的分类效果很好，而对于少数类 c2 的分类效果较差。

表 17-4　训练集、验证集、测试集上的预测效果

	macro-F1	Precision c0	Recall c0	Precision c1	Recall c1	Precision c2	Recall c2
训练集	0.836	0.993	0.996	0.864	0.886	0.742	0.567
验证集	0.789	0.990	0.994	0.827	0.833	0.648	0.477
测试集	0.715	0.989	0.994	0.793	0.812	0.477	0.286

2. 模型调优

1）Focal Loss 损失参数选择

为了降低类别不平衡带来的影响，将损失函数替换为 Focal Loss。观测不同超参数 γ 下的预测效果，如表 17-5 所示。从结果来看，超参数 γ 不是越大越好，γ 取 1 时，macro-F1 指标最优，少数类 c1、c2 的指标表现变好，这和我们的预期一致，Focal Loss 中增加了易分样本权重，减少了难分样本权重，使得模型提高了对少数类的关注度。

表 17-5　Focal Loss 不同超参数 γ 下的预测效果

Focal Loss-γ	macro-F1	Precision c0	Recall c0	Precision c1	Recall c1	Precision c2	Recall c2
0	0.794	0.991	0.994	0.831	0.852	0.680	0.462
0.5	0.795	0.991	0.994	0.830	0.844	0.667	0.488
1	0.796	0.991	0.992	0.832	0.843	0.659	0.487
2	0.789	0.990	0.994	0.827	0.833	0.648	0.477

2）超参数调优

接下来需要固定损失函数的超参数 γ，设定 $\gamma=1$，对 Embedding 维度和 DNN 的结构进行调整，并将 macro-F1 指标的表现绘制成如图 17-10 所示的折线图。

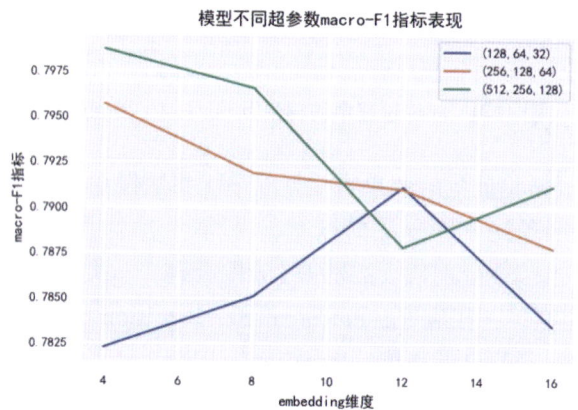

图 17-10　不同超参数下 macro-F1 指标的折线图

从图 17-10 中可以看到，当 Embedding 维度为 4、DNN 结构为（512，256，128）时，这个组合为最优的超参数组合。Embedding 维度不是越大越好，在 DNN 神经元数量较小的情况下，随着 Embedding 维度的增加，模型预测效果有下降趋势。这说明 Embedding 维度适中就能充分表达稀疏类别型特征，维度过大会导致模型的泛化能力较差。

最后，采用最优的超参数组合对模型进行训练，测试集上测试的效果如表 17-6 所示。

表 17-6　测试集上的测试效果

macro-F1	Precision c0	Recall c0	Precision c1	Recall c1	Precision c2	Recall c2
0.721	0.990	0.994	0.795	0.823	0.474	0.298

17.4.4　结论

在本案例中，观察到分层标签的分布和预期一致，90.0%的客户索赔诉求都是合理的，仅有 1.8%的客户索赔诉求严重超额，这也符合最初的目标，即对于多数客户合理的诉求实现快速赔付打款，以提升客户体验；对于极少数不合理的索赔诉求，通过对赔付流程的严格管控来减少公司的理赔成本。

在拟合分层的过程中，为了解决类别不平衡的问题，在 DeepFM 模型的建模过程中使用了 Focal Loss 损失函数，并且通过超参数组合的调优，最终的 macro-F1 指标达到了 0.762，实现了理赔过程中的精准预测，尽可能降低误分层对于客户体验的影响。

17.5　本章小结

本章聚焦于理赔服务的升级，利用数据科学的方法对客户索赔诉求进行精细化分层，方便企业将更好的理赔服务向客户合理的诉求倾斜。这不仅能够提升绝大多数客户的体验，同时能够提升企业理赔业务的健康度，降低企业的现金流风险。

从具体的方法实践中可以看到，通过对目标变量的可视化分析，并基于 L method 自动化地识别拐点，企业能够更科学地定义建模目标。在有监督建模的过程中，本章使用推荐领域 CTR 预估的深度模型——DeepFM，去刻画极度稀疏特征的交叉作用，以及特征和目标之间复杂的决策关系。

最后，在模型的优化上，首先优化了损失函数，针对类别不平衡问题引入了 Focal Loss 损失函数，提升了模型对少数类的关注度。其次通过交叉验证进行超参数的选择，确定了最优的参数用于训练模型。

当然，理赔服务的提升不只局限于售后服务环节，如果更前置地感知出险风险，例如前置到下单环节或者物流运输过程中，降低事中的风险，则能够进一步提升物流服务的体验，减少企业的理赔成本。

第18章
CHAPTER 18

总结

18.1 本书回顾

本书聚焦于智能供应链数据科学领域，从收入、效率、成本和体验四个维度，系统构建了 12 个典型应用案例。这些案例全面覆盖仓储、运输、配送等核心环节，以及人员、货物、场景等关键要素，形成了一个完整的智能供应链解决方案体系。在技术层面，本书不仅系统阐述了数据采集、处理、分析和可视化等基础技术能力，还创新性地引入了特征工程、数据挖掘等前沿方法，为智能供应链的数字化转型提供了强有力的技术支撑。

具体而言，在**收入**方面，借助数据挖掘技术，精准预测市场需求，支持营销、定价及促销策略。具体而言，通过"物流运输定价"，依据数据分析调整运费策略，提升利润空间；借助"订单裂变营销"，挖掘潜在客户群体，拓展市场份额；同时，制定"电商促销策略"，精准把握消费者需求，刺激消费增长。在**效率**方面，聚焦供应链的仓储、运输、配送三大关键环节，全方位提升运营效率。例如，优化"商品存储策略"，合理规划仓内布局，提高空间利用率；创新"分拣直派模式"，依据数据精准分配任务，加速分拣流程；针对"最后一公里"配送难题，探索提效方案，确保货物快速、准确送达客户手中。**成本**作为供应链管理的关键任务，直接关系到企业的盈利能力和市场竞争力。本书从人员、库存、设施布局等多个维度入手，通过仓内人员排班优化、科学的库存补货策略和前置仓布局优化等方法，合理配置资源、精准把控库存水平和缩短配送距离，以降低成本。最后，从时效能力提升、客服进线量分析和理赔服务升级等多个方面入手，全面提升客户**体验**，确保用户在消费前、中、后都能获得优质、高效的服务，增强用户满意度和忠诚度。

18.2 数据科学面经

18.2.1 技术面

在数据科学技术面试中，面试官通常会从数据处理、模型构建和算法应用等核心维度展开考查。以供应链数据分析为例，面试官可能会提出如何处理大规模数据集中的缺失值和异常值这类实际问题。例如，当分析订单数据时，如果发现某些订单金额显著偏离正常范围，那么候选人需要展示如何区分这是数据录入错误还是特殊业务场景导致的合理现象，并据此采取相应的处理策略——可能是数据清洗、修正或保留。这种问题不仅考查候选人的数据处理能力，还检验候选人对业务场景的理解深度。

在模型构建方面，面试官往往会要求候选人详细阐述如何利用机器学习算法解决具体业务问题。以库存需求预测为例，候选人需要清晰地解释为什么选择特定模型（如 ARIMA 或 LSTM），并说明模型参数调优的具体方法。这种问题不仅考查候选人的技术储备，还评估候选人选择解决方案的合理性。

此外，面试官会特别关注候选人对模型评估指标的理解和应用能力。例如，在分类问题中，候选人需要准确解释准确率、召回率等指标的含义，并能够根据供应链场景的具体需求，权衡这些指标的重要性。这种考查方式不仅可以测试候选人的技术功底，还可以评估候选人将技术应用于实际业务场景的能力。

值得注意的是，数据科学技术面试不仅关注候选人的技术能力，还着重考查候选人解决问题的思维能力和沟通表达能力。面试官期望候选人能够将复杂的技术概念和解决方案用清晰、逻辑严谨的方式呈现出来。这种综合能力的考查，正是数据科学岗位区别于纯技术岗位的重要特征。

18.2.2 业务面

在供应链数据科学岗位的业务面试中，面试官通常会从三个维度考查候选人的能力：业务理解、技术应用和价值创造。

首先，在业务理解层面，面试官会重点考查候选人对供应链核心环节的认知。以仓储优化为例，面试官可能会询问候选人如何通过数据分析提升仓储效率。一个完整的回答应该包含：运用 ABC 分类法对货物进行分级管理，结合 SKU 的周转率、重量体积等维度建立评估模型，将高频次、小体积的货物优化至靠近出入口的货位，从而降低搬运成本，提升出入库效率。这种回答既展现了候选人对业务的理解程度，又体现了候选人的数据思维能力。

其次，在技术应用层面，面试官会关注候选人将数据科学方法应用于实际业务问题的能力。例如，在运输优化场景中，可以这样回答：基于历史运输数据构建时效预测模型，结合实时路况信息建立动态路径规划算法，通过机器学习优化运输路线，实现运输成本和时间的最优平衡。这种回答展示了从数据采集、特征工程到模型构建的完整技术链条。

最后，在价值创造层面，面试官会考查候选人通过数据驱动业务决策的能力。例如，在提升库存周转率的问题上，可以阐述如何构建需求预测模型，建立安全库存预警机制，优化补货策略，并通过数据看板实时监控关键指标，为业务决策提供数据支撑。这种回答体现了从数据分析到业务价值的完整闭环。

总的来说，供应链数据科学岗位的面试不仅考查候选人的技术能力，更注重候选人将数据科学与业务场景结合的能力。候选人需要展现出对供应链各环节的深入理解，并能够提出可落地的数据驱动解决方案，最终实现降本增效的业务目标。在回答问题时，建议采用"业务痛点—分析方法—技术方案—价值产出"的结构化表达方式，这样可以更好地展现专业能力和业务思维能力。

18.2.3 HR 面

在职业素养方面，面试官会特别关注候选人对数据伦理的理解和实践能力。例如，面试官可能会询问候选人在处理涉及供应商、客户等敏感信息时，如何确保数据隐私和安全合规性。候选人需要举例说明如何在项目中实施数据脱敏、访问控制等具体措施，以体现候选人对数据合规使用的深刻理解。

在团队协作能力的考察中，面试官希望了解候选人在跨部门合作中的实际表现，候选人可以通过具体案例来展现这一能力。例如，如何与采购部门协作，通过数据分析优化供应商评估体系；或与物流部门配合，利用数据建模提升配送效率。重点在于突出候选人在团队中的角色——如何协调资源、化解分歧，并推动项目落地。这些经历能够有效证明候选人不仅具备技术能力，还能在复杂组织环境中发挥桥梁作用。

沟通能力的考查则聚焦于候选人如何将专业技术转化为业务价值。面试官可能会通过情景模拟，观察候选人如何向非技术背景的决策者解释复杂的数据分析结果。此时，候选人需要展示将技术语言转化为业务洞察的能力。例如，通过可视化图表、业务场景案例等方式，清晰地呈现数据分析对供应链优化的实际影响。这种能力不仅体现了候选人的专业素养，也反映了候选人推动数据驱动决策的潜力。

总之，HR 面试不仅关注候选人的技术背景，更着重考查候选人如何将技术能力与业务需求相结合，以及候选人在团队协作和跨部门沟通中的实际表现。这些软实力往往是决定候选人能否在组织中有效发挥数据科学价值的关键因素。

18.3 成长路线

18.3.1 初入职场：夯实基础

1. 夯实基础技能

作为一名初入职场的数据科学工程师，需要系统构建完整的知识体系和技术栈。首先应当扎实掌握统计学基础，深入理解概率论的核心概念、假设检验的原理与应用、回归分析的方法论，以及数据分布特征和相关性分析等重要统计概念。在此基础上，需要掌握机器学习的基础算法，包括线性回归、逻辑回归、决策树等经典算法的数学原理、实现方法及其应用场景，并理解模型评估与优化的关键技术。

在编程能力方面，数据科学工程师需要精通 Python 语言，熟练运用 Pandas 进行数据处理、运用 NumPy 实现数值计算，并能够使用 matplotlib 和 seaborn 等可视化工具进行数据探索与分析。同时要掌握 Scikit-learn 机器学习库，能够完成从数据预处理到模型训练、评估的全流程开发。此外，数据科学工程师还需要具备扎实的 SQL 技能，能够编写复杂的查询语句，高效地从数据库中提取和处理数据。

除了技术能力，数据科学工程师还需要了解供应链管理领域的专业知识，包括采购管理、仓储运营、运输调度、配送优化等核心业务流程，理解供应链各环节的关键指标和决策点。这种跨领域的知识储备不仅能够帮助数据科学工程师更好地理解业务需求，也能在数据科学项目中提供更有价值的解决方案。建议通过实际项目将这些技术能力与业务知识有机结合，在实践中不断提升数据分析能力和业务洞察力，为职业发展奠定坚实基础。

2. 参与项目实践

作为一名初入职场的数据科学工程师，实践能力的培养需要循序渐进地展开。在前辈的指导下，可以从基础的描述性统计分析和数据可视化工作入手，通过对供应链数据的深入探索，逐步掌握数据清洗、特征工程、趋势分析等核心技能，并能够将分析结果转化为清晰易懂的数据报告，为业务部门提供切实可行的建议。在此过程中，数据科学工程师需要特别注重与业务部门的沟通协作，主动了解他们的实际需求和痛点，将这些业务洞察转化为数据分析的切入点，为后续更复杂的数据科学项目奠定基础。

同时，数据科学工程师需要保持对行业发展的敏锐度，积极参与供应链管理和数据科学领域的各类专业活动。通过参加行业研讨会、技术培训课程和线上直播等活动，不仅可以及时获取最新的技术动态和行业趋势，更重要的是能够与业内专家和同行建立联系。在这些场合中，数据科学工程师需要主动交流学习心得，积极分享实践经验，通过交换名片、加入专业社群等方式，逐步构建自己的职业网络。这种持续的行业参与不仅能拓宽专业视野，也为未来的职业发展创造更多可能性。建议将日常工作中的实践积累与行业交流相结合，形成良性的学习循环，不断提升专业能力和行业影响力。

18.3.2 职场进阶：提升技能

1. 深入专业知识

作为一名拥有多年工作经验的数据科学工程师，需要系统性地掌握时间序列分析、聚类分析和关联规则挖掘等高级数据分析技术，重点培养对供应链场景下需求数据和库存数据的精准预测能力，这就要求数据科学工程师深入理解 ARIMA、Prophet 等时间序列预测模型的原理与应用。在机器学习领域，应着重提升特征工程能力，包括特征选择、降维等技术，同时精通模型超参数调优方法和集成学习策略，以构建更稳健的预测模型。此外，还需掌握 TensorFlow、PyTorch 等主流深度学习框架，深入理解卷积神经网络在供应链图像识别、循环神经网络在序列数据预测中的应用，以及 Transformer 等新型网络结构在供应链文本分析中的实践。在业务层面，数据科学工程师需要将数据科学技术与供应链优化理论相结合，运用线性规划、整数规划等运筹学方法解决供应链网络设计、库存优化和运输路径规划等实际问题，通过数据驱动的智能决策为企业创造价值。

2. 承担复杂项目

除了理论知识，数据科学工程师需要在复杂项目中独立承担数据建模与预测的核心任务，主导构建供应链领域的关键数据科学模型，包括需求预测、库存优化和运输路径优化等核心系统。这就要求数据科学工程师能够基于海量历史数据，运用专业的数据挖掘技术，结合业务场景特点，从算法选型、特征工程到模型训练与评估，构建完整的建模解决方案，并通过持续迭代优化模型性能，为业务决策提供可靠的量化依据。在项目推进过程中，数据科学工程师需要深入理解供应链各环节的业务逻辑和运营流程，善于整合跨部门资源，协调业务、技术和运营团队，确保项目高效落地。同时，数据科学工程师需要具备出色的沟通能力，既能够清晰阐述技术方案的价值和实现路径，又能够准确理解业务痛点，在技术可行性与业务需求之间找到最佳平衡点，推动数据科学成果在供应链管理中的实际应用和价值转化。

18.3.3　高级发展：引领创新

1. 持续学习研究

作为高级数据科学工程师，需要建立内外兼修的知识更新体系，对外保持对供应链数据科学领域的前沿动态敏锐洞察，通过定期研读顶级学术期刊论文、参与行业峰会和技术论坛，与领域专家深入交流，持续追踪机器学习、深度学习在供应链场景下的创新应用，如基于图神经网络的供应链网络优化、结合强化学习的动态库存管理等新兴技术方向。对内则要具备技术创新引领能力，主导构建企业级数据科学平台，整合分散的数据资产，打造标准化的数据分析流水线和模型开发框架，推动自动化机器学习（AutoML）等技术在生产环境的应用落地，同时建立完善的技术评估机制，将经过验证的前沿技术转化为实际生产力，不断提升企业在供应链智能化领域的核心竞争力。

2. 促进技术转化

作为高级数据科学工程师，需要具备将技术创新转化为业务价值的能力，在技术落地过程中建立完善的评估体系，通过关键业务指标（KPI）和投资回报率（ROI）等量化方式持续追踪技术应用效果，及时调整优化方案，确保数据科学解决方案能够切实解决供应链运营中的痛点问题，为企业带来可衡量的效益提升。同时，高级数据科学工程师需要承担团队领导者的角色，根据企业战略目标和项目需求，科学规划团队人才结构，合理配置资源，建立明确的目标管理体系和个人发展路径，通过技术指导、项目实战和经验分享等方式培养团队成员的专业能力。此外，还要着眼企业长远发展，构建系统化的人才培养机制，设计阶梯式的成长通道，打造可持续的人才供应链，为企业在供应链数字化转型过程中储备核心人才资源，推动数据科学能力在组织内部的持续沉淀和进化。